Heinrich Cunow
**Geschichte und Kultur des Inkareiches**
Ein Beitrag zur Kulturgeschichte Altamerikas

**Cunow, Heinrich:** Geschichte und Kultur des Inkareiches.
**Hamburg, SEVERUS Verlag 2011.**
**Nachdruck der Originalausgabe von 1937.**


ISBN: 978-3-86347-066-1
Druck: SEVERUS Verlag, Hamburg 2011

Der SEVERUS Verlag ist ein Imprint der Diplomica Verlag GmbH.

**Bibliografische Information der Deutschen Nationalbibliothek:**
Die Deutsche Nationalbibliothek verzeichnet diese Publikation in der Deutschen Nationalbibliografie; detaillierte bibliografische Daten sind im Internet über http://dnb.d-nb.de abrufbar.

© **SEVERUS Verlag**
http://www.severus-verlag.de, Hamburg 2011
Printed in Germany
Alle Rechte vorbehalten.

Der SEVERUS Verlag übernimmt keine juristische Verantwortung oder irgendeine Haftung für evtl. fehlerhafte Angaben und deren Folgen.

## VORBEMERKUNG

Heinrich Cunow war es leider nicht mehr beschieden das Erscheinen dieses Buches zu erleben. Am 26. August 1936, kurz nach Vollendung dieser Arbeit, für die er Jahrzehnte Material zusammengetragen hatte, schloss dieser unermüdliche Denker seine Augen für immer.

Am Manuskript wurden keine Anderungen vorgenommen. Unterzeichneter, ein Freund des Autors, besorgte die Zusammenstellung diese Buches und las die Korrekturen.

Namens der Hinterbliebenen des Verfassers sind hier Worte besonderen Dankes zu richten an Herrn Professor Mr. Dr. S. R. Steinmetz für das würdigende Geleitwort, an Herrn Dr. E. Heldring für die Uberlassung der Originalstücke zur Reproduktion, an Herrn Dr. Paul Dienstag für seine Bemühungen um die Veröffentlichung des Manuskriptes und an den Elsevier Verlag für die schöne Ausstattung des letzten Werkes aus der Feder von Heinrich Cunow.

Die Aufnahmen der Bilder wurden von Ben. F. Eilers gemacht. Sie stellen Wasserkannen aus Ton dar. Deutlich ist der Griff, der gleichzeitig mit einer rohrartigen Verlängerung versehen als Ausguss diente, zu erkennen. Heinrich Cunow schreibt auf Seiten 150 bis 152 über die Herstellung der Krüge durch die Indianer in Peru zur Zeit der Inkaherrschaft. Wahrscheinlich stammen diese aus dem 12. bis 14. Jahrhundert unserer Zeitrechnung. Verschiedentlich wurden die Kannen auch als Grabbeigabe verwendet. Beachtenswert ist der besondere Ausdruck der Gesichter auf den Gefässen.

Es stellen dar:

Bild  I. Gesicht eines Inka.

Bild II. Eine Indianerfrau (degenerierte Type) aus dem Volke mit einem Holzbündel auf dem Rücken und Lama zur Seite.

Bild III. Ein Inka-Krieger.

Bild IV. Ein Inka-Jäger mit einem erblindeten Auge.

Jul Diederich

Amsterdam, im August 1937.

## GELEITWORT

Est ist erfreulich, dass gleichzeitig zwei neue Bücher in deutscher Sprache erschienen sind, die sich — und zwar in sehr lobenswerter Weise — mit dem alten Amerika beschäftigen: Cunows vorliegendes Werk sowie Dr. Friedericis zweiter und dritter Band seines „Der Karakter der Entdeckung und Eroberung Amerikas durch die Europäer". In holländischer Sprache erschien ausserdem im vergangenen Jahre die Schrift Dr. Brouwers über „Hernan Cortez en Monteczuma", also über die Eroberung Mexikos durch die Spanier mit einer Beschreibung des alten Mexiko.

Einer kurzen Besprechung und warmen Anempfehlung der Schrift Cunows mögen einige Worte über den Verfasser vorangehen, dem, wie ich meine, auch ausserhalb Deutschlands eine grössere Bekanntheit zukäme, als es wohl der Fall ist.

Cunows Tätigkeit in Schrift und Tat, ist ungeheuer vielseitig gewesen. Hier vor allem interessieren uns seine rein wissenschaftlichen Arbeiten. Persönlich habe ich diese zuerst von der ethnologischen Seite kennen gelernt, die damals mein Studiengebiet am nächsten berührte. Ausserordentlich fesselte mich die Schrift: „Die Verwandtschaftsorganisationen der Australneger" 1896, die nicht die einzige Bereicherung dieser Wissenschaft durch Cunow geblieben ist.

Weitere ethnologische Schriften Cunows befassten sich mit Fragen der primitiven Religion, der Technik und der Ehe. Ich nenne „Die Technik in der Urzeit" 1912, Ursprung der Religion und des Gottesglaubens" 1913, „Zur Urgeschichte der Ehe und Familie" 1913, sämtlich von grossem

Verdienst. Inzwischen bearbeitete Cunow einige specielle wirtschaftsgeschichtliche Gegenstände, während er besonders in seiner vierbändigen Wirtschaftsgeschichte eine Übersicht gab über die „Wirtschaftsentwicklung von der primitiven Sammelwirtschaft bis zum Hochkapitalismus" 1927. Zahllos waren seine Beträge in verschiedenen Zeitschriften auf den Gebieten der Ethnologie, der Wirtschaftspolitik und der Geschichte.

Seine Liebe aber hatte Cunow von Anfang an vorzüglich dem Inkareich zugewandt. Die erste Schrift, die er diesem widmete, „Die soziale Verfassung des Inkareiches" erschien bereits 1896. Und dieser, seiner ersten Liebe ist er auch zeitlebens treu geblieben. Seinen Gegenstand um so selbstständiger bearbeiten zu können, studierte er nicht nur die zeitgenössischen Schriften der Spanier, sondern er machte sich auch hinreichend mit der Khetschuasprache, als einer der beiden im Inkareiche gesprochenen Idiome bekannt. Infolge dieser Sprachkenntnisse besass er die Möglichkeit den ursprünglichen Text der amtlichen Berichte der von der spanischen Regierung eingesetzten Verwaltungsbehörden, der Corregidores, sowie jener Missionare, die aus dem täglichen Verkehr mit der Bevölkerung schöpften, zu benutzen. Seine Vertrautheit mit der Khetschua-Sprache erlaubte es ihm auch die im Urtext erhalten gebliebenen Sagen, Gebete und Hymnen im Aufbau seiner Darstellungen zu verwenden.

Was bietet uns nun diese letzte gründliche Schrift des bedeutenden Verfassers über seinen wissenschaftlichen Lieblingsgegenstand? Zu Anfang finden wir drei historische Kapitel: Die Gründung, die ersten Jahrhunderte und das Ende des Inkareiches; danach folgen Regierung, Verwaltung und Geschlechterverfassung der Stämme, Ehe und Familienleben der Peruaner, das Wirtschaftsleben im Inkareiche, sowie in zwei Abschlusskapiteln die Strafjustiz und das Religionswesen.

Dank sei dem flüssigen und fesselnden Stil des Verfassers,

darf man diese Darstellung nicht nur als klar, sondern auch als im besten Sinne allgemeinverständlich bezeichnen.

Tief eingedrungen wie er war in das praktische, gesellschaftliche Leben seiner eigenen Zeit, vereinigte er eine lebendige und praktische Erfahrung der sozialen Wirklichkeit, mit ethnologischer Einsicht und einer gründlichen wissenschaftlichen Vertrautheit mit seinem Gegenstand.

Sofern in unserer Zeit die Historiker den Kreis ihrer Aufmerksamkeit, der so lange auf die europäischen Gesellschaftsformen beschränkt blieb, endgültig erweitert haben, sodass nunmehr auch das alte Amerika nicht nur archeologisch studiert, sondern auch in seinen sozialen Zusammenhängen erforscht wird, dürfte die vorliegende Schrift auch auf das Interesse der Sozialforscher, sowie überhaupt eines weiteren Leserkreises Anspruch machen.

S. R. STEINMETZ

# VORWORT

Im Jahre 1896 veröffentlichte ich die Schrift „Die soziale Verfassung des Inkareichs; eine Untersuchung des altperuanischen Agrarkommunismus", die in den ethnologischen Fachkreisen viel Anerkennung fand und nebst einigen anderen Abhandlungen über die Wirtschaftsverhältnisse Altperus ins Spanische übersetzt wurde.

Bereits damals fasste ich den Entschluss, mein Studium der Kultur und der einheimischen Sprachen des Inkareiches weiter auszudehnen und die Märchen, die uns die alten spanischen Chronisten über die Geschichte und die Einrichtungen des Inkalandes hinterlassen haben, kritisch nachzuprüfen und so zu schildern, wie sie wirklich gewesen sind, mögen dadurch auch die alten märchenhaften Schilderungen der Inkakultur manches von ihrem Glanz und ihrer Romantik verlieren. Ich habe mich deshalb beim Quellenstudium besonders an die Berichte der von der spanischen Regierung in Peru eingesetzten Verwaltungsbeamten und rechtskundigen Richter sowie der dort als Missionare tätig gewesenen Mönche gehalten, die sich im täglichen Verkehr mit den Indianern eine gute Kenntnis der Lebenssitten und der Hauptsprache des Landes angeeignet hatten.

HEINRICH CUNOW

Berlin-Friedenau, im Sommer 1936.

# INHALT

Vorbemerkung . . . . . . . . . . . . . V
Geleitwort von S. R. Steinmetz . . . . . . . . . VII
Vorwort . . . . . . . . . . . . . . . . XI
Erstes Kapitel: Gründung des Inkareiches . . . . . I

Ursprungssagen der Inkas. — Bericht des Domingo de Santo Thomas über die ersten Geschlechter der Inkas. — Bedeutung der alten Inkanamen. — Zwietracht zwischen den Urvätern der Inkas. - Eroberung Cuzcos durch Manco Cayac und sein Gefolge. — Die alteingesessenen Bewohner des Cuzco-Tales. — Aussagen der Hualla-Indianer über das Vordringen der Inkas. — Alte Kultur der besiegten Indianerstämme. — Woher kamen die Inkas? — Die Inkas waren keine Aymara-, sondern Khetschua-Indianer.

Zweites Kapitel: Die ersten Jahrhunderte der Inkaherrschaft . . . . . . . . . . . . . . . . 26

Die Geschichtstraditionen der Inka-Indianer. — Die Inbesitznahme des Cuzco-Gebietes. — Die erste Periode der Inkaherrschaft. — Die angeblichen Eroberungen Manco Capacs. — Von Manco Capac bis Lloque Yupanqui. — Mayta Capac. — Capac Yupanqui. — Inca Rocca II. — Yahuar Huacac, der Blutweiner. — Hatum Tupac, der Inka des Huiracocha. — Thronstreitigkeiten unter den Inkas. — Pachacutec, der Weltumstürzer. — Tupac Yupanquis Eroberungen.

Drittes Kapitel: Das Ende der Inkaherrschaft . . . . 46
Tupac Yupanquis letzte Eroberungszüge. — Das

innere Gefüge des Inkareichs vom Ende der Regierung Tupac Yupanquis. — Huayna Capac, der Jugendliche. — Huayanas Marsch nach Quito. — Kampf gegen die Chirihuanos. — Huaynas Tod. — Die feindlichen Brüder. — Die Eroberung Perus durch die Spanier.

Viertes Kapitel: Regierung und Verwaltung des Inkareiches . . . . . . . . . . . . . . . . 58

Zusammensetzung des Inkareiches. — Massnahmen zur Niederhaltung der unterworfenen Bevölkerung. — Die grossen Heerstrassen der Inkas. — Raststationen und Forts an den Heerstrassen. — Nachrichtendienst der Inkas. — Der Knotenschrift-Entzifferer. — Das Deutungsverfahren der Knotenschrift-Entzifferer. — Eingliederung neuunterworfener Stammesgebiete in das Reichsgebiet. — Einsetzung der Inka-Residenten und Aufsichtsfunktionäre. — Der Oberhäuptling der Inkas als Reichsregent. — Die Provinzialeinteilung des Inkareiches. — Die peruanischen Zehntausend-, Tausend- und Hundertschaften. — Die Mitgliederzahl der peruanischen Stämme. — Enstehung der Tausend- und Hundertschaften.

Fünftes Kapitel: Tribut- und Fronleistungen der unterworfenen peruanischen Stämme . . . . . . . . . 82

Abtretung von Tributfeldern an die Inkas. — Die Art der Tributerhebung. — Keine Überbelastung der Bevölkerung. — Vieh- und Jagdabgaben. — Fronarbeitsleistungen der Dorfschaften. — Anteil der unterworfenen Stämme an der Inkakultur. — Tributfelder der Priesterschaften. — Unterstützung der Notleidenden. — Die Tributländereien gehören den Dorfschaften. — Menschentribute. — Die Acllacuna.

Sechstes Kapitel: Die Geschlechterverfassung der peruanischen Indianer zur Inkazeit . . . . . . . . . 97

Vergleich der peruanischen Stammeseinteilung mit der altrömischen. — Die Geschlechter der Inkas. —

Ansiedlungsformen der Indianer. — Geschlechtsquartiere der Yuncas. — Totenbestattungen. — Die Geschlechtsgenossenschaft als Blutsverband. — Schwesterheiraten der Inkas. — Sarmientos Bericht über Totenverehrung der Inkas.

Siebentes Kapitel: Familien- und Eheleben im Inkareich 112

Familiensippen und Hausgenossenschaften. — Unterscheidung von sechs Lebensstufen. — Zusammenarbeit der Familienmitglieder. — Verlobung und Eheschliessung. — Stellung der Frau in der Ehe. — Verpflichtung der Frau zur ehelichen Treue. — Witwenschaft und Leviratsehe. — Sodomiterei und homosexueller Verkehr. — Das peruanische klassifizierende Verwandtschaftssystem. — Reichtum der Khetschuasprache an Verwandtschaftsbenennungen.

Achtes Kapitel: Die Bodenkultur des Inkareiches . . . 127

Verschiedenartigkeit der Bodengestaltung und der Bodenkultur. — Familien- und Sippenland. — Die Ackergeräte der Peruaner. — Die Lamazucht in den Gebirgsgegenden. — Freie Jagd in der Mark. — Die altperuanische Mark. — Mark und Dorf. — Verteilung des Gemeindelandes. — Grösse der Landanteile. — Verfall der alten Mark- und Dorfverfassung unter spanischer Herrschaft. — Das peruanische Sonnenjahr.

Neuntes Kapitel: Industrie und Handel des Inkareiches . 147

Produktion für den eigenen Bedarf. — Entwicklung besonderer Handfertigkeiten in den einzelnen Reichsteilen. — Die Töpferei. — Die Holzschnitzerei. — Die Metallverarbeitung. — Geringe Handelsentwicklung. — Tauschhandel zwischen den Küsten- und Gebirgsbewohnern. — Die Schiffahrt der Indianer.

Zehntes Kapitel: Strafjustiz und Strafvollzug . . . . 159

Das Märchen von der weisen Gesetzgebung der Inkas. — Das alte Gewohnheitsrecht der peruanischen

Stämme. — Kein besonderer Richterstand. — Öffentlichkeit der Gerichtssitzungen. — Verschiedene Todesstrafen. — Keine Gefängnis- und Haftstrafen. — Vorrechte der Inkas und der Priester. — Bekanntgabe neuer Gesetze und Verordnungen der Inkas. — Strenge Strafen für Eigentums- und Sittlichkeitsvergehen. — Seltsame Eherechte. — Gesetze gegen den unnatürlichen Geschlechtsverkehr. — Bestrafung von Diebstahl und Raub.

Elftes Kapitel: Die Religion der Inkas . . . . . . . 175

Unrichtige Deutung des Gottesnamens Huiracocha. — Betanzos und Santillans Übersetzung. — Huiracocha, der Schöpfer. — Alte Schöpfungssage der peruanischen Indianer. — Ursprungssage der Canaris. — Indianische Weltschöpfungsvorstellungen. — Huirachochas Welterleuchtung. — Der Huacakult. — Wie dachten sich die Indianer ihre Huacas? — Die Huacas als Markgötter. — Verehrung der Ahnenmumien. — Familien- und Hausgötter. — Schutzgeister und Amulette.

Zwölftes Kapitel: Religiöse Gebräuche und Feste . . . 194

Verschiedenheit der Opferkulte in den einzelnen Landesteilen Perus. — Der Opferkult der Inkas. — Menschenopfer. — Die Oberpriester. — Machtstellung der Oberpriester. — Die Priester niederen Ranges. — Das grosse Sonnenfest in Cuzco. — Das Reinigungsfest. — Das Totengedenkfest und das Schöpfungsfest.

I

ERSTES KAPITEL

# GRÜNDUNG DES INKAREICHES

Ursprungssagen der Inkas. — Bericht des Domingo de Santo Thomas über die ersten Geschlechter der Inkas. — Die ersten Urehepaare der Inkas. — Bedeutung der alten Inkanamen. — Zwietracht zwischen den Urvätern der Inkas. — Eroberung Cuzcos durch Manco Capac und sein Gefolge. — Die alteingesessenen Bewohner des Cuzco-Tales. — Aussagen der Hualla-Indianer über das Vordringen der Inkas. — Alte Kultur der besiegten Indianerstämme. — Woher kamen die Inkas? — Die Inkas waren keine Aymara-, sondern Khetschua-Indianer.

## Ursprungssagen der Inkas

Die Gründung des Inkareiches ist wie die Entstehung mancher anderen alten Reiche in das Dunkel widerspruchsvoller Sagen gehüllt. Nach der zur Zeit der spanischen Eroberung am weitesten in Peru verbreiteten Sage sollen um die Mitte des elften Jahrhunderts auf der Hochebene von Cuzco vier Inka-Anführer mit ihren Frauen, die zugleich ihre Schwestern waren, erschienen sein und nach einigen erfolglosen Ansiedelungsversuchen sich in Cuzco niedergelassen haben, damals noch ein einfaches Indianerdorf.

Woher diese vier Inkapaare kamen, ist unbekannt. Nach der Aussage der Indianer sollen sie aus einer einige Meilen von Cuzco entfernten Höhle, Paccari-Tampu genannt, hervorgegangen sein. Paccari bedeutet in der Hauptsprache des alten Peru, der Khetschuasprache, Morgendämmerung, erste Frühzeit; Tampu bezeichnet eine Rast- und Ruhestätte, Paccari-Tampu wird demnach am besten mit Ursprungsstätte oder Anfangsstätte übersetzt.

Solche Ursprungsstätten finden wir bei fast allen alten peruanischen Indianerstämmen. Sie alle glaubten, dass einst in grauer Vorzeit ihre Urahnen aus Höhlen, Klüften, Kratern, Seen usw. hervorgekommen seien und verehrten diese Orte als Geburtsstätten ihrer Geschlechter.

Nach einigen den Spaniern von den Indianern erzählten Sagen sollen sämtliche vier Urpaare aus derselben Höhlenöffnung hervorgegangen sein, meist aber wurde von den Erzählern die Höhle von Paccari Tampu mit vier verschiedenen Öffnungen (Tocos) ausgestattet und hinzugefügt, jedes der vier Ehepaare wäre aus einer anderen Öffnung herausgekommen. Verschiedene Indianer erinnerten sich auch, von ihren Vorfahren die Namen der Höhlenausgänge gehört zu haben, wussten jedoch meist nur noch drei oder zwei dieser Namen zu nennen. So spricht zum Beispiel der spanische Chronist Pedro Sarmiento de Gamboa[1] zwar von vier Höhlenlöchern und vier Ehepaaren, nennt aber in seiner Segunda parte de la Historia, géneral Ilmada „Indica" XI. Kapitel, nur drei der Höhlenlöcher mit Namen: Capac-Toco, Maras-Toco und Sutic-Toco[2]).

---

[1]) Bei der Zitation von Werken, die nur in Manuskriptform vorhanden oder in mehreren Ausgaben und Übersetzungen erschienen sind, gebe ich neben dem Titel und der Bandzahl, um dem Leser das Nachschlagen zu erleichtern, nur die betreffenden Kapitel, nicht die Seitenzahlen an.

[2]) Pedro Sarmiento de Gamboa nahm, erst achtzehn Jahre alt, als Soldat an den spanischen Kämpfen von 1550—1555 teil, fuhr dann, sein Glück zu versuchen, nach Mexiko und Chiaga und darauf 1557 nach Peru, wo er sich mit Sternenkunde, Geographie und Zauberei befasste. Dafür 1564 vom Erbischof von Lima vor dem Glaubensgericht zur Verantwortung gezogen, wurde er zu harter Busse verurteilt und des Landes verwiesen. Abenteuerlustig und energisch unternahm er nun mehrere Entdeckungsfahrten und erhielt daraufhin eine Anstellung als Kapitän eines der beide Schiffe, die der Vizekönig Garcia de Castro für Entdeckungsfahrten im Stillen Ozean ausgerüstet hatte.

Sarmiento gelangte mit seinem Schiff bis zu den Salomon-Inseln, geriet aber mit den Befehlshabern des anderen Schiffes in Streit und sollte auf deren Betreiben vor ein Untersuchungsgericht gestellt werden. Es kam jedoch nicht dazu, da Garcia de Castro abberufen und an seiner Stelle Francisco de Toledo zum Vizekönig ernannt wurde, der alsbald den Sarmiento in seinen Dienst nahm und ihm die Abfassung einer Geschichte der Inkas sowie verschiedene geographische Arbeiten übertrug. 1572 hatte

Ebenso nennt auch der Indianerhäuptling Joan de Santacruz Pachacuti Yamqui[1]) von den vier Höhlenöffnungen in seiner Relacion de Antigüedades deste Reyno del Piru (S. 245) nur drei mit Namen, nämlich Maras Toco, Sutic Toco und Tampo Toco. Den vierten Namen Capac Toco lässt er weg. Auch ist die Benennung Tampo toco unvollständig. Es fehlt vor dem Worte Tampo (richtiger Tampu) die Angabe welche Raststätte gemeint ist. Tampo Toco heisst nur „Loch der Raststätte". Aber welcher Raststätte? Vergleicht man die Sage von dem Herauskommen der vier Inkaurelternpaare aus der Ursprungshöhle mit der späteren Einteilung Cuzcos in vier grosse Geschlechterquartiere, so lässt sich der Name

---

Sarmiento den zweiten Teil seiner „Historia general llamada Indica" fertig, — der erste Teil ist nie geschrieben worden — worauf das Manuskript nach Spanien an den König abgesandt wurde. Zum Abdruck kam es jedoch nicht. Das Manuskript ging verloren, bis es Dr. Richard Pietschmann 1905 in der Göttinger Universitäts-bibliothek entdeckte und in den Abhandlungen der Königlichen Gesellschaft der Wissenschaften (neue Folge, Band VI) im spanischen Originaltext mit einer längeren deutschen Einleitung veröffentlichte (Berlin 1906).

Neben dem Original ist eine Uebersetzung ins Englische von Clements Robert Markham erschienen, zweite Serie, Band 22 der von der englischen Hakluyt Society herausgegebenen Werke.

[1]) Don Joan de Santacruz Pachacuti Yamqui: Salcomayhua Titel: Relacion de Autigüedades deste Reyno del Piru. Manuskript in der Nationalbibliothek zu Madrid. Niedergeschrieben wahrscheinlich 1615-1620. Aus dem Leben des Autors ist wenig bekannt. Er war Eingeborener von Hanalmayhua, einem Dorf des Urco-Distrikts. Später wurde er zum Curaca (Häuptling) seines Heimatdistrikts erwählt. Einer zum Katholizismus bekehrten frommen Familie angehörend, nahm er, wie sein Bericht beweist, wunderglaubig die ihm erzählten Begebenheiten der früheren Zeit als Tatsachen auf und sah, soweit sie die alte Religion betrafen, in ihnen nichts als Einflüsterungen des Teufels. Dennoch hat seine Darstellung einen gewissen Wert, da er im vertrauten Verkehr mit seinen Freunden und Genossen manches erfuhr, was den spanischen Chronisten bislang unbekannt geblieben war. Sein der Nationalbibliothek in Madrid gehörendes Manuskript ist erst 1879 veröffentlicht worden, und zwar auf Wunsch des Brüsseler internationalen Amerikanistenkongresses vom spanischen Unterrichtsministerium in den Tres Relaciones de Antigüedads Peruanas (Madrid 1879).

Ferner existiert eine englische Uebersetzung dieses Manuskripts von Clements Robert Markham, aufgenommen unter dem Titel „An Account of the Antiquities of Peru" in Band 48 der von der Hakluyt Society herausgegebenen Werke. London 1873.

leicht vervollständigen. Als Benennung der vierten Höhlenöffnung ergibt sich dann Quirautampu Toco (sprich Kirau), auch Quiru und Quirao geschrieben, ins Deutsche übersetzt „Höhlenloch der Raststätte von Quirau", einem kleinen nahe bei Paccari Tampu gelegenen Dörfchen, wo sich der Sage nach einst die aus der Höhle hervorgekommenen Inkas kurze Zeit niedergelassen haben.

*Bericht des Domingo de Santo Thomas über die ersten Geschlechter der Inkas.*

Wichtiger als die Angabe dieser Autoren ist das achtzehnte Kapitel der 1560 von dem gelehrten Dominikanermönch Domingo de Santo Thomas in Valladolid veröffentlichten Arte de la Lenqua Quichua[1]). Er erklärt dort, dass die Inkas ebenso wie einst die Römer in Geschlechtsgruppen (Gentes) geteilt wären, die ihre besonderen Gentilnamen hätten. Ausser der Capac Ayllu (Ayllu = Geschlecht, Familienverband) seien noch die beiden Grossgeschlechter Maras und Xutic (Sutic) bekannt, die einst aus zwei Höhlenlöchern, dem Maras Toco und Xutic Toco, hervorgekommen seien.

Die ersten über Peru berichtenden spanischen Chronisten haben diesen Berichten der Indianer wenig Bedeutung beigemessen. Sie verstanden weder die ihnen als blosses Hirngespinst erscheinende Ursprungslegende noch die Geschlechterorganisation der Inkas. Deshalb haben sie sich auch nicht bemüht, durch Nachfragen bei den Indianern zu erfahren, weshalb die vier Höhlenausgänge gleiche Namen führten, wie später die vier Hauptgeschlechtsgruppen in Cuzco. Für den, der die Ansiedlungsformen der nord-amerikanischen Indianerstämme und der mexikanischen Azteken kennt, ergibt sich deutlich aus der Namensgleichheit, dass die Inkas, als sie

---

[1]) Als Lengua Quichua bezeichnet Domingo de Santo Thomas die Sprache Mittelperus deshalb, weil er sie als Missionar im Stamm der Quichuas (sprich Khetschuas) erlernte. Die Eingeborenen nennen sie „Runa-Simi", Menschensprache.

sich in Cuzco niederliessen, bereits in Geschlechtergruppen organisiert waren und entsprechend dieser Organisation vier grosse Ansiedlungsquartiere in Cuzco in Besitz nahmen.

*Die ersten Urpaare des Inkas*

Bestätigt wird diese Folgerung durch die Namen der vier Urelternpaare der Inkas. Natürlich wichen zur Zeit der spanischen Invasion diese Namen in den verschiedenen Gegenden und Dialekten Perus bereits voneinander ab, im Wesentlichen aber herrscht Übereinstimmung. Nach Pedro Sarmiento de Gomboa (Segunda parte de la historia general llamada „Indica" (Kapitel XI) hiessen die vier Urpaare:

> Ayar Mango Capac und Ocllo,
> Ayar Auca und Mama Huaco
> Ayar Cachi und Mama Jparusa
> Ayar Uchu und Mama Raua.

Ähnliche Namen nennt Pedro Cieza de Leon im zweiten Teil seiner Cronica del Peru, VI. Kapitel[1]), doch weiss er nur von drei Männer- und drei Frauennamen. Die drei

---

[1]) Pedro Cieza de Leon kam, 15 Jahre alt, 1534 nach Peru, wurde Soldat und begleitete Pedro Vadillo auf seiner Expedition durch das Cauca-Tal nach Cali (1538). Im Jahre 1547 trat er in die Dienste des Präsidenten Pedro de La Gasca nahm an dessen Zug nach Cuzco teil, bereiste das Charcas-Gebiet und liess sich darauf 1550 in Lima nieder, wo er den ersten Teil seiner Chronik von Peru niederschrieb. Der zweite Teil folgte 1560.

Da er ein guter Beobachter war und überall die Indianer aushorchte, haben seine Darlegungen für die Geschichte des Inkareiches hohen Wert; doch gibt er vielfach das ihm von den Indianen Erzählte leichtgläubig ohne Kritik wieder und zeigt sich in allerlei naiven abergläubischen Vorstellungen befangen.

Der erste Teil der Cronica wurde bereits 1553 in Sevilla unter dem Titel La primera parte de la Cronica del Péru publiziert, und dieser ersten Ausgabe folgten 1554 und 1555 zwei weitere in Antwerpen. Auchs ins Italienische und Englische wurde bald darauf das Werk übersetzt. Der zweite Teil der Chronik blieb lange Manuskript. Er ist erst 1873 im Druck erschienen.

Die alten Ausgaben sind selbst in grossen wissenschaftlichen Bibliotheken selten zu finden. Einen Ersatz dafür bietet der 1880 von Marcos Jiménez de la Espada in Madrid herausgegebene zweite Teil der Cronica, erschienen

Männer hiessen nach seinen Angaben Ayar Ucho, Ayar Cachi Asauca und Ayar Manco. Den vierten Stammvater Ayar Auca kennt er nicht. Er hält das Wort Auca (der Krieger, der Kriegerische), das er mit Asauca verwechselt, für einen Beinamen des Ayar Cachi und nennt diesen daher auch Ayar Cachi Asauca.

Da er nur drei Stammväter kennt und jeder von diesen der Sage nach nur eine Frau hatte, so weiss er auch nur drei Stammütter zu nennen. Sie hiessen, wie er angibt, Mama Huaco, Mama Cora und Mama Rahua.

Wie Pedro de Ciéza de Leon erwähnt auch der spanische Geschichtsschreiber Antonio de Herrera in seiner Geschichte des spanischen Amerika[1]) nur drei aus der Paccari-Höhle hervorgekommene Urpaare, nämlich Ayarochi mit Mama Cola, Arauca mit Mamacana, Aiarmango mit Mamaragua. Wie klar ersichtlich, hat er, obgleich ihm als königlichem Hofhistoriographen die spanischen Archive offenstanden, die Namen mehrfach verstümmelt.

Grössere Beachtung verdient, da er ein Kenner der Khetschuasprache war, das Zeugnis des Juan de Betanzos[2]). Nach seiner Suma y Narracion de los Incas (S. 10) nannten sich die ersten Urpaare der Inkas:

> Ayar Cachi und Mama Guaco,
> Ayar Ocho und Mama Cura,
> Ayar Auca und Ragua Ocllo,
> Ayar Manco und Mama Ocllo.

---

in der Bibliotheca Hispano-Ultramarina, ferner die von der Hakluyt Society herausgegebene, von Clements Robert Markham ins Englische übersetzten beiden Teile: „The travels of Cieza de Leon", London 1864, und The second part of the Chronicle of Peru, London 1883. Ausserdem ist von Marcos Jiménes de la Espada auch die von Cieza de Leon verfasste Guerra de Quito (Madrid 1877) veröffentlicht worden.

[1]) Historia general de los Hechos de los Castellanos en las Islas y Tierra Firme del Mar Oceano (erste Ausgabe Madrid 1601—1615), vier Bände. Grosse Antwerpener Ausgabe von 1728, 3. Band, Decada V, Kapitel VII.

[2]) Jean de Betánzos kam mit Hernando Pizarro, dem Bruder des Francisco Pizarro, nach Peru, trat in die Dienste der vizeköniglichen Regierung in Lima, und verheiratete sich mit einer Verwandten des früheren Ober-

Ähnlich lautet die Ursprungssage der Inkas in Bernabé Cobos[3]) Historia del Nuero Mundo (3. Band, S. 122). Doch fügt er hinzu, dass während einige der befragten Indianer die vier Urehepaare der Inkas aus Paccari-Tampu hervorgehen liessen, andere erzählten, dass sie aus dem Titikakasee emporgestiegen und erst später nach Paccari-Tampu gezogen seien. Als Namen der vier Paare wurden ihm von den Indianern genannt:

    Manco Capac und Mama Huaco
    Ayar Cuche und Mama Ocllo
    Ayar Uche und Mama Ragua
    Ayar Manco und Mama Cura.

Er hält demnach irrtümlicherweise Manco Capac und Ayar Manco, obgleich Capac nur ein Beiname ist, für zwei verschiedene Personen und lässt Ayar Auca weg.

Der Bischof Bartolomé de la Casas spricht in seinem Bericht „De las antiguas Gentes del Peru"[1]) ebenfalls nur von drei aus der Höhle von Paccari-Tampu hervorgekom-

---

häuptlings von Quito. Wegen seiner Kenntnis der Sprachen und Gebräuche der Indianer wurde er vom Vizekönig als Dolmetscher und Unterhändler in den Verhandlungen der Regierung mit verschiedenen Indianerstämmen verwandt und schliesslich vom Vizekönig Antonio de Mendoza aufgefordert, über die Geschichte der Inkas und ihrer Regierungsmethoden zu berichten. Er unterzog sich dieser Aufgabe, die er 1551 beendete. Infolge des baldigen Tods des Vizekönigs wurde aber das wertvolle Manuskript des Betánzos, die „Suma y Narracion de los Incas, que los Indios llamaron Capacunne" nicht gedruckt. Es wanderte vielmehr nach Spanien und gelangte in die Escorial-Bibliothek, wo es von dem bekannten Amerikanisten und Geschichtsforscher Don Marcos Jiménez de le Espada entdeckt und 1880 (Verlag von Manuel G. Hernandez in Madrid) herausgegeben wurde.

[2]) Bernabé Cobo, 1582 geboren, studierte in Spanien, kam 1599 nach Peru, wo er in den Jesuitenorden eintrat. Neben die Erforschung der Einrichtungen des Inkareichs widmete er sich vornehmlich dem Studium der Zoologie und Botanik Südamerikas. Sein grosses vierbändiges Werk „Historia del Nuevo Mundo" ist, trotzdem er viele wertvolle Ergänzungen zu den älteren Berichten bietet, von den spanischen Geschichtsschreibern wenig benutzt worden. Erst 1890—95 ist es in Sevilla von dem bekannten spanischen Amerikanisten Don Marcos Jiménez de la Espada im Auftrag der Sociedad de Bibliofilos Andaluces herausgegeben.

[1]) Bartolomé de Las Casas, 1474 in Sevilla geboren, ging 1502, nachdem er in Salamanca die Rechte studiert hatte, nach der Insel Espanola, wo sein Vater, der Columbus auf seiner zweiten Reise begleitet hatte, grossen Grundbesitz besass. Zunächst war er als Pflanzer tätig, trieb dann aber

menen Urelternpaare und hat überdies deren Namen entstellt.
Er nennt sie:

>Ayarudio und Mamaragua
>Ayarancha und Mamacora
>Ayarmango und Mamaocllo.

Eine wesentlich andere Gestalt hat die Ursprungssage der Inkas im Bericht des Jesuitenpaters Don Fernando Montesino[1]). Auch nach seiner Angabe stammen die Cuzco erobernden Inkas von vier Ureltern ab, aber diese sind nach seiner Erzählung nicht aus der Höhle von Paccari-Tampu herausgekommen, sondern sechshundert Jahre nach der Sintflut aus dem Süden in das Cuzco-Gebiet eingewandert, und zwar waren die vier Paare nicht allein, sondern hatten als Gefolge vier Wanderhaufen bei sich, die, wie er sagt, aus Familienverbänden bestanden. Ihre Anführer hiessen Ayar Manco Tupac, Ayar Cochi Tupac, Ayar auca Tupac, Ayar Uchu, die mit folgenden vier Frauen Mama Cora, Mama Hipa, Mama Huacum und Pilco Huacum verheiratet waren.

Schliesslich möchte ich noch, da er vielen Geschichts-

---

nebenbei theologische Studien, übersiedelte nach Cuba und trat 1521 in den Dominikanerorden ein. Menschenfreundlich gesinnt, wandte er sich mit Wort und Schrift gegen die Sklaverei der Indianer auf den Encomiendas (spanischen Landpfründen) und suchte mehrmals, in Spanien Schutzgesetze für die Indianer zur erwirken. Auch befürwortete er, da er die Indianer nicht für die schwere Arbeit auf den Plantagen geeignet fand, die Einführung von Negersklaven. Er starb 1566 als Bischof von Chiapas.

Sein bedeutendstes Werk ist die „Apologética historia sumaria cuanto á las cualidades, disposicion, description, cielo y suelo de las tierras, y condiciones naturales, policias, repúblicas, maneras de vivir y costumbres de las gentes destas Indias occidentales y meridionales, chyo imperio soberano partenace a los Reyes Castilla" — ein umfangreiches Werk, dessen auf Peru bezügliche Teile Márcos Jiménez de la Espada zusammengefasst und unter dem Titel „De las antiguas gentes del Peru", Band 21 der Collection de Libros españoles raros ó curiosos", herausgegeben hat.

[1]) Fernando Montesino, Licentiat und Jurist, ging 1629 nach Peru, liess sich 1639 bis 1642 in Lima nieder und untersuchte im Auftrage der Regierung das Land auf Metalle. Er schrieb „Memorias antiguas historiales y politicas del Peru", Band 16 der Colleccion de libros espanoles raros o curiosos. Sein Manuskript befand sich früher im Kloster von San José zu Sevilla, kam aber später nach Madrid. H. Ternaux Compans hat davon

schreibern als bester Kenner Altperus gilt, auf die Fassung der Inka-Ursprungssage bei Garcilasso de la Vega (Comentarios reales, que tratan del origen de los Yncas, Reyes que fueron del Peru, I. Teil, I. Buch, 18. Kapitel) hinweisen[2]). Nach seiner Darstellung hatte die Höhle von Paccaruc-Tampu drei Ausgänge. Aus dem mittleren kamen zunächst Manco Capac und sein Weib Mama Ocllo hervor; dann folgten ihnen die Brüder Ayar Cachi, Ayar Uchu und Ayar Sauca. Die Namen der mit ihnen verheirateten Frauen erwähnt er nicht.

*Bedeutung der alten Inkanamen*

Im Ganzen stimmen demnach die von den spanischen Chronisten angegebenen Namen der Inka-Stammeltern überein. Die kleinen sprachlichen Abweichungen erklären sich meist daraus, dass die betreffenden Autoren die von ihnen berichteten Sagen in verschiedenen Gegenden sammelten und die Namen so niederschrieben, wie sie sie hörten und verstanden. Da nun aber in den einzelnen Landesteilen ganz verschiedene Dialekte gesprochen wurden und sich überdies manche Laute der Khetschuasprache nur sehr schwer durch spanische Buchstaben wiedergeben lassen, zo entstanden natürlich für denselben Gegenstand verschiedene Ausdrücke. Beispielsweise wird der Vokal A der südperuanischen Gegen-

---

1840 nach einer Abschrift eine Uebersetzung in französischer Sprache veröffentlicht. Der französischen Ausgabe folgte 1882 eine von Don Marcos Jiménes de la Espada herausgegebene spanische Ausgabe, betitelt Memorias antiguas historiales y politicas del Peru por el Licenciado D. Fernando Montesinos (Band 16 der Colleccion de Libros Espanoles raros ó curiosos.

[2]) Carcilasso de la Vega wurde 1539 in Cuzco als Sohn eines spanischen Kapitäns, der eine Indianerin aus einem Inka-Geschlecht geheiratet hatte, geboren. Seine Eltern starben früh; er ging daher, 20 Jahre alt, im Jahre 1560 nach Spanien zurück und kämpfte unter Juan d'Austria gegen die Morisken in Granada. Nachdem er das 60. Lebensjahr erreicht hatte, begann er seine Comentarios reales, que tratan del origen de los Yncas, Reyes que fueron del Peru niederzuschreiben, die 1609 in Lissabon erschienen. Manchen Autoren, die über Peru geschrieben haben, gilt sein Werk, da er mütterlicherseits von den Inkas abstammte und seine Jugend

den im Norden vielfach zu einem offenen O, ebenso O zu einem dumpfen U und I zu einem kurzen E. Ferner wird der Konsonant R im Norden so abgeschliffen, dass er fast wie L klingt, also das Wort Runa (Mann) zu Luna wird. Und wie soll der Spanier in seiner Sprache den W-Laut der Khetschuasprache ausdrücken, der dem englischen Wh in where, what usw. gleicht. Die Spanier halfen sich damit, dass sie den W-Laut der Indianer durch Hu, G, V, B oder ein kurzes U wiederzugeben versuchten. So finden wir in den alten spanischen Berichten das Wort Atahuallpa (Name des letzten Inkaherrschers) bald Atauguallpa oder Atagualpa, bald Atavalpa und Atauhualpa geschrieben. Einige Chronisten schreiben diesen Namen sogar Atabalipa und Ataubalpa. Auch die Namen Huaco, Uaco, Huacum, Huaca, Guaco, die in der Ursprungssage der Inkas auf einige der Urmütter angewandt werden, sind nicht verschiedene Benennungen, sondern nur verschiedene Schreibungen desselben Wortes Huaca (sprich Whaka).

Doch kehren wir nach dieser kurzen Erläuterung zu den vorhin erwähnten Namen der vier Urelternpaare zurück. Wir finden dort vor verschiedenen Männernamen das Wort Ayar, das von einigen Chronisten als ein männlicher Vorname aufgefasst worden ist. Ein grober Irrtum! Ayar bedeutet der Gestorbene, der Abgeschiedene. Doch wurde das Wort in alter Zeit nicht für jeden beliebigen Toten, sondern

---

in Peru verlebte, als beste Geschichtsquelle über Altperu, doch enthält es viele unverbürgte und unrichtige Nachrichten, denn er hatte, als er die Erfahrungen seiner Jugendzeit aufschrieb, schon viele Gebräuche und Einrichtungen seiner Inka-Ahnen vergessen und auch ihre Sprache bereits teilweise verlernt. Zwar zog er bei einem Teil seiner in Peru zurückgebliebenen früheren Freunde Erkundigungen ein, nahm aber das, was sie ihm berichteten, kritiklos auf. Dazu kommt, dass er, stolz auf seine Abstammung, es als seine Aufgabe betrachtete, die Taten der Inkas zu glorifizieren und ihre Fehler kurzweg abzuleugnen. Eine interessante kritische Betrachtung seiner Geschichtserzählungen bietet José de la Riva Aguero in den Abhandlungen „Examen de la Primara parte de los Comentarios reales" und „Examen de la Segunda parte de los Comentarils reales", S. 53 ff. und 204 ff., seines Werkes La Historia en el Peru Lima 1910.

meist nur für einen alten gestorbenen Verwandten oder Geschlechtsgenossen gebraucht. Der nicht der Verwandtschaft angehörende Tote hiess Huanuc, der Gestorbene, oder Huanusca, der Verendete. Wenn demnach die Inka Indianer vor die Namen der aus der Höhle von Paccari Tampu hervorgekommenen Männer das Wort Ayar — heute wird es in Mittelperu kurzweg Aya (Acha) ausgesprochen — setzten, so bekundeten sie damit, dass sie in diesen alte Verwandte, ihre Vorfahren, sahen.

Ähnliche Bedeutung hat das den weiblichen Namen vorangestellte Wort Mama, mit dem früher nicht nur die wirkliche Mutter bezeichnet wurde, sondern jede weibliche Person, die zu dem dieses Wort Gebrauchenden in einem mütterlichen Verhältnis stand. Wenn daher einst ein Indianer eine alte Frau seiner Verwandtschaft als Mama anredete, so erkannte er sie damit als seine Ahnenmutter an; und fügte er — wie in den obigen Beispielen — das Wort Huaca hinzu, so erklärt er damit zugleich, dass er sie als Ahnengottheit seines Geschlechts (seiner Ayllu) betrachte; denn im alten Peru bezeichnete das Wort Huaca einen männlichen oder weiblichen Ahnengott.

Schon die alte etymologische Bedeutung des Wortes weist darauf hin, denn das Wort Huaca ist zusammengesetzt aus dem Pronomen hua (sprich wha) ich, ich selbst, und der Partikel ca, die ein Herkommen, Herrühren, Abstammen ausdrückt. Huaca bedeutet demnach, ins Deutsche übersetzt: „Ich von her", das heisst der, von dem ich herkomme, von dem ich abstamme.

Freilich sind nicht alle Namen der vier Urelternpaare gleicher Art und Bedeutung. Manche beziehen sich auch auf Charaktereigenschaften, Stellung oder Berufstätigkeit des Genannten. Manco war beispielsweise ein blosser, im Inkareich gebräuchlicher Eigenname. Auch er wird wohl ursprünglich seine besondere Bedeutung gehabt haben, doch vermag ich nicht zu sagen, welche. In den alten Wörterbüchern der Khetschuasprache finde ich nirgends eine Uebersetzung. Dagegen bedeutet das Wort Capac reich, bemittelt, und als Substantiv gebraucht, der bezw. die Reiche, der Wohlhabende. Man bezeichnete aber damit nicht nur den Besitzer grosser materieller Güter, sondern ebenso den von grossen Vorzügen, Fähigkeiten, Würden. So wurden vielfach die Inkas von den unterworfenen Stämmen ohne weiteres Capaccuna (Plural von Capac) genannt. Es ist deshalb auch völlig richtig, wenn der spanische Chronist Juan de Betanzos in seinem dem peruanischen Vizekönig eingereichten Bericht über die Geschichte des Inkas diesen den Titel „Capaccuna" (Die Edlen, Vorzüglichen) gibt.

Wie dieses Wort Capac ist auch das einst in Peru oft gebrauchte Wort Tupac, (im Norden Topac) ein Respektstitel. Es bedeutet dasselbe wie unser Wort „hochgeboren"; denn es besagte, dass der, auf den es angewandt wurde, von hoher Herkunft war, das heist in gerader männlicher Linie von einem Inka-Vorfahren abstammte.

Die übrigen Namen der Urväter sind ihnen hingegen lediglich von den indianischen Sagenerzählern wegen ihrer hervorstechenden Eigenschaften beigelegt worden. Cachi, der Salzige, und Uchu, der Pfefferige, sind keine eigentlichen Personennamen; sie sind attributive Nebennamen, die höchstwahrscheinlich dem Betreffenden später deshalb beigelegt worden sind, weil sie nach der Sage sehr händelsüchtig, gewalttättig, zänkisch waren und deshalb mit ihren Brüdern ständig Streit hatten.

Ähnliche Bedeutung hat das Wort Auca. Es bezeichnet einen Krieger bezw. einen kriegerischen Menschen, der zum Kampf und Streit neigt.

*Zwietracht zwischen den Urvätern der Inkas*

Nachdem die vier Urelternpaare der Inkas die Höhle von Paccari-Tampu verlassen hatten, siedelten sie sich in deren

Nähe an und versuchten, den in jener Gegend sehr steinigen Boden anzubauen. Wie die Sage berichtet, waren sie bei ihrem Wegzuge von vier Inkaheerhaufen begleitet. Woher diese vier Haufen kamen, ob sie ebenfalls aus der Höhle hervorgingen, ob sich in der Nachbarschaft hausende Indianer den vier Brüdern anschlossen, wird in der Sage nirgends erzählt, noch erhalten wir irgendwelche Angaben über die Grösse dieser Heerhaufen und ihre Organisation. Wohl aber hören wir, dass schon bald zwischen den vier Brüdern arge Zänkereien ausbrachen. Ayar Cachi verfeindete sich dermassen mit seinen Genossen, dass diese wutentbrannt beschlossen, den Störenfried aus der Welt zu schaffen. Sie verständigten sich untereinander und bewogen ihn dann unter dem Vorgeben, es wären wertvolle Gebrauchsgegenstände in der Höhle zurückgeblieben, in diese zurückzukehren und das Vermisste zu holen. Kaum war Ayar Cachi in der Höhle, als sie den Ausgang mit grossen Felsblöcken derart versperrten, dass er als Gefangener zurückbleiben musste.

Froh, sich seiner entledigt zu haben, zogen die Inkas mit ihrer Gefolgschaft weiter nach dem Orte Quirau und von dort nach der nahe bei Cuzco gelegenen Anhöhe von Matahua (sprich Matawha), wo auch Ayar Uchu sein Leben verlor. Trotz aller Warnungen liess er sich durch seinen Zorn verleiten, das steinerne Abbild eines mächtigen Huaca (Geschlechtsgottes) umzustürzen und wurde zur Strafe dafür von diesem in eine Steinsäule verwandelt, die später von den Inkas unter dem Namen Huanacauri (der Jugendlich-Männliche) als einer ihrer vier höchsten Stammesgottheiten verehrt wurde. Alljährlich fanden im Oktober und November auf dem Berge Matahua, gewöhnlich kurzweg Berg des Huanacauri genannt, grosse Waffen- und Kriegsspiele statt, denen nach verschiedenen Opfern und Zeremonien die Aufnahme jener Jünglinge, welche die ihnen auferlegten Prüfungen bestanden hatten, in die Kriegerschar folgte. Bei den Opferungen wurde Huaynacauri, wie Christoval de Molina berichtet[1]) als Vater und Vorfahre angerufen und gebeten, seinen Nachkommen die volle Jugendkraft zu erhalten.

*Eroberung Cuzcos durch Manco Capac und sein Gefolge*

Auf den Höhen von Matahua blieben der Sage nach die Inkas mehrere Jahre. Während dieser Zeit starb auch Ayar Auca, so dass von den vier Brüdern allein Ayar Manco Capac übrig blieb (nach anderen Erzählungen der Indianer soll Ayar Auca erst später in Cuzco gestorben sein).

Als Ayar Manco nach dem Tode seines Bruders unschlüssig darüber war, ob er weiterziehen oder vorläufig noch auf seinem Bergsitz verweilen sollte, erschien ihm eines Tages sein Bruder Uchu nach einer anderen Version Cachi) in Gestalt eines grossen Vogels mit mächtigen Flügeln und forderte ihn auf, seinen Bergsitz zu verlassen, die unten im Tal liegenden kleinen Dörfer des Huallastammes (sprich Whallja) zu unterwerfen und dort das Reich der Inkas zu gründen, da er bestimmt sei, einst sämtliche Gebiete Perus zu beherrschen. Nötig dazu sei aber, dass Manco Capac den Sonnenkult immer weiter ausbreite und in Cuzco der Sonne einen grossen Tempel erbaue.

Manco Capac folgte dieser Weisung. Er eroberte die im Tal liegenden Dörfer des Huallastammes und gründete neben

---

[1]) Christoval de Molina, derjenige Autor, der am tiefsten in die Religionsanschauungen der Inka-Indianer eingedrungen ist. Er verdankt dies seiner gründlichen Kenntnis der Khetschuasprache und seiner Tätigkeit als Seelsorger am Eingeborenen-Hospital in Cuzco, die ihm gestatteten, einen tiefen Einblick in das peruanische Volksleben zu gewinnen. Seine erste Schrift, die Relacion de la conquista y poblacion del Perú galt lange Zeit als verloren; doch ist neuerdings in Peru eine Abschrift aufgefunden und im ersten Band der Coleccion de libros referentes a la historia del Perú (Lima 1916) zum Abdruck gelangt. Die zweite Schrift, die Relacion de las fabulas y ritos de los Incas ist ebenfalls erst kürzlich im Druck erschienen. (Santiago de Chile 1915). Bis zu dieser Veröffentlichung war nur eine Uebersetzung ins Englische von Clements R. Markham vorhanden. (Band 48 der von der Hakluyt-Society herausgegebenen Werke). Sie führt den Titel Report by Pols der Ondegard."

diesen eine städteartige Niederlassung. So entstand zwischen den beiden Flüssen Huatanay und Tulumayu, später von den Spaniern Rodadero genannt, die Stadt Cuzco.

Was der Name Cuzco bedeutet, haben die Spanier vergebens zu enträtseln versucht, bis schliesslich Garcilasso de la Vega als Autorität auftrat und behauptete (Commentarios reales I. Buch, XVIII Kapitel), Cuzco bedeute in der Khetschuasprache „Nabel der Welt."

Das ist zwar Unsinn, fand aber trotzdem bei vielen Spaniern, da sie keine bessere Uebersetzung wussten, Anklang, und seitdem kann man immer wieder in Werken über Peru lesen, der Name Cuzco bedeute „Nabel der Welt", „Zentrale der Erde" oder dergleichen.

Eigentlich — der Nabel heisst in der Khetschuasprache Pupu — hätte schon eine einfache Uberlegung den spanischen Autoren sagen müssen, Garcilassos Übersetzung könne unmöglich richtig sein; der Name Cuzco, war schon unter Manco Capac allgemein gebräuchlich, und doch umfasste damals der Ort nur weinige Wohnquartiere. Wie sollten die Indianer dazu kommen, ein einfaches Indianerdorf „Nabel der Welt" zu nennen. Überdies, was verstanden die Indianer zu jener Zeit unter „Welt"? Eine Bezeichnung für die ganze Welt hat die Khetschuasprache gar nicht, und das Inkareich erstreckte sich nur erst über wenige Quadratmeilen. Auch die anderen Indianerreiche Perus waren klein und unbedeutend, Staatengebilde, die man sicherlich nicht als Weltreiche bezeichnen konnte.

Nach meiner Ansicht ist wahrscheinlich die Ortsbezeichnung Cuzco von Cusca, flach, eben, abgeleitet. So bedeutet zum Beispiel Cuscapampa in der Khetschuasprache eine flache Ebene, Cuscallacta ein flachgelegenes Dorf, Cuscahuasicuna eine in der Ebene liegende Häusergruppe.

Möglich ist jedoch auch, dass das Wort Cuzco sich von dem Zahlwort chusco, vier, als Substantiv gebraucht „das Vierfache", „das aus vier Teilen Bestehende" herleitet, und demnach der vierfache Ort" bedeutet; bestand doch, wie schon erwähnt wurde, der Inkastamm damals aus vier Grossgeschlechtern (Geschlechtsbrüderschaften, Phratrien) und diese siedelten sich bei ihrer Niederlassung in Cuzco in vier gesonderten Quartieren an.

## Die alteingesessenen Bewohner des Cuzco-Tales

In welcher Weise sich die Eroberung Cuzcos durch die Inkas vollzog, lässt sich aus den sagenhaften Erzählungen nicht entnehmen. Im Ganzen scheinen die zum Huallastamm gehörenden Talbewohner dem Eindringen der Inkas wenig Widerstand entgegengesetzt zu haben, während die auf den Berghöhen sitzenden Geschlechterverbände der Huallas sich kämpfend in den westlich angrenzenden Gebirgsteil zurückzogen und später als Antahuallas oder Antahuayllas (Anden-Huallas) bezeichnet wurden.

In den Verhören, die der Vizekönig Don Francisco de Toledo 1570 mit einer Reihe alter Einwohner des Cuzcotales über die früheren Zustände vornehmen liess, sagten die Vernommenen übereinstimmend aus, dass vor der Inkaherrschaft in den Talgebieten, wo nun Cuzco stände, drei Geschlechtsverbände der Huallas gesessen hätten, nämlich die Ayllus Alcauiza (Alcawiza, Alcahuisa) Cuhcoychima und Arayucho (Vergl. Informaciones acázia del Siñorio y gobierno de los Ingas, hechas por mandado de Don Francisco de Toledo, Virey del Perú, 1570—1571) herausgegeben von Marcos Jiménez de la Espada, Madrid 1882, Seite 231.

Nach der Angabe einiger spanischer Chronisten, vor allem des Garcilasso de la Vega, sollen die alten Bewohner Cuzcos sich deshalb willig in die Herrschaft der Inkas geschickt haben, weil diese sich als Intipchuricuna, das heisst als „Sonnensöhne" ausgaben und dadurch den Eingesessenen imponierten, zumal die eindringenden Inkas die kluge Politik befolgten, die alten Bewohner des Ortes nicht mit roher

II

Gewalt zu behandeln, sondern ihnen allerlei Wohltaten zu erweisen, sie verschiedene Künste und handwerkliche Fertigkeiten zu lehren und dadurch die Eingeborenen auf eine höhere Kulturstufe zu heben.

Irgendwelchen Wert haben diese Versuche, die Inkas als Volksbeglücker und Kulturbringer hinzustellen, nicht. Da viele der spanischen Eroberer und Beamten die Inkas beschuldigten, die von ihnen unterworfenen Indianerstämme tyrannisch behandelt und sie aufs äusserte ausgenutzt zu haben, so suchen die Inkas darzutun, dass ihre Vorfahren im Gegenteil einst mit grosser Güte gegen die von ihnen besiegten Stämme verfahren seien und diesen erst jene hohe Kultur gebracht hätten, welche die Spanier vorfanden. Diese Bemühungen der Inkas, ihre Eroberungstaten zu beschönigen, fanden namentlich bei jenen Mestizen, die aus der Heirat von Spaniern mit Inkamädchen hervorgegangen waren, bereitwillige Unterstützung, denn sie wollten von keinen rohen verächtlichen Wilden abstammen, keine Abkömmlinge eines dem Götzendienst verfallenen Volkes sein. Tatsächlich waren es denn auch meist Mestizen, wie Garcilasso de la Vega und Blas Valera, die als Lobredner der Inkas auftraten.

Berücksichtigung verdienen ihre naiven Legenden nicht, denn sie widersprechen aller historischen Erfahrung und stehen im schärfsten Gegensatz zu den Tatsachen. Wenn die unterworfenen Indianerstämme von den Inkas milde behandelt und mit Wohltaten überhäuft wurden, warum lehnten sie sich dann immer wieder gegen die Inkaherrschaft auf und griffen zu blutigen Aufständen? Warum führten ferner die Inkas strengste Strafen für Beleidigungen, Achtungsverletzungen und Bedrohungen ihrer Stammesmitglieder durch die von ihnen Besiegten ein?

Und nicht nur die erst jüngst unterworfenen Stämme lehnten sich wiederholt gegen ihre sogenannten Wohltäter auf, auch die Bewohner des Cuzcotales wussten so wenig die angeblich grossen Wohltaten der Inkas zu schätzen, dass sie sich mehrmals unter der Führung der Alcahuiza-Ayllu erhoben.

*Aussagen der Hualla-Indianer über das Vordringen der Inkas*

Die von den Inkas unterworfenen Eingeborenen dachten denn auch über die Mildherzigkeit ihrer Beherrscher ganz anders, als deren Verherrlicher. In den Verhören, die der Vizekönig Francisco de Toledo in verschiedenen Gegenden mit ihnen anstellen liess, sagten sie immer wieder aus, dass sie oft von ihren Voreltern gehört hätten, Manco Capac wie seine Nachfolger hätten häufig die von ihnen Unterworfenen grausam behandelt und jeden Widerstand ohne Erbarmen niedergeschlagen. So heisst es beispielsweise im Protokoll des Verhörs, welches am 4. Januar 1572 in Cuzco unter dem Vorsitz des Hofalkalden Gabriel de Loarte stattfand, dass die Vorgeladenen aus den drei Ayllus der Sauasiray, der Antasyac und der Alcahuiza, übereinstimmend ausgesagt hätten, der erste Inkabeherrscher Cuzcos, namens Manco Capac, sei mit Waffengewalt in das Cuzcotal eingedrungen und hätte die Eingesessenen ohne Rücksichtnahme ihrer Ländereien beraubt. Ebenso seien auch seine Nachkommen bis zum vierten Inkaregenten, Mayta Capac, verfahren, der viele Talbewohner, die sich nicht fügen wollten, getötet oder sie zu harten Tributleistungen gezwungen hätte.

Wahr sei ferner, dass ihre Vorfahren, die Hualla, sich mehrmals zu befreien versucht hätten, aber vergeblich. Wahr sei auch, dass ihre Vorfahren nie die Inkas als ihre rechtmässigen Herren anerkannt hätten, sondern den Inkas nur aus Furcht vor ihrer Grausamkeit gefolgt wären.

Ähnliche Ergebnisse hatten die Vernehmungen von Eingeborenen, die am 20. November 1570 in Xauxa (Yauya), am 13. März 1571 in Cuzco und am 19. März im Yucaytal stattfanden.

Vielleicht wird man gegen diese Aussagen einwenden, dass die befragten Indianer oft nicht eigene Erfahrungen und Erlebnisse berichteten, sondern nur wiedergaben, was sie einst von den alten Mitgliedern ihrer Ayllus gehört hatten. Das mag sein; aber immerhin bekunden ihre Aussagen, dass man im Kreise der Eingeborenen die schöne Mar von der Milde und Edelherzigkeit der Inkas als eine Fabel betrachtete.

Die Annahme, dass wahrscheinlich die Vernommenen so ausgesagt hätten, wie die spanischen Beamten wünschten, vermag die Richtigkeit ihrer Bekundungen nicht zu erschüttern. In einzelnen Fällen mögen wohl die aussagenden Indianer, um sich die Gunst der spanischen Beamten zu erwerben, die Inkas zu Unrecht beschuldigt haben; dass dies aber in verschiedenen Gegenden in gleicher Weise geschehen ist, vermag ich nicht zu glauben. Zudem wurden die vorgeführten Indianer nicht in corpore verhört, sondern zunächst jeder Einzelne allein ausgefragt und dann seinen Genossen gegenüber gestellt. Auch wurden, wie sich aus den Protokollen ergibt, meist nur die ältesten männlichen Mitglieder der ortsangesessenen Geschlechtsverbände vorgeladen, die noch selbst die letzte Zeit der Inkaherrschaft erlebt hatten.

*Alte Kultur der Indianerstämme*

Ebenso unglaubwürdig wie die Fabel von der Mildherzigkeit der Inkas ist die von einzelnen Chronisten aufgestellte Behauptung, erst die Inkas hätten die Kultur nach Peru gebracht. Natürlich waren auch in Peru, namentlich in den Cordilleren des Nordostens, manche Indianerstämme auf einer tieferen Stufe der Kultur zurückgeblieben als die Inkas; doch beweisen die Ruinen alter Bauten, die Pflege des Ackerbaus und die durchweg von den Indianern erworbenen Kunstfertigkeiten, dass wenigstens die Stämme in Mittel- und Nordwestperu schon vor ihrer Einverleibung in das

Inkareich eine ähnliche Kulturstufe erreicht haben müssen, wie die Inkas selbst. Auf einzelnen Gebieten der Technik wie der Töpferei und der Metallbearbeitung hatten sogar die Chimus an der Meeresküste bereits die Inkas weit überholt. Wenn verschiedene Chronisten wie Pedro Cieza de Leon und Garcilasso de la Vega den grossen Einfluss der Inkas auf die Gesamtkultur Altperus rühmen, so wiederholen sie nur, was die Inkas zu ihren eigenen Gunsten von sich geltend machten. Wie wenig diese Autoren zu einem Urteil berechtigt sind, zeigt schon die Tatsache, dass sie sich in ihren eigenen Angaben fortgesetzt widersprechen. So erzählt beispielsweise Pedro Cieza de Leon, nachdem er die einstige Roheit und Wildheit der peruanischen Stämme in den grellsten Farben geschildert hat, gleich hinterher ganz naiv, dass diese Stämme schon vor ihrer Unterwerfung grosse Kastelle und Tempel errichtet hätten, und im zweiten Teil seiner Chronik von Peru (Kapitel 4) berichtet er, dass sie damals häufig von ihren Bergen in die Täler hinabgestiegen seien, um sich gegenseitig ihre Ackererträge streitig zu machen und Weiber zu stehlen. Sicherlich eine seltsame Art ganz roher Wilden, die grosse Steinbauten aufführen und ausgedehnten Feldbau treiben!

*Woher kamen die Inkas?*

Sebstverständlich beginnt die Geschichte der Inkas nicht erst mit der Eroberung Cuzcos. Schon vorher hatten sie manche Kämpfe und Gefahren bestanden, und die Erinnerung an jene früheren Zeiten war nicht völlig ihrem Gedächtnis entschwunden. Ausgeschmückt mit allerlei Lokalsagen waren sie den Nachkommen überliefert worden. Einzelne der spanischen Chronisten, denen diese Mythen aus alter Zeit von den Indianern erzählt wurden, haben in ihnen beachtenswerte Traditionen gesehen, sie nach ihrem Gutdünken zurechtgestutzt und mit einander verknüpft, zum

Teil auch, wo sie irgendwelche Parallelen zu alttestamentlichen Sagen fanden oder zu finden meinten, sie diesen angepasst und mit biblischen Darstellungen aus der jüdischen Geschichte vermischt. So sind jene höchst phantastischen Sagenkombinationen entstanden, in denen mehrfach Überreste alter Stammestraditionen mit neueren geschichtlichen Überlieferungen buntgemischt sind.

Am weitesten in der Zusammenreimung solcher historischen Mythen ist der Lizentiat Don Fernando Montesinos gegangen. In seinem Werk „Ophir de Espana" erzählt er, dass bald nach der Sintflut Amerika (er nennt es Hamérica) von Armeniern bevölkert worden sei, die unter Führung eines Enkelsohnes des biblischen Noah aus der alten Welt herübergekommen wären. An diese Fabel knüpft eine Aufzählung von 102 Inka-Königen, die nacheinander in Peru regiert haben sollen und gibt sogar von jedem an, wie lange er regiert und was für Helden-oder Missetaten er begangen hat.

Auf diese und ähnliche Erzählungen einzugehen, halte ich für zwecklos. Sie mögen zum Teil einen gewissen Wert für die Folkloristik haben, einen historischen Wert besitzen sie nicht und verdunkeln, mit späteren Begebenheiten und Sagen kritiklos vermengt, lediglich die wirklichen Vorgänge.

Wie sehr jedoch auch die Gründungsgeschichte des Inkareiches mit alten Fabeln und Legenden verknüpft worden ist, würde es dennoch verkehrt sein, sie einfach völlig zu ignorieren. Manche der alten Überlieferungen haben freilich keinen Anspruch darauf, als geschichtliche Tatsache zu gelten. Dass die Urahnen der Inkas aus einer Höhle hervorgekommen sind, ist natürlich nur eine Fabel, wie andere Ursprungssagen südamerikanischer Stämme auch, dass aber tatsächlich einst, mehrere Jahrhunderte vor der spanischen Eroberung, eine aus vier Haufen bestehende Inka-Wanderschar auf der Hochebene östlich von Cuzco angekommen ist und sich darauf dieses Ortes bemächtigt hat, kann meines Erachtens nicht bezweifelt werden, denn die Übereinstimmung der alten Geschlechternamen der Inkas mit den späteren Benennungen der Stadtquartiere Cuzcos, die sich an die Besetzung Cuzcos anschliessenden Eroberungskämpfe und die spätere Übertragung mancher Einrichtungen der Inkas auf die unterworfenen Indianerstämme setzen die Reichsgründung der Inkas in Cuzco voraus.

Woher die Inkas kamen, ist allerdings bis heute noch unsicher. Wahrscheinlich ist, dass sie vorher am Titikakasee gesessen haben und von dort weiter nach Norden gezogen sind, da die Ruinen alter Gebäude an den Ufern dieses Sees viele Ähnlichkeiten mit den später in anderen Landesteilen von den Inkas errichteten Bauten haben.

Als ausreichender Beweis kann freilich die Ähnlichkeit der Baustile nicht gelten, ist doch nicht ausgeschlossen, dass schon früher andere peruanische Stämme ebenfalls zur Errichtung solcher Steinbauten vorgeschritten waren.

Eine bessere Bestätigung der Annahme, die Inkas hätten vor ihrem Vordringen nach Cuzco am Titikakasee gesessen, bietet die wenig bekannte Tatsache, dass sogar noch im siebzehnten und achtzehnten Jahrhundert einige Inkagruppen am Südweststrande des Titikakasees wohnten. So berichtet der Jesuitenpater Alonzo Ramos Gavilan, der zu Anfang des siebzehnten Jahrhunderts in Copacavanna am Südende des Titikakasees als Missionar tätig war, in seiner „Historia del celebre Santuario de Nuestra Señora de Copacabana" (zuerst 1621 in Lima erschienen), dass dort mehrere Ansiedlungen von Inkas vorhanden waren. Auch Bernabé Cobo, zu gleicher Zeit in der Missionsstation Juli tätig, erzählt (Historia del Nuevo Mundo, IV. Band, S. 58), dass sich nahe bei der Station eine Niederlassung von Inkas befand.

Gewichtiger noch ist die Aussage des deutschen Jesuiten Wolfgang Bayer, der 1749 im Auftrag seines Ordens nach der Missionsstation Juli zog. Er berichtet nämlich, dass damals zu den vier grossen Kirchengemeinden dieser Station folgende Indianerdörfer gehörten (Reise nach Peru, Nürnberg 1776, S. 170):

„Diese vier Kirchen führen folgende Titel: die erste ist die Peterskirche, zu der Indianer gehören, die man Qamcollas nennt und welche die Kirche des Hauses der Jesuiten ist. Die andere ist die Kirche des heiligen Kreuzes, wo im Hochaltar ein grosses Stück des heiligen Kreuzes verwahrt wird, das der heilige Borgia früher verwahret hat. Zu dieser Kirche gehören die, die man Inkas, Chambilcos und Chimsayas nennt. Die dritte ist die Kirche der Himmelfahrt der seligsten Jungfrau. Es gehören zu solcher die Indianer, so man Mochos heisset. Die vierte und letzte ist dem heiligen Johannes dem Täufer gewidmet, wo die Säulen, die das Kreuz und den Chor der Kirche machen, so künstlich aus aschgrauen Steinen gehauen und mit vielen Blumen und Laubwerken ausgearbeitet sind, dass die Durchreisenden nicht glauben wollen, dass sie von Stein sind, bis sie mit einem Messer die Probe machen. Es gehören zu dieser Kirche die Indianer, die man Ayancas nennt; und obschon diese sechs Geschlechter oder Stämme der Indianer nur eine Sprache reden, so sind sie doch im Gesichte so unterschieden, dass man sogleich weiss, aus was für einem Stamm sie her sind.
Alle besagten und zu dieser julischen Mission gehörigen Indianer belaufen sich auf 10 000 bis 12 000 Seelen."

Der amerikanische Ethnologe Adolph E. Bandelier hat demnach völlig recht, wenn er in seiner wertvollen Studie „The Islands of Titicaca and Koati", S. 282, zu dem Ergebnis kommt, dass in den Gegenden am Titikakasee sich einst Inka-Niederlassungen befunden hätten. Doch ist damit noch nicht erwiesen, dass die Inkaschar, die nach Cuzco vordrang, vorher an den Ufern des Titikakasees gesessen hat. Es ist möglich, dass sich bereits früher einige Wandergruppen von den Inkas abgesondert hatten und sich ein Teil von diesen am Titikakasee niederliess, während ein anderer Teil weiter auf dem Wege nach Cuzco zog.
Möglich ist auch, dass die von Bayer erwähnte Inkaniederlassung aus sogenannten Mitimaccuna bestand, das heisst

aus Militärkolonisten, die dort angesiedelt wurden, um die eingeborene unterworfene Bevölkerung zu überwachen und niederzuhalten. Es war ein alter Brauch der Inkas, wenn sie einen fremden Stamm besiegt hatten, einen Teil der Besiegten in eine andere Gegend zu verpflanzen und dafür in dem neueroberten Gebiet Dorfgenossenschaften ihres eigenen oder eines ihnen ergebenen anderen Stammes anzusiedeln, auf deren Treue sie sich in jedem Fall verlassen konnten.

Mit Sicherheit lässt sich jedenfalls nicht behaupten, dass die nach Cuzco ziehenden Inkahaufen vorher am Titikakasee sassen.

*Die Inkas waren keine Aymara-, sondern Khetschua-Indianer*

Mit Sicherheit ergibt sich dagegen, wenn man die Geschlechterorganisationen der ins Cuzcotal eindringenden Inkahaufen in Betracht zieht, mit grösster Bestimmtheit, dass sie nicht den ganzen Inkastamm umfassten, sondern nur einen Teil. Die peruanischen Stämme waren durchweg, wie einst die altrömischen und germanischen, in zehn Tausendschaften oder Hatun-Ayllus (Gross-Geschlechter) geteilt und diese wieder in zehn Hundertschaften, die sich in Cuzco niederlassenden Inka umfassten aber nur vier Grossgeschlechter und siebzehn Kleingeschlechter. Will man nicht die Behauptung aufstellen, die Inkas wären ganz anders organisiert gewesen, als die übrigen peruanischen Stämme, so bleibt nur die Annahme übrig, die sich im Cuzcotal niederlassenden Inkahaufen wären nur ein von der Hauptgruppe abgezweigter Teilstamm gewesen, der die Hauptmasse seiner Mitglieder irgendwo zurückgelassen hatte.

Von einigen Kulturhistorikern ist es als wahrscheinlich bezeichnet worden, dass ursprünglich die Inkas einem südperuanischen oder bolivianischen Aymarástamm angehört und sich erst später die Khetschuasprache angeeignet hätten. Zur Begründung dieser Hypothese wird darauf hingewiesen, dass Carcilasso de la Vega berichtet, die Inkas hätten sich manchmal einer Geheimsprache bedient. Auf irgendwelchen Wert hat auch diese Vermutung keinen Anspruch, schon deshalb nicht, weil sämtliche alten Geschlechter und Personennamen der Inkas der Khetschuasprache entlehnt sind. Waren die Inkas Abkömmlinge eines Aymarástammes, so hätten zweifellos in erster Reihe ihre alten Geschlechterbenennungen der Aymarásprache entnommen sein müssen; denn dass sie, die so stolz auf ihre Abkunft waren, später ihre Geschlechtsnamen abgelegt und dafür die ihrer feindlichen Nachbarn angenommen haben, ist ganz undenkbar.

## ZWEITES KAPITEL

## DIE ERSTEN JAHRHUNDERTE DER INKAHERRSCHAFT

Die Geschichtstraditionen der Inka-Indianer. — Die Inbesitznahme des Cuzcogebietes. — Die erste Periode der Inkaherrschaft. — Die angeblichen Eroberungen Manco-Capacs. — Von Manco Capac bis Lloque Yupanqui. — Mayta Capac. — Capac Yupanqui. — Inca Rocca II. — Yanuar Huacac, der Blutweiner. — Hatun Tupac, der Inca des Huiracocha. — Thronstreitigkeiten unter den Inkas. — Pachacutec, der Weltumstürzer. — Tupac Yupanquis Eroberungen.

### Die Geschichtstraditionen der Inka-indianer

Die eigentliche Geschichte des Inkareiches beginnt erst mit der Festsetzung der Inkas in Cuzco unter Manco Capac. Auch die Überlieferungen aus der Zeit dieses Herrschers und seiner nächsten Nachfolger enthalten noch viel Sagenhaftes und Unglaubliches, hatten doch die peruanischen Stämme keine Schrift, in der sie wichtige Begebenheiten aufzuzeichnen und ihren Nachkommen in fester Fassung zu hinterlassen vermochten: Nur mündlich konnten sie ihnen ihre Erlebnisse und ihre Kunde von wichtigen Ereignissen überliefern. Auf dem Wege solcher Überlieferungen von Mund zu Mund nahmen aber die Erzählungen vielfach ganz verschiedene Formen und Lokalfärbungen an. In einer Gegend wurden die Traditionen mit alten Lokalsagen vermischt oder mit phantastischem Beiwerk ausgeschmückt, in einer anderen Gegend wurden allerlei, den Erzählern unwichtig dünkende Einzelheiten fallen gelassen und dafür irgend welche Nebensachen aufgebauscht oder auch die von einem Inkaherrscher berichteten grossen Taten auf einen anderen übertragen.

Dazu kommt, dass die Indianer und mehr noch die deren Erzählungen niederschreibenden spanischen Chronisten die auf einen bestimmten Ort und bestimmte Vorgänge bezüglichen Angaben in naiver Weise verallgemeinerten.

So entwickelte sich im Laufe der Jahrhunderte ein widerspruchsvoller bunter Sagenwust. Dennoch lässt sich aus ihm, wenn man die sagenhaften Ausschmückungen beiseite schiebt, die sich bei strenger kritischer Nachprüfung als spätere Zusätze erweisenden Legenden ausser Betracht lässt und die uns berichteten Eroberungszüge auf guten Landkarten verfolgt, ein bestimmter historischer Kern herausschälen, der uns deutlich veranschaulicht, wie nach und nach das grosse Inkareich entstanden ist, das die spanischen Conquistadoren vorfanden.

Freilich als in allen Teilen völlig zuverlässig kann auch eine solche kritisch gereinigte Geschichte des Inkareiches nicht gelten; denn oft lässt sich, wenn man die sich gegenseitig widersprechenden, lückenhaften Berichte der Indianer miteinander vergleicht, selbst bei strengster Prüfung nicht entscheiden, welche Version den grössten Anspruch auf Authentizität hat und was ins Reich der Fabel zu verweisen ist.

Auch eine Untersuchung der für bestimmte Einrichtungen gebrauchten Benennungen der Khetschua- und Aymará-Sprache auf ihre etymologische Bedeutung hilft oft nicht weiter.

Doch mit solchen Mängeln hat auch der Geschichtsschreiber der Frühzeit der europäischen und asiatischen Reiche zu rechnen, und wenn er durchaus keine sicheren Resultate zu gewinnen vermag, bleibt ihm schliesslich nichts anderes übrig, als sich mit Wahrscheinlichkeitsannahmen zu begnügen, doch soll er, wenn ihn sein Quellenstudium im Stich lässt, nicht einfach ihm fehlende Nachweise nach Gutdünken ergänzen und als feststehende Forschungsergebnisse hinstellen, sondern sie als das bezeichnen, was sie sind: als blosse Hypothesen. Ich möchte deshalb auch nicht den Anspruch erheben, dass alle in dem nachfolgenden Geschichtsabriss enthaltenen Angaben authentisch sind und ebenso wenig möchte ich behaupten, dass einige der von mir als unsicher und unbegründet abgelehnten Mitteilungen der spanischen Chronisten nicht doch als historisch verbürgt gelten können. Im Ganzen und Wesentlichen hat sich jedoch unzweifelhaft das Inkareich so entwickelt, wie es auf den folgenden Seiten dargestellt wird, und darauf allein kommt es nach meiner Ansicht vom historischen Standpunkt aus an. Die kleinen Liebesabenteuer, Rivalitätsstreitigkeiten und Intrigen, mit denen eine allzu geschäftige Phantasie die Geschichte der Inkas belastet hat, mögen ganz interessant sein, aber einen Geschichtswert besitzen sie nicht.

*Die Inbesitznahme des Cuzcogebietes*

Nachdem die Inkas in Cuzco die Huallas zurückgedrängt und sich dort niedergelassen hatten, ging ihr erstes Streben dahin, ihren neuen Wohnsitz auszubauen und gegen Angriffe der umwohnenden Stämme zu sichern. Ihre Eroberungen weiter auszudehnen, verspürten sie zunächst wenig Neigung; denn sie waren, wie schon erwähnt wurde, nur ein Stammesteil, der den angrenzenden Indianerstämmen blos eine geringe Wehrmacht entgegenzustellen vermochte. Ihre Taktik richtete sich deshalb darauf, mit den benachbarten Ansiedelungen Frieden zu halten und sie zur Abschliessung von Freundschaftsbündnissen zu bewegen.

Manco Capac, der erste Inkaherrscher in Cuzco beschränkte sich daher auch im Wesentlichen darauf, bessere Verbindungswege zwischen den von den Inkageschlechtern in Beschlag genommenen Wohnquartieren herzustellen, Vorratshäuser zu erbauen und vor allem dem in Gestalt eines jungen Mannes verehrten Sonnengott zum Dank für seine Führung einen Tempel zu errichten, zuerst ein einfaches Intihuasi, Sonnenhaus, später, nachdem die Opferpriester sich neben dem Tempel angesiedelt hatten und dieser mit reichem Goldschmuck ausgestattet worden war, Inticancha (Sonnenquartier) und Coricancha (Goldquartier) genannt.

Von fast allen über die Frühzeit des Inkareiches berichtenden spanischen Chronisten wird daher auch erzählt, dass Manco Capac und die ersten seiner Nachfolger — Könige nannten sie meist die Spanier — irgendwelche erwähnenswerten Eroberungen nicht unternommen haben, sondern ihre Hauptaufgabe darin sahen, sich in Cuzco wohnlich einzurichten. So berichtet zum Beispiel Polo de Ondegardo[1]), dass das Reich der Inkas sich bis zum Regierungsantritt des

---

[1]) Polo de Ondegardo kam 1547 zusammen mit dem neuernannten Präsidenten der königlichen Audienca Pedro de la Gasco de la Gasca nach Peru und wurde zum Corrigidor (Verwalter und Richter) eines Distrikts der Charcasprovinz, später des Cuzcogebietes ernannt. Um einen Überblick über die Rechts- und Wirtschaftsverhältnisse Perus zu gewinnen, warf er sich mit Eifer auf das Studium der alten Regierungsmassnahmen und Gesetze des Inkareiches und verfasste im Auftrage des Vizekönigs darüber mehrere wertvolle Berichte. Der wichtigste (1560 verfasst) führt den Titel „Relacion del linaje de los Incas y como extendieron ellos sus conquistas", und ist jüngst im Band 4 der Coleccion de libros referentes a la Historia del Perú erschienen. Ausserdem hat Clements R. Markham eine englische Übersetzung im Band 48 der von der Hakluyt-Gesellschaft herausgegebenen Werke (London 1873) veröffentlicht. Sie führt den Titel „Report by Polo de Ondegardo".

Von grosser Bedeutung, wenn auch nicht im gleichen Masse wie dieser Bericht, ist ferner die von Ondegardo geschriebene „Relacion de los fundamentos acerca del notable daño que resulte de no guardar á los Indios sus fueros" (1571 geschrieben), enthalten in Band 17 der Coleccion de Documentos inéditos relativos al descrubromiento conquista y organizacion de las antiquas posesiones españoles de América y Oceania (Madrid 1872).

Ausserdem sind in den indischen Archiven neuerdings verschiedene kleinere Berichte des Polo de Ondegardo aufgefunden und grösstenteils in der Coleccion de libros referentes à la historia del Perú veröffentlicht. Die wichtigsten sind: „De la orden que los Yndios tenyan en dividir los tributos. Band XVII der Docymentos inéditos del Archivo de Indias. Ferner Relacion de los Adoratorios de los Indios en los cuatro caminos que salian del Cuzco, Band IV der Coleccion de libros referentes a la historia del Peru. Auch der Artikel Los erronas y supersticiones de los Indios, Band III derselben Sammlung, hat einen gewissen Wert.

Pachacutec Yupanqui, des neunten Inkaherrschers, nur bis zum Stammesgebiet der Chancas erstreckte, dreissig alte spanische Meilen (ungefähr 170 Kilometer) westlich von Cuzco. Und auch im Süden reichte das Herrschaftsgebiet der Inkas nach seiner Aussage nur bis zu den Stämmen der Canas und Canchas zu beiden Seiten des Vilcamayu, etwas mehr als 105 Kilometer von Cuzco entfernt. (Report by Polo de Ondegardo, S. 152).

Ebenso berichtet Fernando de Santillan, Präsident der königlichen Audiencia von Lima, in seiner Relacion del origen, descendencia, politica y gobierno de los Incas (S. 15),[1] dass erst der Inkaherrscher Capac Yupanqui (der fünfte in der Reihe der Inkaregenten) mit erwähnungswerten Eroberungen begonnen habe.

Auch der bereits im ersten Kapittel erwähnte Pedro Sarmiento de Gamboa berichtet an verschiedenen Stellen seines Werkes (Kapital XIII, XV, XVI), dass Manco Capa seine Landerwerbung auf den allernächsten Umkreis von Cuzco beschränkt habe. Selbst Lloque Yupanqui, der dritte Inkaregent, und Mayta Capac, der vierte, seien mit ihren Eroberungen nur wenig über das alte Cuzco-Gebiet hinausgelangt.

---

[1]) Lizentiat Fernando de Santillan studierte die Rechte und Theologie in Spanien und trat darauf in den Jesuitenorden ein, worauf er im Jahre 1568 mit einer Anzahl Ordensbrüder unter Führung des Provinzials Jeronimo Ruiz Portillo nach Amerika ging. Dort trat er in den Dienst des Vizekönigs und wurde zum Richter und Vorsitzenden der Audiencia von Lima, des höchsten peruanischen Gerichtshofes, ernannt. Wann er sein Werk geschrieben hat, ist mir nicht bekannt. Gedruckt wurde das Manuskript zunächst nicht. Erst 1879 hat es Don Marcos Jiménez de la Espada im Auftrag des spanischen Unterrichtsministeriums herausgegeben (in den Tres Relaciones de Antigüdades Peruanas). Seine hohe Stellung bot Santillan Gelegenheit, sich gründlich über die Rechtsanschauungen und Rechtsinstitutionen der Inkazeit zu unterrichten. Ungleich mancher anderen spanischen Berichterstatter nahm er die Aussagen und Erzählungen der Indianer nicht einfach als wahr hin, selbst dann nicht, wenn sie ihm glaubhaft schienen, sondern suchte durch weitere Nachfragen bei anderen Indianern und durch kritisches Abwägen ihrer Auskünfte den Dingen auf den Grund zu kommen.

Derselben Ansicht ist der Jesuitenpater Bernabé Cobo in seiner Historia del Nuevo Mundo (III. Band, S. 148). Erst Mayta Capac, der vierte Inkaherrscher, habe, so erzählt er, damit begonnen, das Reich durch Eroberungen etwas über die alten Grenzen hinaus auszudehnen, die es unter seinen Vorgängern, den ersten drei Inkaherrschern, gehabt habe.

Damit stimmt Pedro de Cieza de Leon überein, der in seiner Crónica del Peru (II. Teil, Kapitel 31) mitteilt, dass ihm auf seine Fragen die Indianer über die ersten Inkaregenten sehr wenig zu berichten gewusst hätten, — aus dem einfachen Grunde, weil diese Herrscher gar keine grossen Taten vollbracht hätten. Erst Capac Yupanqui, der fünfte Inkaherrscher, und dessen Sohn könnten Eroberer genannt werden.

*Die erste Periode der Inkaherrschaft*

Gehen auch die Meinungen dieser Chronisten über die Leistungen der ersten Inkaherrscher auseinander, so sind sie sich doch darüber einig, dass selbst noch im zweiten, dritten Jahrhundert nach der Besitzergreifung Cuzcos das Inkareich nur eine Art Stadtstaat war und sich wenig über das Cuzcotal hinaus erstreckte.

Damit soll nicht gesagt sein, dass die ersten Inkaregenten still und friedlich in Cuzco gesessen haben. Sie waren meist eifrig bemüht, ihr kleines Reich zu erweitern und Cuzco auszubauen; aber grosse Eroberungszüge haben sie nicht unternommen, aus dem einfachen Grunde nicht, weil ihnen dazu die Kriegsmannschaften fehlten. Sie suchten daher auch, als sie sich schliesslich zu Einfällen in angrenzende Gebiete entschlossen, unter den Nachbarstämmen Hilfstruppen zu werben, indem sie ihnen Geschenke überreichten und reiche Anteile an der zu erwartenden Beute verhiessen. Da die im weiteren Umkreis wohnenden Stämme seit langem in Feindschaft miteinander lebten, gelang es den Inkas auch wiederholt, fremde Streitkräfte zum Mitkampf heranzuziehen. Besonders wussten sie die Canas und Canches, zwei südlich von ihnen am Vilcamayu sitzenden Stämme, zur Unterstützung zu bewegen (Polo de Ondegardo, Report, S. 152). Selbst Pachacutec Yupanqui, der neunte in der Reihe der Inkaregenten, nahm, als er gegen Usco-Vilca, den Oberhäuptling der Chancas, auszog, vorher Hilfstruppen aus dem Stamme der Canches in Dienst.

Nachdem die Inkas eine Reihe fremder Stämme unterworfen und sich angegliedert hatten, waren sie freilich nicht mehr auf fremde Hilfskräfte angewiesen. Aus den unterworfenen Stämmen wurden nun einfach eine Anzahl kriegstüchtiger Männer ausgehoben.

### Die angeblichen Eroberungen Manco-Capacs

Eine Ausnahme von den erwähnten Chronisten, welche die ersten Inkaregenten als friedliebend schildern, macht nur Garcilasso de la Vega (Comentarios reales, I. Buch, Kapitel 20). Er lässt bereits Manco Capac als grossen Eroberer auftreten und erzählt, dass dieser schon 114 Dörfer und Ansiedlungen im Umkreis von Cuzco erobert habe, von denen er aber nur 13 mit Namen zu nennen vermag. Es sind dies die Orte Masca, Chillqui, Papri, Mayu, Canca, Chinchapucyu, Quespicancha, Muyna, Urcos, Queshuar, Huaruc, Caviña, Moyobamba.

Als Beweis für die Richtigkeit der Garcilassoschen Behauptung können diese Namen jedoch nicht gelten; denn mehrere von ihnen sind gar keine Orts- oder Landschaftsnamen, und ein anderer Teil betrifft Ortschaften, die ausserhalb des damaligen Cuzcogebietes lagen. Einen Ort Mayu hat es zum Beispiel nie in Peru gegeben. Das Wort bezeichnet einen Fluss oder Strom. Wohl gab es einst in alter Zeit in Peru einen Ort Mayubamba (richtiger Mayupampa), d.h. Flussebene, aber dieses Dorf lag nicht in der Umgegend von Cuzco, sondern im späteren Apurimac-Departement, Provinz Cotobamba (Cotopampa). Ebenso lagen die Orte Quespic und Queshuar nicht in der Nähe Cuzcos, sondern der erste im jetzigen Departement Ancachs, der zweite im Stammesgebiet der Canches. Ferner hat es im Cuzcogebiet nie einen Ort namens Chinchapucyu gegeben; gemeint ist wahrscheinlich das Dorf Chinchapuquis in der Provinz Urubamba. Auch einen Ort Masca finde ich nirgends in den alten Beschreibungen der östlichen Gegenden des Inkareiches erwähnt; wohl aber wurde ein Geschlechtsquartier des westlichen Cuzco Masca-Cancha genannt. Masca hiess nämlich eine der ältesten Ayllus (Geschlechter) des Inkastammes, und nachdem dieses Geschlecht sich in Cuzco niedergelassen hatte, erhielt sein Quartier den Namen Masca-Cancha. Der von Carcilasso genannte Ortsname Masca stimmt demnach; aber zur Stützung der Behauptung, schon Manco Capac hätte zahlreiche Ortschaften in der Umgebung Cuzcos erobert, vermag er nicht zu dienen, denn das Maca-Chancha brauchte nicht erst erobert zu werden; es gehörte bereits seit der ersten Niederlassung der Inkas in Cuzco zu deren Besitz.

*Von Manco Capac bis Llaque Yupanqui*

Dem Inka Manco Capac folgte als Herrscher sein ältester Sohn, Ssinchi Racca (sprich Ssintschi) mit Namen, der von den Chronisten auch Chinchi-Rucca geschrieben wird. Ssinchi bedeutet der Tapfere, der Draufgänger; Rucca ist ein Eigenname, der im alten Peru ziemlich häufig war, dessen Bedeutung ich aber nicht zu erkennen vermag.

Ssinchi Rucca setzte das Werk seines Vaters fort, vergrösserte den Sonnentempel und begann Cuzco dadurch zu erweitern, dass er durch Landzuweisungen und Versprechungen Indianer der Nachbarschaft bewog, sich ausserhalb des Stadtkreises anzusiedeln. Grosse Taten hat er nach den Erzählungen der Indianer nicht verrichtet, sondern fast seine ganze Lebenszeit friedlich in Cuzco zugebracht.

Diese Friedlichkeit hat indess Ssinchi-Rucca nicht gehindert, auf seine Weise zur Mehrung seines kleinen Reiches beizutragen. Um sich die Unterstützung des Häuptlings eines einige Meilen südlich von Cuzco gelegenen Ländchens, des Sañu-Landes, zu gewinnen, schloss er mit diesem einen Freundschaftsbund und verheiratete seinen Sohn Lloque Yupanqui mit dessen Tochter. Ferner verstand er, ohne Kampf dem Stamm der Canches einige Landfetzen zur Ergänzung seines Landbesitzes abzuhandeln.

Ein gleiches friedliches Verhalten wird von seinem Sohn und Nachfolger Lloque Yupanqui (sprich Ljoke Jpanki) berichtet. Sein Name bedeutet der „linkshändige Hochgeschätzte", (eigentlich derjenige, der viel gilt). Sarmiento de Gambora will sogar erfahren haben (Kapitel XVI), dass er niemals Cuzco verlassen hat, immer im Intichancha, dem Sonnentempel-Revier, gewohnt und keinen einzigen Kriegszug unternommen hat.

Nach Garcilasso de la Vega soll freilich auch Lloque Yupanqui sich als Eroberer hervorgetan haben. Würdig seiner kriegerischen Ahnen soll er mit seinen Truppen bis Chuncara, mehrere Meilen südlich der damaligen Grenze des Cuzco-Gebietes vorgedrungen sein. Irgendwelche zuverlässigen Berichte über diesen Kriegszug fehlen. Sollte Lloque Yupanque wirklich, was recht zweifelhaft ist, versucht haben, dort im Süden neues Land zu erobern, kann er unmöglich Erfolg gehabt haben; denn dann hätte nicht später, wie feststeht, Sapac Yupanqui, der fünfte Inkaregent, damit beginnen müssen, das Gebiet von Chuncara zu unterwerfen.

Sogar mit dem Stamm der Canas am Vilcamayu soll Lloque Yupanqui Krieg geführt und ihn geschlagen haben. Auch dieser Eroberungszug genügt Garcilasso noch nicht. Selbst in das Gebiet der Collastämme südlich des Titicacasees lässt er Lloque eindringen.

Die Richtigkeit dieser Erzählungen ist nicht nur deshalb

sehr zweifelhaft, weil sie den Darstellungen anderer Autoren widersprechen, sondern Lloque Yupanqui auch daheim im Cuzcotal mehrmals Aufstände der unterworfenen Huallas zu bekämpfen hatte. Die dort noch aus Manco Capacs Zeit sitzenden Reste der Huallas hatten keineswegs die Hoffnung aufgegeben, das Joch der Inkas wieder abschütteln zu können und gerieten deshalb wiederholt mit den Inkas in Streit. Zur offenen Empörung kam es allerdings erst nach Lloques Tod, der ihnen wahrscheinlich als günstige Gelegenheit erschien, sich endlich von der verhassten Inkaherrschaft zu befreien. Sie erhoben sich unter Führung der Alcahuiza-Ayllu, wurden aber von den Inkas wiederum niedergeworfen.

## Mayta Capac

Obgleich nach Aussage der Indianer der vierte Inkaherrscher, Mayta Capac, ein sehr energischer, mutiger Mann gewesen sein soll, hat er ebenfalls auf grosse Landeroberungen verzichtet oder verzichten müssen. Garcilasso macht ihn allerdings ebenfalls zu einem grossen Eroberer. Er lässt ihn auf einem Erobererzug südwärts bis zum Desaquadero, dem südlichen Ausfluss des Titikakasees, vordringen und den nördlichen Teil des Charcasgebietes bezwingen. Damit nicht genug, hätte, so erzählt er, Mayta Capac sein Reich auch nach Westen weiter ausgedehnt bis zu den Chumpi-Vilcas (d.h. Nachkommen des braunen Lamas) und die Bewohner von Parinacocha und Pumatampu besiegt. Schliesslich soll er auch noch den Arequipa-Distrikt besetzt haben.

Wie weit diese Erzählungen begründet sind, lässt sich nicht feststellen. Sicher ist, dass Mayta Capac mehrmals mit den im Süden und Westen an sein Reich grenzenden Ländern Krieg geführt hat, aber dass sich seine Eroberungen bis nach dem Charcasgebiet und bis nach Arequipa erstreckt haben, ist sehr zweifelhaft; und noch weniger lässt sich nachweisen, was er von den eroberten Ländereien festzuhalten vermochte.

*Capac Yupanqui*

Vor seinem Tode bestellte Mayta Capac seinen Sohn Capac Yupanqui zu seinem Nachfolger, obgleich dieser nicht sein ältester legitimer Sohn und daher nicht thronberechtigt war. Der rechtmässige Erbe schien ihm allzu schwächlich und zu wenig beharrlich zu sein. Er wusste daher mit Unterstützung mehrerer Geschlechtsvorsteher der Inkas, die ebenfalls dieser Meinung waren, durchzusetzen, dass sein ältester Sohn zum Oberpriester des grossen Sonnentempels in Cuzco ernannt und Capac Yupanqui zum Herrscher bestimmt wurde. Zuerst sträubten sich die übrigen Söhne Mayta Capacs, ihren jüngeren Bruder, als rechtmässigen Thronerben und Oberherren anzuerkennen. Sie empörten sich gegen ihn, hatten aber mit ihrer Rebellion keinen Erfolg. Sie wurden geschlagen, gefangen genommen und in abgelegene Teile des Reiches verbannt.

Weit mehr als sein Vater verdiente Capac Yupanqui (richtiger Yupanqui Capac) ein Mehrer seines Reiches genannt zu werden. Kaum hatte er den Thron bestiegen, als er auch schon in verschiedene Streitigkeiten mit den Nachbarstämmen geriet. Zunächst nahm er die im heutigen Cuzco-Departement gelegenen händelsüchtigen beiden Markgenossenschaften Cuyumarca und Ancasmarca in Besitz, dann rüstete er gegen die im Apurimac-Distrikt sitzenden Antahuallas und die mit ihnen verbündeten Stämme. Diese warteten aber nicht, bis Capac Yupanqui mit seinen Rüstungen fertig war; sie drangen ungestüm ins Cuzcogebiet ein, wurden aber von Capac Yupanqui, der durch seine Spione von allem unterrichtet war und Hilfskräfte herangezogen hatte, glänzend zurückgeschlagen.

Die Inkas triumphierten. Siegesfroh kehrten sie nach Cuzco zurück und veranstalteten dort grosse Feiern. An eine volle Ausnutzung ihres Sieges dachten sie nicht. Daher fanden die Huallas Zeit, sich zu sammeln und Unterstützungstruppen heranzuziehen. Wiederum kam es zum Kampf, in dem die Huallas abermals eine Niederlage erlitten und um Frieden bitten mussten. Er wurde ihnen unter der Bedingung gewährt, dass sie die Inkas als Oberherren anerkannten und sofort grosse Mengen von Gold und Kostbarkeiten als Tribut ablieferten. Yupanqui Capac liess diese nach Cuzco schaffen, wo sie zum Teil zur Ausschmückung der Tempel verwendet wurden.

Damit begnügte sich aber Capac Yupanqui nicht. Er glaubte, diesmal seinen Sieg besser ausnutzen zu sollen. Ihm schien die Gelegenheit günstig zu sein, noch einige weitere Länder seinem Reich angliedern zu können. Er drang daher weiter in das feindliche Gebiet vor und eroberte darauf in raschem Siegeslauf die Länder des Quinchua- (Khetschua) Stammes sowie die Gebiete der Canas und Canches. Wie erzählt wird, soll er sogar über Arequipa bis an die Pazifikküste gekommen sein, doch fehlen für diese Angabe jegliche Beweise.

Einige Jahre später suchte Capac Yupanqui auch im Süden, in Collasuyu, sein Reich weiter auszudehnen. Mehrere der dort sitzenden Häuptlinge wollten durchaus nicht die Oberherrschaft der Inkas anerkennen. Capac Yupanqui hob deshalb ein neues Heer aus und unterwarf das gesamte Gebiet vom Titikakasee bis zum Aullagassee. Um den einheimischen Indianern weitere Empörungen zu erschweren, liess er in den eroberten Distrikten mehrere Pucaras (Forts) erbauen, in die er Truppen aus einigen den Inkas ergebenen Gegenden hineinlegte. Ausserdem siedelte er an mehreren Stellen Mitimaccuna (Militärkolonisten) an.

Es waren demnach recht beträchtliche Landflächen, die Capac Yupanqui dem damaligen Inkareich hinzuzufügen vermochte; nur verstärkte dieser neue Besitz vorerst die Macht der Inkas nicht; denn nur gezwungen gehorchten die Neuunterworfenen den Befehlen und Anordnungen der Inkas, jederzeit bereit, sich gegen die ihnen auferlegte Zwangsherrschaft aufzulehnen. Es bedurfte wiederholter Kämpfe der folgenden Inkaregenten, bis sich die Eingeborenen jener Landesteile willig in das ihnen auferlegte Joch ergaben.

*Inka Rocca II*

Von seinem Sohn und Nachfolger, Inka Rocca, zum Unterschied von Ssinchi Rocca, dem Sohne Manco Capacs, meist von den spanischen Chronisten Inka Rocca II. genannt, weiss die Indianertradition ebenfalls sehr wenig zu berichten, obgleich er sehr lange regiert haben soll — nach einigen Aussagen über hundert Jahre, nach anderen fünfzig bis sechzig Jahre. Ein prachtliebender, vergnügungssüchtiger Regent, beschäftigte er sich vorwiegend mit der Veranstaltung fröhlicher Feste und mit dem Ausbau Cuzcos.

Als daher zu Anfang seiner Regierungszeit sich an der Westgrenze des Cuzcogebietes einige der dort hausenden Stämme erhoben, zog er nicht selbst mit ins Feld, sondern überliess die Züchtigung seinem kriegstüchtigen Neffen Apu Mayta (Apu war ein Titel, der nur den Verwaltern der Reichsprovinzen und den höheren Heerführern zukam).

Nachdem die Ruhe wieder hergestellt worden war, hat Inka Rocca nur noch einige unbedeutende Heereszüge unternommen. Der wichtigste Zug war der nach dem Ayacucho-Gebiet (jetzige Provinz Huamanga), das nach dem Gefecht von Pomatambo (richtiger Pumatampu, d.h. Stätte des Silberlöwen) ebenfalls von den Inkas annektiert wurde.

*Yahuar Huacac, der Blutweiner*

Recht seltsame Geschichten berichten die Traditionen der Indianer von den beiden Nachfolgern Rocca II., den Inkas Titu Cusi-Huallpa (der „Grosse aus hohem Geblüt"). In der Geschichte der Inkas wird der erste, da er bei verschiedenen Vorkommnissen Blut geweint haben soll, Yahuar Huacac, „der Blut Weinende", und der zweite, weil ihn der Sage nach Viracocha, der höchste Gott, selbst zum Führer des Reiches berufen hat, Viracocha-Inka, das heisst der Inka des Viracocha genannt.

Titu Cusi Huallpa soll schon in seiner Jugend sehr bittere Erfahrungen gemacht haben. Während er zur Ausbildung bei seinem Onkel weilte, wurde er von einem Feind seines Vaters, dem Häuptling Tocay Capac, gestohlen und in einem einsamen, vom Verkehr abgeschnittenen Gebirgsort untergebracht, bis ihn schliesslich eine Frau mit Hilfe ihrer Verwandtschaft befreite und zu seinem Vater, dem Inka Rocca II., zurückbrachte.

Die Behandlung, die Cusi Huallpa während dieser Gefangenschaft erdulden musste, verbitterte ihn dermassen, dass er später, als er seinem Vater in der Regierung folgte, sich als ein rücksichtsloser, strenger Herrscher erwies. Hinzu kam, dass er sofort nach seiner Thronbesteigung bei einem Teil der zum Inkareich gehörenden Stämme auf Widerstand stiess, vornehmlich bei den Huayllacanas, die eine andere Thronbesetzung wünschten. Sie lockten seinen Sohn Pahuac Huallpa Mayta mit achtzig anderen vornehmen Inkas in ihr Gebiet und töteten dort alle. Titu Cusi Huallpa oder, wie er nun hiess, Yuhuar Huacac zeigte sich aufs äusserste gereizt. Er überfiel mit Heeresmacht die hinterlistigen Huayllancanas, liess einen Teil mitleidslos niederhauen und trieb einen anderen Teil aus dem Lande.

Mit gleicher Strenge ging er gegen eine Reihe anderer zum Aufruhr geneigter Ortschaften vor. So drang er mit Heeresmacht in das Pisactal ein, eroberte Pillano und das nahegelegene Choya sowie Chillincay und Cavina. Überall mussten ihn die Besiegten als ihren Herrscher anerkennen und hohe Tribute entrichten.

Die Rücksichtslosigkeit, mit der er die ihnen auferlegten Abgaben eintreiben liess, erregten jedoch nicht nur den Hass der Neuunterworfenen, sondern auch der schon früher besiegten Stämme. Vornehmlich glaubten die Antahuayllas und die mehrmals besiegten, aber sich immer wieder erhebenden Chancas die Zeit für gekommen, die Zwangsherrschaft der Inkas abwerfen zu können. Nachdem sie sich mit ihren Nachbarstämmen verständigt hatten, erhoben sie sich plötzlich und marschierten nach Cuzco. Yahuar Huacac flüchtete, und mit ihm einige andere der Inkahäuptlinge.

## Hatun Tupac, der Inka des Huiracocha

In dieser Not erstand, wie die Sage meldet, dem Inkareich in der Person des Inkas Hatun Tupac ein Retter. Nachdem der zur Thronfolge berufene Pahuac Huallpa Mayta von den Huallacanas ermordet worden war, hatten die Kriegshäuptlinge der Inkas dessen jüngeren Bruder Hatun Tupac zum Nachfolger seines Vaters Yahuar Huacac bestimmt. Hatun Tupac, vermochte sich aber mit seinem Vater nicht auf guten Fuss zu stellen. Noch hochmütiger als dieser widersprach er meist dessen Ansichten und Plänen. Die Folge war, dass ihn Yahuar Huacac nach einem entfernten Ort verbannte. Als er dort einst unter einem Felsüberhang schlief, erschien ihm, wie es in der Sage heisst, im Traum Viracocha, der Schöpfergott der Inkas, machte ihn auf die dem Reich der Inkas drohende Gefahr aufmerksam und befahl ihm, trotz des Verbots seines Vaters nach Cuzco zurückzukehren und die Führung zu übernehmen.

Zunächst wollte der alte Yahuar Huacac nichts von der göttlichen Sendung seines Sohnes wissen, überliess ihm aber schliesslich den Abwehrkampf. Hatun Tupac sammelte nun schnell die Inkas und trieb die rebellierenden Stämme zurück, denen er neue schwere Lasten auferlegte.

Nachdem ihm das gelungen, wechselte er seinen Namen. Nach Aussage der Indianer nannte er sich fortan Huiracocha (Viracocha)Inca Yupanqui. Darauf entthronte er seinen Vater und übernahm trotz des Widerspruchs seiner Brüder selbst die Regierung.

Mit dem Aufstieg zum Inkaherrscher war der Ehrgeiz des Huiracocha Inka nicht gestillt. Er wollte um jeden Preis seine Vorgänger übertreffen und nahm daher die Weigerung einiger an der Südgrenze seines Reiches sitzenden Stämme, ihn als ihren Oberherrn anzuerkennen, zum Anlass, sie zu bekriegen. Er zog den Vilcamayu hinauf und nahm den Calca- und Caitobezirk in Besitz.

Nach seinem Plan wollte er von dort aus weiter nach Westen ziehen, da aber inzwischen einer seiner missgünstigen Brüder sich in Cuzco empörte und einen Teil der Anhängerschaft des Huiracocha Inka niedermetzeln liess, ging er mit seinen Truppen in Eilmärschen nach Cuzco zurück. Seinen Bruder fand er nicht mehr lebend vor; denn als dieser sah, dass er seinen Bruder nicht zu verdrängen vermochte, vergiftete er sich.

Seine Absicht, sein Reich weiter nach Westen auszudehnen, gab Huiracocha Inka vorläufig auf, da inzwischen die Häuptlinge im Westen und Südwesten des Titikakasees miteinander in Streit geraten waren und sich dort blutige Kämpfe abspielten. Er ergriff für einen Teil der miteinander ringenden Häuptlinge Partei und zwang ihre Gegner, die Waffen niederzulegen, nahm dann aber, nachdem sie sich beruhigt hatten, den südwestlich des Sees liegenden Chucuitobezirk selbst in Besitz.

Auch gegen die Canas und Canches zog er, da sie seinen Befehlen nicht gehorchen wollten, erneut ins Feld und verhängte über sie harte Strafen.

*Thronstreitigkeiten unter den Inkas*

In seinen letzten Lebensjahren wurde der hochbetagte Huiracocha Inka Yupanqui in ärgerliche Thronstreitigkeiten verwickelt. Nach altem Herkommen war nur sein ältester mit der Hauptfrau, der sogenannten Coya, gezeugter Sohn zur Thronfolge berechtigt, Huiracocha Inca bestellte aber dementgegen seinen Lieblingssohn, den ihm von einer Nebenfrau geborenen Urco (richtiger Orko, d.h. der Männliche, Mannhafte) zum Nachfolger. Dadurch geriet er nicht nur mit seinen beiden legitimen Söhnen Apu Mayta und Cusi

Yupanqui (Cusi = der Frohe, der Heitere) in Konflikt, sondern auch mit den Kriegshauptleuten. Sie verlangten, dass Cusi Yupanqui zum Thronfolger ausersehen werde, der sich bereits den Ruhm eines tapferen, befähigten Anführers erworben hatte. Um ihn beim Volk beliebt zu machen, setzten sie deshalb durch, dass Cusi Yupanqui, als die unruhigen Canchas wiederum aufstanden, den Oberbefehl über die Inkatruppen erhielt. Seine Freunde hatten ganz richtig gerechnet: er besiegte die Canchas und gewann dadurch bei der Bevölkerung grosses Ansehen. Es gelang ihnen daher leicht, Cusi Yupanqui, der nun den Namen Pachacutec Yupanqui annahm, auf den Thron zu setzen.[1])

Huirachocha Inca ist in den Aussagen der Indianer und Chronisten, wie man sagen kann, zu einem Romanhelden geworden. Auf die verschiedenen Fabeln einzugehen, mit denen die indianische Phantasie seine Taten ausgestattet hat, halte ich jedoch für zwecklos. Nur in einem Punkt möchte ich die Erzählungen der spanischen Chronisten richtigstellen. Aus der Benennung Huiracocha Inca ist mehrfach von ihnen gefolgert worden, dieser Inka habe sich selbst zum Gott machen wollen und sei auch von den Indianern als solcher anerkannt worden. Das ist ein grobes Missverständnis. Tatsächlich besagt die Bezeichnung Huiracocha Inca — das Wort Inca nicht vor, sondern hinter Huiracocha gestellt — nur, der so Benannte sei der Inka des Schöpfergottes, das heisst: ein durch dessen Willen und Fügung zum Thron berufener Herrscher gewesen. Die betreffende Benennung hat demnach lediglich eine ähnliche Bedeutung wie das in Europa einem Monarchen beigelegte „von Gottes Gnaden"

*Pachacutec, der Weltumstürzer*

Pachacutec Yupanqui bewährte sich, wie die Inkahäupt-

---

[1]) Pachacutec bedeutet Erdumgestalter, Erdveränderer. Pedro Sarmiento übersetzt diese Benennung in seiner Historia, Kapitel XXVII etwas frei, aber dem Sinne nach durchaus richtig mit „Weltumstürzer".

linge gehofft hatten, als grosser Heerführer und Eroberer. Zunächst liess er seinen Stiefbruder Urco, der im Norden des Cuzcogebietes die mit der Regierung des Pachacutec Unzufriedenen sammelte, umbringen. Dann zog er mit einem aus Inkas und Hilfstruppen bestehendem Heere gegen die im Süden zwischen dem Apurimac und Vilcamayu sitzenden Stämme und unterwarf sie. Ebenso die westlich von ihnen hausenden Cuyos. Darauf kehrte er nach Cuzco zurück und veranstaltete dort, seinen Ruhm zu mehren, glänzende Siegesfeiern.

Lange litt es ihn jedoch in Cuzco nicht. An der Spitze eines ansehnlichen Heeres überfiel er die im Pachachaca Tal sitzenden Stämme, überschritt die Cordillera de Huanso und drang in das Gebiet der Rucanas (auch Lucanas genannt) ein. Nachdem er diese und die Huancas besiegt hatte, wandte er sich gegen einige weitere Stämme im Süden und kehrte darauf mit vielen Gefangenen und zusammengeraubten Schätzen zurück.

Inzwischen hatten die Inkas auf Pachacutecs Befehl im inneren Reich neue Truppen ausgehoben, die unter dem Oberbefehl seines Sohnes Apu Yamqui und eines seiner Brüder nach Nordperu aufbrachen und bis zum Stammesgebiet der Chachapuyas (im heutigen Amazonas-Departement) gelangten. Dann wandten sie sich, durch Abfall eines Teils der Hilfstruppen geschwächt, westwärts und besetzten Cajamarca, d.h. die „Kalte Mark". Da sich die dortige Bevölkerung mannhaft wehrte und zur Verteidigung ihres Landes ein Bündnis mit dem Oberhäuptling der Chimus (der Hauptsitz der Chimus befand sich dort, wo heute Trujille liegt) einging, geriet das geschwächte Inkaheer in eine sehr schwierige Lage. Es musste nach Cuzco zurückgeführt werden, denn auch die Collastämme hatten unterdessen aufs neue die Waffen ergriffen.

Die Unterdrückung dieses Aufstandes im Süden schien Pachacutec wichtiger geworden zu sein, als der Kampf im Norden. Er rief daher das Nordheer zurück und hob zugleich ein neues Heer aus, stellte es unter den Befehl zweier seiner Söhne und schickte es gegen die Rebellen Collasuyus. Nach harten Kämpfen rückten seine beiden Söhne mit ihren Truppen über Puno und Arequipa bis zum Potosifluss, einem Nebenfluss des Pilcomayu, vor. Sie sollen sogar bis tief in das Charcasgebiet gekommen sein.

Was sich ihnen entgegenstellte, wurde schonungslos niedergemacht. Es sollten nach Pachacutecs Ansicht die Collastämme nicht blos gezüchtigt, sondern zugleich dermassen geschwächt werden, dass sie nie wieder wagen würden, den Befehlen der Inkas zu trotzen.

Die rückkehrenden Truppen wurden in Cuzco mit grossen Festlichkeiten empfangen, vor allem soll der älteste der beiden Söhne namens Tupac Yupanqui als grosser Kriegsheld gefeiert worden sein. Diese Stimmung benutzte sein Vater, ihn zu seinem Nachfolger zu ernennen. Er rief die Vorsteher der Inka-Ayllus zusammen und erklärte ihnen, der rechtmässige Thronerbe wäre zwar sein Sohn Amaru Tupac (Amaru wird eine Schlangenart genannt), doch eigne sich Tupac Yupanqui besser zum Regenten und Heerführer. Im Sonnentempel zu Cuzco wurde darauf Tupac Yupanqui feierlich zum künftigen Regenten ausgerufen und geweiht.

Ausserdem wurde er, um sein Ansehen in der Menge zu erhöhen, zum Anführer des Nordheeres ernannt, ihm aber als Berater und Mitleiter zwei alte erfahrene Kriegshäuptlinge beigegeben. Er zog zuerst gegen die Chimus an der peruanischen Küste, wandte sich aber dann nach Nordosten und besiegte die Canaris, deren Unterjochung ihm aber nur halb gelang.

*Tupac Yupanquis weitere Eroberungen*

Mit reichen den Eingeborenen abgenommenen Schätzen kam Tupac Yupanqui nach Cuzco zurück. Seinem Vater genügte aber die Ausdehnung seines Reiches immer noch nicht.

Auf seinen Wunsch ging deshalb Tupac Yupanqui nochmals nach dem Norden, überschritt die Südgrenze der heutigen Republik Ecuador, damals Quito genannt, besiegte die beiden Oberhäuptlinge und liess sie kurzerhand töten.

Nach anderen Angaben der Indianer soll er jedoch die Hauptstadt Quito und das sie umgebende Gebiet nicht mehr erobert, sondern plötzlich mit seinen Truppen aus irgendwelchen unbekannten Gründen den Weg nach der Küste zum Golf von Guayaquil eingeschlagen haben.

Diese Abweichung von dem ursprünglichen Kriegsplan erwies sich bald als verfehltes Unternehmen. Sowohl bei den Chimus als den ostwärts von ihnen wohnenden Cañaris stiess er auf energischen Widerstand. Er vermochte sie zwar in mehreren Gefechten zu schlagen, aber nicht zu unterwerfen.

Sobald er dem Feind mit seiner Kriegsschar den Rücken kehrte, griff dieser von neuem zu den Waffen und zerstörte die von Tupac Yupanqui angelegten Forts. Daher sahen die Inka-Anführer ihre Mannschaft mehr und mehr zusammenschmelzen. Was nicht durch den Krieg hinweggerafft wurde, fiel infolge der grossen Strapazen und der ungewöhnlich grossen Sommerhitze. Deshalb regte sich der Unwille im Heer. Man forderte den Abmarsch aus den feindlichen Gebieten. Tupac Yupanqui sah daher ein, dass, wenn er Erfolg haben wollte, seine Truppen aufgefrischt und durch neue Kräfte ergänzt werden mussten. Er zog deshalb seine Mannschaften aus den meist gefährdeten Gegenden zurück und marschierte nach Cuzco ab, wählte aber nicht den Rückweg über die Berghöhen der Cordilleren, sondern einen Weg in der Nähe der Küste.

Wahrscheinlich wollte er seiner Kriegsschar nicht weitere harte Strapazen zumuten, doch ging auch der Rückmarsch durch die nördlichen Küstengebiete nicht ungefährdet vor sich. Die Chimus fielen den Inkatruppen mehrmals in den Rücken.

## DRITTES KAPITEL

## DAS ENDE DER INKAHERRSCHAFT

Tupac-Yapanquis letzte Eroberungszüge. — Das innere Gefüge des Inkareiches am Ende der Regierung Tupac-Yupanquis. — Huayna Capec, der Jugendliche. — Huaynas Marsch nach Quito. — Kampf gegen die Chirihuanos. — Huaynas Tod. — Die feindlichen Brüder. — Die Eroberung Perus durch die Spanier.

### Tupac-Yapanquis Eroberungszüge

Der fluchtartigen Rückkehr des Tupac-Yupanqui nach Cuzco folgte zunächst eine längere Unterbrechung der Eroberungen. Zwar gaben die Inkas nicht den Plan auf, die Gebiete des heutigen Ecuadors und der peruanischen Küstenregion ihrem Reiche einzuverleiben; aber ihre Heeresmacht war durch die Misserfolge im Norden so geschwächt, dass sie an sofortige neue Kriegsunternehmungen nicht denken konnten.

Vorerst mussten neue Mannschaften ausgehoben, neue Kriegsvorräte herangeschafft und neue Rüstungen vorgenommen werden. Zudem starb bald darauf Pachacutec Yupanqui, und nun übernahm Tupac Yupanqui selbst die Regierung — ein Ereignis, das wiederum verschiedenen Stämmen Cunti- und Chinchasuyus Anlass gab, sich zu empören. Es mussten daher diese Stämme aufs neue unterworfen und die frühere Ordnung wieder hergestellt werden. Mit den Aufständischen im Rücken konnten grosse neue Feldzüge nach dem Norden nicht unternommen werden.

Endlich waren die Inkas mit ihren Vorbereitungen so

weit, einen neuen Eroberungsversuch in den Küstengegenden unternehmen zu können. Im Gegensatz zum früheren Plan versuchten sie diesmal, vom Süden her in die Yunca-Länder vorzudringen. Nach den Indianerberichten gelang ihnen dies auch ohne grosse Mühe. Siegreich gelangten sie bis Ica und den Golf von Pisco, fanden aber hier bei den Eingeborenen so zähen Widerstand, dass sie sich mit beträchtlichen Verlusten zurückziehen mussten. Nun versuchte Tupac Yupanqui wieder, die Yuncastämme von Norden her, von Tumbez aus, zu bezwingen. Schon bei den Chinus stiess er aber auf hartnäckigen Widerstand, und dieser steigerte sich mehr und mehr, als das Inkaheer weiter in die südlichen Küstentäler vorrückte. Zwar gelang es Tupac Yupanqui, einen Teil der Yuncastämme niederzuwerfen, doch nur unter grossen Verlusten. Und wenn er mit seinen Mannschaften abgezogen war, um diesen irgendwo neue Verstärkungen zuzuführen, standen die eben Niedergeworfenen sofort wieder auf.

Wohl errichtete Tupac Yupanqui an verschiedenen Stellen des Küstenlandes Forts und legte in diese Besatzungstruppen hinein. Zum Teil siedelte er auch auf den neben solchen Befestigungen gelegenen Ländereien Militärkolonisten aus anderen ihm treuergebenen Stämmen an; aber nur in wenigen Fällen gelang es ihm, die Yuncas zur Anerkennung seiner Oberherrschaft zu zwingen. Immer wieder versuchten sie, bald hier, bald dort, die Herrschaft der Inkas abzuschütteln.

Zu diesem ungünstigen Erfolg der in den Küstengebieten ausgefochtenen jahrelangen Kämpfe trug wahrscheinlich wesentlich bei, dass auch die Stämme im Süden des Reiches nicht ruhig blieben, so dass Tupac Yupanqui sich zeitweilig gezwungen sah, ausser gegen die Yuncas auch gegen mehrere Collastämme zu kämpfen. Freilich hatte er im Süden bessere Erfolge als in den Küstengebieten. Als er starb, war die Widerstandskraft der Südstämme im Wesentlichen gebrochen.

*Das innere Gefüge des Inkareiches am Ende der Regierung Tupac Yupanquis*

Mächtig war das Inkareich unter Tupac Yupanquis Herrschaft gewachsen. Von den Südgrenzen Ecuadors erstreckte es sich bis zum Rio Maule in Chile, doch war es im Innern wenig gefestigt. Ein grosser Teil der ihm einverleibten Stämme war erst jüngst von den Inkas unterjocht worden und trachtete danach, deren Herrschaft, sobald sich dazu Gelegenheit bot, wieder abzuwerfen. Widerwillig fügten sie sich dem auf ihnen lastenden Zwang. Nur in wenigen Gegenden war es den Inkas gelungen, die unterworfenen Stämme miteinander zu verschmelzen und eine gewisse Einheitlichkeit der Stammesinstitutionen herzustellen. Von einem Gemeinschaftsgefühl zwischen den verschiedenen Stämmen konnte keine Rede sein. Jeder Stamm betrachtete sich als ein in sich abgeschlossenes Ganzes und führte sein eigenes Leben. Ein Gefühl gegenseitiger Verbundenheit, einer durch gleiche Lebensschicksale zusammengeschmiedeten Einheit fehlte den Inkaperuanern. Die Inkas sahen in den von ihnen besiegten Stämmen nicht eine ihnen gleichgeartete und gleichwertige Volksmasse, sondern im Gegenteil ein tief unter ihnen stehendes Gemisch von Fremdvölkern, dazu da, ihnen zu dienen, Tribut zu zahlen und ihnen für die Erhaltung und Ausdehnung ihrer Herrschaft die nötigen Kriegsmannschaften zu stellen. Und die besiegten, dem Inkareich eingegliederten Stämme betrachteten anderseits — die fortwährenden Aufstände und Empörungen liefern dafür den besten Beweis — die Inkas als ihre Zwingherren, deren Befehle man, da sie nun einmal die Macht besassen, ausführen musste, denen man aber weder Dank noch Ergebenheit und Unterordnung schulde.

Oft ist von den Geschichtsschreibern des Inkareiches gefragt worden, *weshalb eine Handvoll spanischer Abenteurer, ohne nachhaltigen, kräftigen Widerstand zu finden, ein so grosses Reich, wie das peruanische, zu unterwerfen ver-*

mochte. Der Grund dieser Schwäche liegt, wenn auch nicht allein, in der inneren Zusammenhanglosigkeit der einzelnen Reichsteile, an dem Fehlen jeglichen Gemeinschafts- und Zusammengehörigkeitsgefühls, das durch äusseren Zwang nicht ersetzt werden konnte.

## Huayana-Capac, der Jugendliche

Da es dem Inka Tupac Yupanqui nicht gelungen war, die Küstenstämme Perus völlig zu unterwerfen, fiel nach seinem Tode seinem Sohn Titu Cusi Huallpa die Aufgabe zu, die Eroberungen seines Vaters fortzusetzen und, wenn möglich, auch die Yuncastämme seinem Reich anzugliedern. Verschiedene Hemmnisse verhinderten jedoch, dass der neue Herrscher, der nach seiner Thronbesteigung den Namen Huayana Capac (der Jugendlich-Edle) annahm, sofort an die ihm zugefallene Aufgabe gehen konnte. Er war beim Tode seines Vaters erst achtzehn Jahre alt und daher noch reichlich unerfahren. Die Häupter der Inkageschlechter befürchteten deshalb, er könnte Unbesonnenheiten begehen. Sie gaben ihm deswegen als Berater seinen Onkel Huaman Yachachic[1]) bei, der bisher Chinchasuyu verwaltet hatte. Zudem erhoben sich auch wieder verschiedene der erst kürzlich bezwungenen Stämme, darunter die Chachapuyas, Rucanas, Soras und Huancas. Auch einige Stämme im Süden rebellierten.

Überdies fühlte sich sein Bruder Capac Huari (Huari bedeutet der Kräftige, Kraftvolle) durch einige Massnahmen des Huayna Capac zurückgesetzt und versuchte, mehrere Befehlshaber der Inkas gegen den neuen Herrscher aufzuwiegeln. Die dem Huayna von dieser Seite drohende Gefahr wurde indes dadurch abgewehrt, dass sein Berater Huaman Yachachic, der von den geheimen Zusammenkünften der

---

[1]) Huaman ist eine Benennung des Gebirgsfalken. Das Wort Achachic ist zweifellos verstümmelt. Es muss Yachachic (erfahren, überlegend) heissen.

Gegner Huayna Capacs erfahren hatte, kurzentschlossen eine ihrer Versammlungen überfallen und den Capac Huari mitsamt seinen Genossen ermorden liess.

Zugleich schickte er einige der zu Huayna Capac haltenden Inkahäuptlinge mit einem schnell zusammengerafften Heer gegen die Rucanas und zog dann selbst gegen die Chachapuyas ins Feld, die er ziemlich leicht überwältigte.

Nachdem Huayna-Capac nach altem Brauch grosse Siegesfeiern in Cuzco veranstaltet und neue Hilfskräfte herangezogen hatte, ging er gegen die aufrührerischen Gegenden Collasuyus vor, die er ebenfalls verhältnismässig leicht überwand, da ihre Häuptliche aufeinander eifersüchtig waren und sich auf einen gemeinsamen Widerstandsplan nicht zu einigen vermochten.

Auch als in diesen Landesteilen der Aufruhr erstickt war, zog Huayna mit seinem Heer nicht gleich nach Norden ab. Die Bewohner dieser Gebiete sollten nicht nur vorübergehend beruhigt werden, es sollten vielmehr zugleich Einrichtungen getroffen werden, die, soweit möglich, weiteren Rebellionen vorbeugten. Huayna Capac liess daher einen Teil der aufrührerischen Bevölkerung nach anderen, bisher ruhig gebliebenen Gegenden verpflanzen und siedelte dafür zwischen den immer zum Aufstand geneigten Collastämmen Dorfschaften aus weitentfernten, fremde Dialekte sprechenden Stämmen an, die nicht unter den Befehl der einheimischen Colla-Häuptlinge gestellt wurden, sondern ihre bisherigen, den Inkas ergebenen Häuptlinge behielten.

Ferner mussten die Besiegten den Inkas ihre Befestigungen übergeben oder diese selbst demolieren. Manche der Forts wurden auch von den Eingesessenen unter Aufsicht der Inkas ausgebaut und zu Zwingburgen eingerichtet.

Die Häuptlinge, die sich dem Aufstand anschlossen oder ihn unterstützt hatten, wurden teils getötet, teils gefangen genommen und nach Cuzco gebracht, um dort als Aufrührer vor eine Art Kriegsgericht gestellt zu werden. Tatsächlich soll es durch solche Massregel dem Huayna gelungen sein, Ruhe und Gehorsamkeit in seinem Reich wiederherzustellen.

*Huanynas Marsch nach Quito*

Nun war die Bahn zur Wiederaufnahme des Kampfes gegen die Nordstämme frei. Die Kriegshäuptlinge der Inkas hatten auch gegen einen neuen Feldzug nichts einzuwenden, meinten aber, es müssten vor dessen Beginn noch weitere Vorbereitungen getroffen werden. Vor allem sei nötig, die beiden grossen Heerstrassen nach dem Norden auszubessern und zur besseren Verproviantierung der Truppen an verschiedenen Stellen des Weges neue Unterkunftshäuser und Lebensmittelspeicher anzulegen.

Huayna Capac sah die Richtigkeit der von seinen Kriegshäuptlingen gemachten Vorschläge ein und wollte warten, als plötzlich aus Quito die Nachricht eintraf, die dortigen Häuptlinge hätten sich erhoben und die zu ihrer Beaufsichtigung eingesetzten Inkafunktionäre erschlagen. Schnell raffte Huayna Capac ein beträchtliches Heer zusammen und marchierte damit nach der Nordgrenze. Der besseren Versorgung seiner Truppen wegen liess er nicht das ganze Heer auf demselben Wege vorwärtsrücken, sondern zweigte von dem unter seiner eigenen Führung stehenden Haupttross einige kleinere Nebenheere ab, die andere Wege einschlugen. Der Grund dieser Massregel war allem Anschein nach die Befürchtung, dass ein Zusammenmarschieren der grossen Heeresmasse deren Verpflegung sehr erschweren würde. Diese Befürchtung war berechtigt, anderseits aber führte, wie sich bald zeigte, die Teilung der Truppen in verschiedene Kadres dazu, dass diese unterwegs mehrfach von feindlichen Haufen belästigt und angegriffen wurden.

Das Hauptheer kam ohne grosse Anfechtungen wohlbehalten vor Quito an, das Huayna besetzte und von dem aus er mehrmals längere Streifzüge in die Nachbarschaft unternahm.

Am längsten widerstand ihm der kriegerische Stamm der Cayambis, der sich in starken Befestigungen verschanzt hatte und sich immer wieder gegen die Inkaherrschaft empörte. Nach mehreren Jahren — wann lässt sich leider nicht feststellen — zog darauf Huyana Capac mit einem stattlichen Heer — den grössten Teil seiner Truppen liess er in Quito und dessen Umgebung zurück — an die Meeresküste nach Tumbez, das mit der Bevölkerung der Insel Puna in Streit geraten war, unterwarf sich diese und marschierte dann nach Süden, meist an der Küste entlang.

*Kampf gegen die Chiribuanos*

Nach der Errichtung mehrerer Forts, in die er seinem Heer entnommene Truppenteile hineinlegte, kehrte Huayna über Tumbez nach Quito zurück, wo er die aus Cuzco eingelaufene Nachricht erhielt, dass sich im Süden des Reiches, in der später Santa Cruz genannten Provinz, der Stamm der Chirihuanos erhoben hätte. Da er mit seinen Hauptleuten der Ansicht war, dass er der Kriegslage wegen vorläufig in Quito bleiben müsse, ging er nicht selbst nach dem Gebiet der Chirihuanos. Er teilte vielmehr seine Truppen und schickte den kleineren Teil unter zwei erfahrenen Führern nach Cuzco mit dem strengen Befehl, dort alsbald neue Kriegsmannschaften auszuheben, sie mit ihren alten Truppen zu vereinen und gegen die Chirihuanos vorzugehen. Der Widerstand der Chirihuanos dauerte nicht lange. Bald konnten ihm seine beiden Anführer melden, sie hätten die Aufständischen geschlagen und mehrere ihrer Befestigungen zerstört.

*Huaynas Tod*

Da in den zu Quito gehörenden Stammesgebieten alles ruhig blieb, ging Huayna Capac daran, ein neues Heer aufzustellen, um seine früheren Eroberungen an der Küste zu vervollständigen. Seine Absichten auszuführen, gelang ihm aber nicht. In seinem Heer brach eine Blatternepidemie aus, die auch ihn binnen wenigen Tagen hinwegraffte.

Wann er gestorben ist, lässt sich nicht genau bestimmen. Wie über seine Feldzüge, weichen auch die Aussagen der Indianer über seinen Tod und seine Krankheit voneinander ab. Nach den Angaben Sarmientos de Gambora soll er achtzig Jahre alt geworden und 1524 gestorben sein, nach anderen 1525, 1527 oder gar erst 1529. Auch bezüglich der Todesursache stimmen die Überlieferungen der Indianer nicht überein. Während einige den Huayna Capac an Blattern sterben lassen, bekunden andere, er sei an den Masern oder an einem schweren Fieberanfall gestorben.

Unter seiner Regierung hat das Inkareich die grösste Ausdehnung und die höchste Machtstellung erreicht; aber zu einem einheitlichen, in sich gefestigten Körper ist es auch unter Huaynas Führerschaft nicht geworden. Im Gegenteil seine Eroberungen haben die innere Zwiespältigkeit und das Auseinanderstreben der lediglich durch gewaltsamen Druck zusammengehaltenen Stämme noch vermehrt. Es bedurfte nur eines ernsten Streites zwischen den Gliedern des herrschenden Stammes oder eines Zusammenstosses mit einer militärisch überlegenen Macht, um das zusammeneroberte, auf tönernen Füssen stehende Riesenreich aufzulösen und wieder in seine einzelnen Teile zerfallen zu lassen.

*Die feindlichen Brüder*

Wie schwach der Zusammenhang zwischen den verschiedenen Stämmen des Reiches war, zeigte sich schon bald nach Huynas Tod. Gleich den meisten Inkaherrschern war auch dieser ein leidenschaftlicher Verehrer des schönen Geschlechts. Neben seiner rechtmässigen Gattin hatte er eine grosse Zahl Nebenfrauen und sogenannter Sipas (Beischläferinnen auf beliebige Zeit), mit denen er über hundert Nachkömmlinge gezeugt haben soll. Obgleich er sich schon in Cuzco reichlich mit Weibern versorgt hatte, nahm er nach der Eroberung Quitos noch einige weitere Frauen in seinen Harem auf. Die von ihm am meisten geschätzte Konkubine war eine Tochter des früheren Oberhäuptlings oder, wie die Spanier ihn nannten, des „Königs von Quito" und der ihm von dieser Frau geborene Sohn („Ata Huallpa (sprich Atá Whallpa) d.h. der mannhafte Hahn," war sein Lieblingssohn. Leicht vermochte ihn daher dessen Mutter vor seinem Tode zu bewegen, sein grosses Reich zu teilen und Ata Huallpa das Land seiner Väter, das alte Reich Quito, als Erbe zu hinterlassen. Dem rechtmässigen ältesten Sohn, Huascar[1]) genannt, sollte nur der alte Teil des Inkareichs nebst den neuerworbenen Küstenländern verbleiben. Als Huayna schwer erkrankte, rief er deshalb seine obersten Heerführer und nächsten Verwandten zu sich und erklärte ihnen feierlichst, was er beschlossen hatte. Mochten nun die Grossen der Inkas damit einverstanden sein oder nicht; sie wagten nicht zu widersprechen. Sie gaben sich mit der angeordneten Teilung zufrieden, und auch die beiden neuen Herrscher schienen damit einverstanden zu sein. Bald aber entstand zwischen ihnen ein heftiger Zwist. Huascar betrachtete sich — was er nach den alten Rechtsanschauungen der Inkas auch tatsächlich war — als alleinigen legitimen Erben des Inkareichs, den sein Stiefbruder, der Bastard Ata-Huallpa, widerrechtlich um einen Teil des Nordgebietes betrogen habe, während anderseits Ata-Huallpa behauptete, dass er bei der Reichsteilung zu kurz gekommen sei, denn ihm gebühre auch ein Teil des Küstenlandes. Der Zwist artete schnell in einen blutigen Bruderkrieg aus, der auf beiden Seiten mit grösster Gehässigkeit und Grausamkeit geführt wurde.

Zuerst hatte Ata-Huallpa, der, soweit sich aus den Aus-

---

[1]) Nach der Angabe einiger Chronisten soll Huascar nach der bei gewissen religiösen Zeremonien gebrauchten goldenen Kette genannt worden sein. Wahrscheinlicher ist aber, dass er seinen Namen von seinem Geburtsort Huascar-Quihuar, nahe bei Cuzco, erhalten hat.

sagen der Indianer entnehmen lässt, den Krieg mit einem Einfall in Huascars Gebiet begann, wenig Glück. Er drang in das Land der Cañaris ein, die sich auf die Seite Huascars gestellt hatten, wurde aber bald von dem Heer der Inkas geschlagen und gefangen genommen. Mit Hilfe einiger Anhänger vermochte er jedoch nach Quito zu entfliehen und dort ein starkes Heer zu sammeln, mit dem er nochmals in das Land der Cañaris eindrang.

Diesmal war ihm das Kriegsglück gewogen. Er erfocht mehrere Siege und nahm nun blutige Rache. In blinder Wut liess er viele Gefangene abschlachten und eine Reihe Dörfer der Cañaris niederbrennen. Selbst die Frauen und Kinder soll er, wie die Indianer später vor den spanischen Untersuchungskomissionen aussagten, nicht geschont haben. Mehrmals stellten sich ihm auf seinem Marsch Frauen und junge Mädchen mit grünen Zweigen entgegen, die flehentlich um Schonung ihrer Dörfer baten. Ata-Huallpa liess sie, wenn sie seinen Vormarsch hinderten, ohne Mitleid niedermachen.

Dann liess er den Hauptteil seines Heeres unter der Leitung zweier Oberbefehlshaber nach Cuzco vorrücken, während er selbst mit dem anderen Teil nach Tumbez und von dort südwärts nach Cajamarca zog. Unterdessen hatte auch Huascar ein neues Heer gesammelt, mit dem er dem nach Cuzco vorrückenden feindlichen Heer entgegenzog. Auf der Ebene von Quispaypan, nahe bei Cuzco, stiessen sie zusammen. Das Glück entschied für Ata-Huallpa. Huascars Mannschaft wurde geschlagen, er selbst gefangen genommen und auf Befehl seines Stiefbruders nach Yauya (Xauca) gebracht.

Schlimmer erging es den Verwandten und Anhängern Huascars, die in Ata-Huallpas Hände fielen. Sie wurden grösstenteils niedergemetzelt. Auch Frauen und Kinder vielen der Rache des Siegers zum Opfer, der sich nun die Stirnbinde der Inkaherrscher um sein Haupt wand. Huascar wurde zunächst in strenger Gefangenschaft gehalten, aber im folgenden Jahr (1553) auf Befehl seines Bruders ermordet und die Leiche in den Yanafluss geworfen.

Lange sollte Ata-Huallpa sich jedoch seiner Herrschaft nicht erfreuen. Inzwischen war — im April 1532 — Francisco Pizarro mit seiner Kriegsschaar in Tumby gelandet und, nachdem er diesen Ort besetzt hatte, im Mai 1532, nach dem Tangaratal marschiert, wo er ein befestigtes Lager bezog, aus dem später die Stadt San Miguel de Pirua hervorging. Dann zog er weiter südwärts nach Cajamarca (von den Spaniern auch Calcamalca und Caxamalca geschrieben) wo sich Ata Huallpa mit seinem Heer niedergelassen hatte. Pizarros ganze Streitmacht betrug, da er in San Miguel eine kleine Besatzung zurückgelassen hatte, nur 110 Mann Fusssoldaten und 67 Reiter, mit denen er nach einem schwierigen Übergang über die Anden am 13. November in Cajamarca anlangte.

Schon zwei Tage später wusste der ebenso listige wie verwegene Pizarro den Ata-Huallpa durch falsche Vorspiegelungen in das den Spaniern eingeräumte Quartier Cajamarcas zu locken und dort durch einen wohlvorbereiteten Überfall in seine Gewalt zu bringen. Um seine Freilassung aus der Gefangenschaft zu erwirken, bot Ata-Huallpa dem goldgierigen Pizarro an, ihm ein grosses Zimmer, das nach dem Bericht des Geheimschreibers des Pizarro 22 Fuss lang und 17 Fuss breit gewesen sein soll, bis zur Hälfte der Höhe mit Gold (Goldgefässen, Platten, Schmucksachen etc.) zu füllen.

Pizarro ging auf dieses Anerbieten ein, als aber zwei Monate später Ata-Huallpa unter Hinweis darauf, dass er bereits den grössten Teil des Lösegeldes aufgebracht habe, seine Freilassung forderte, wurde ihm diese verweigert; denn, da die Anhänger des gefangenen Ata-Huallpa in verschiedenen Teilen des Nordens Kriegshaufen gesammelt hatten, fürchtete Francisco Pizarro, der schlaue, zu jeder Niedertracht fähige Ata-Huallpa könnte sich an deren Spitze stellen und mit ihnen gegen die Spanier ziehen. Es war daher nach Pizzaros und seiner Hauptleute Ansicht am besten Ata-Huallpa baldigst aus dem Wege zu räumen. So wurde, als die Ansammlung von Kriegsleuten sich mehrte, Ata-Huallpa unter die Anklage gestellt, seinem Bruder, dem rechtmässigen Inkaregenten, die Krone geraubt und seinen Tod veranlasst zu haben. Zudem seien auf seinen Befehl viele Verwandte Huascars grausam misshandelt und ermordet worden. Auch der geheimen Konspiration gegen die Spanier und der Verschwendung der Staatseinkünfte wurde er beschuldigt.

Die Gerichtsverhandlungen über diese Anklagen zogen sich lange hin; schliesslich aber erklärte ihn das eingesetzte Kriegsgericht aller genannten Verbrechen für schuldig, worauf er am 29. August auf dem öffentlichen Platz in Cajamarca, der Huata pata (Geschlechtsgötter-Terrasse) erdrosselt wurde.

Nachdem sich Pizarro auf diese Weise seines gefährlichsten Gegners entledigt hatte, trat er den geplanten Marsch nach Cuzco an, das er ohne ernsten Widerstand der Indianer erreichte. Am 15. November 1533 zog er mit Trompetengeschmetter in die Hauptstadt ein.

Das Riesenreich der Inkas brach unaufhaltsam zusammen.

VIERTES KAPITEL

## REGIERUNG UND VERWALTUNG DES INKAREICHES

Zusammensetzung des Inkareiches. — Massnahmen zur Niederhaltung der unterworfenen Bevölkerung. — Die grossen Heerstrassen der Inkas. — Raststationen und Forts an den Heerstrassen. — Nachrichtendienst der Inkas. — Die Knotenschrift-Entzifferer. — Das Deutungsverfahren der Knotenschrift-Entzifferer. — Eingliederung neuunterworfener Stammesgebiete in das Reichsgebiet. — Einsetzung von Inkaresidenten und Aufsichtsfunktionären. — Die Provinzialeinteilung des Inkareiches. — Die peruanischen Zehntausend-, Tausend- und Hundertschaften. — Die Mitgliederzahl der peruanischen Stämme. — Entstehung der Tausend- und Hundertschaften.

### Zusammensetzung des Inkareiches

Das Inkareich bestand demnach zur Zeit der spanischen Invasion aus einer Reihe nach und nach von den Inkas unterworfener und unter ihrer Herrschaft vereinigter Indianerstämme. Sobald die Inkas einen benachbarten Stamm besiegt und dessen Widerstand gebrochen hatten, gliederten sie das neuerworbene Gebiet als neuen Verwaltungsdistrikt ihrem bisherigen Besitz an und trafen nun die ihnen nötig erscheinenden Massregeln, um ihre Herrschaft aufrechtzuerhalten.

Gewöhnlich begannen sie damit, dass sie sich die früher von den Eingeborenen errichteten Pucaras (Forts) abtreten liessen und in diese Garnisonen aus anderen, ihnen völlig ergebenen Reichsteilen hineinlegten. Oft liessen sie auch an solchen Orten, die ihnen besonders gut zur Verteidigung geeignet schienen, neue Festungen errichten und setzten dort als deren Befehlshaber Truppenführer aus dem Inkastamm ein.

Sodann erfolgte die Verpflanzung eines Teils des neuunterworfenen Stammes nach weitentfernten Landesgebieten, wenn möglich, nach solchen, deren Bewohner andere Dialektsprachen und andere Sitten hatten. Man nennt in der Khetschuasprache solche zwangsweise nach fremden Gegenden Verflanzten Mitmaocuna (vom Zeitwort mitmay, sich ansiedeln, sich irgendwo niederlassen). Der Umfang der Zwangsumsiedelungen richtete sich danach, wie sich der unterworfene Stamm gegen seine Besieger benahm und ob daher die Inkas mit Empörungen und Aufständen zu rechnen hatten. Nur selten wurden kleine Gruppen weggeführt und anderswo angesiedelt, meist mussten ganze Dorfschaften, Hundertschaften, oder gar ganze Tausendschaften ihren bisherigen Wohnort räumen.

Um die Neuangesiedelten mit ihrer Verpflanzung in fremdes Gebiet auszusöhnen, wurden ihnen kleine Vorteile gewährt. Sie brauchten zum Beispiel nicht, wie sonst die Neuunterworfenen, bei der Herstellung von Heerstrassen zu helfen, nicht in den Minen zu arbeiten und kein Material für die von den Inkas unternommenen Bauten heranzuschleppen. Nur die üblichen Tribute und Abgaben mussten auch sie leisten.

Von Lobrednern der Inkas ist die Verpflanzung eines Teils der Bevölkerung eroberter Stammesgebiete in fremde Gegenden als eine weise Massregel der Inkaherrscher gepriesen worden; denn dadurch wären nicht selten bisher unbebaute öde Landstriche dem Ackerbau erschlossen und nützliche Anbaumethoden in Landesteilen eingeführt worden, die vorher solche nicht kannten.

Das mag in einigen Fällen zutreffen. Sicherlich sind bei den Umsiedelungen die Mimaccuna nicht immer nur auf bereits bearbeitetem Boden angesiedelt, sondern ihnen auch noch nicht gerodete fruchtbare Bodenflächen zur Niederlassung angewiesen worden; aber das eigentliche Motiv, das die Inkas zur Vornahme zwangsweiser Umsiedelungen bewog, war nicht das Bestreben, den Feldbau auszudehnen, sondern ihre Herrschaft möglichst zu sichern. Deutlich beweist das die Tatsache, dass sie die Übersiedelten nicht unter die Aufsicht der seit langem in den Ansiedlungsgegenden herrschenden örtlichen Häuptlinge stellten, sondern ihnen ihre alten angestammten Befehlshaber beliessen, diese aber völlig von den Inkaverwaltern der betreffenden Distrikte abhängig machten.

Erreicht haben freilich die Inkas ihren Zweck nicht immer. Ihre Absicht war, durch die Wegführung eines Teiles der Neuunterworfenen in ferne Landesteile, die eroberten Stämme zu schwächen und zugleich zwischen den Alteingesessenen und den zwischen ihnen Neuangesiedelten ein gewisses gespanntes Verhältnis zu schaffen, Misstrauen und gegenseitige Abneigung wachzuhalten, damit nicht im Falle einer Rebellion die alten Bewohner mit den Neuankömmlingen gemeinsame Sache machten.

*Massnahmen zur Niederhaltung der unterworfenen Bevölkerung*

Mit diesen Massnahmen hielten jedoch die Inkas ihre Herrschaft nicht schon genügend gesichert. Um die verschiedenen Stämme ihres weitverzweigten Reiches beaufsichtigen und im Falle einer Auflehnung gegen ihre Beherrscher sofort mit Waffengewalt eingreifen zu können, mussten die Inkas stets über die Vorgänge in den entfernten Teilen ihres Reichsgebietes unterrichtet sein und die Möglichkeit haben, dorthin Truppen zu werfen. Wohl konnte, wenn in einem Landesteil Unruhen ausbrachen, es den Befehlshabern der nächstgelegenen Pucaras überlassen bleiben, den Aufruhr zu unterdrücken; in vielen Fällen aber reichten, wie man in Cuzco wusste, deren militärische Kräfte zur energischen

Bekämpfung der Aufständischen nicht aus. Es mussten folglich die Inkaherrscher imstande sein, rasch grosse Truppenmassen in die bedrohten Bezirke zu senden. Dazu war aber nötig, dass bis in die entferntesten Teile des Reiches, über Gebirge, Flüsse und Pampas hinweg, Heeresstrassen hergestellt wurden und ferner die in den verschiedenen Distrikten und Bezirken residierenden Inkagouverneure regelmässig Verwaltungsberichte nach Cuzco sandten.

Schon Capac Yupanqui, der fünfte der Inkaherrscher, begann deshalb mit dem Bau von Heerstrassen und als dann die Inkas ihr Reich mehr und mehr vergrösserten, die Quito- und die Yunkastämme an der Küste besiegten sowie im Süden bis Potosi im heutigen Bolivien vordrangen, wurden die vorhandenen Heerstrassen verlängert und neben den alten neue angelegt.

An den erforderlichen Arbeitskräften fehlte es nicht; denn die in der Nähe gelegenen Dorfschaften wurden einfach verpflichtet, abwechselnd Arbeiter für den Strassenbau zu stellen. Ihnen blieb alle schwere und schmutzige Arbeit überlassen. Die Inkas übernahmen nur die Leitung.

*Die grossen Heerstrassen der Inkas*

Die beiden wichtigsten dieser Heerstrassen führten zur Zeit der spanischen Invasion von Quito nach der Hauptstadt Cuzco, die eine über die Höhen der Cordilleren hinweg, die andere längs der Niederungen an der peruanischen Meeresküste.

Namentlich hatte die über die Cordilleren führende Heerstrasse grosse Schwierigkeiten zu überwinden. Wo die Strasse über ebenen Boden führte, hatten sich die Erbauer freilich meist damit begnügt, Bodenunebenheiten auszugleichen und an beiden Seiten des Weges grosse behauene Steine aufzurichten, um ein Abirren vom Wege zu verhindern. In anderen Gegenden, in denen der Boden sumpfig war, wurde er dagegen mit behauenen Felsplatten belegt oder es wurde Steingeröll aufgeschüttet und auf diese Unterlage Lehm und Mörtel aufgetragen. Auch wurden am Fusse steiler Felshöhen die unteren Teile der Felswände dermassen behauen, dass an der Felswand entlang ein vier bis fünf Meter breiter Pfad freiblieb. Überdies wurden, wenn es nicht anders ging, Gänge durch die Felsmassen gebrochen oder über die den Weg sperrenden Felsmassen Stufenpfade und Treppengänge geführt, sowie Bergschluchten, falls sie nicht sehr tief waren, durch Steine und Erdmassen ausgefüllt.

Besonders mühevolle Arbeit erforderte vielfach die Überquerung der Flüsse und die Ableitung des von den Felshöhen herabstürzenden Wassers. Wo die herabfliessenden Wassermassen beträchtlich waren, mussten sie in tiefe Rinnen und Gräben geleitet und diese unter den Strassendämmen hindurchgeführt werden. Oft musste sogar die Strasse weite Strecken an den Flussufern entlang geleitet werden, bis man zu flachen, leicht zu durchwatenden Furten gelangte oder es mussten über die Flussläufe Hängebrücken gespannt werden.

Waren die Flüsse schmal, wurden über sie von einem zum anderen Ufer reichend behauene Baumstämme gelegt und mit aus Magueyfasern hergestellten Stricken befestigt. In anderen Fällen wurden Hängebrücken geschaffen.

Die einfachste Art dieser Brücken bestand darin, dass man aus zusammengeflochtenen Weidenruten sehr dicke Stricke herstellte, sie über den Fluss spannte, mit Bohlen oder dünnen Baumstämmchen belegte und diese an den Seiten mit den Weidensträngen verband.

Da diese schwebenden Brücken sehr schwankten, wurden ausserdem an die Weidenstränge Stricke gebunden und mit diesen die Brücke möglichst stramm nach verschiedenen Uferstellen gezogen, sodass jedes erhebliche Ausschwenken der Brücke verhindert wurde.

Sehr hoch über dem Wasserspiegel angebrachte, die Überschreitenden der Gefahr des Absturzens aussetzenden Brücken wurden überdies mit einem hohen Seitengeländer versehen. Man spannte nämlich über den Fluss ausser den die Bohlen tragenden Weidensträngen noch einige andere Stricke, und zwar in einer Höhe von etwa vier bis sechs Fuss über den mit Bohlen belegten Weidensträngen und verband dann diese durch Stricke mit den unteren Strängen. Dadurch wurde nicht nur die Brücke tragfähiger, sie erhielt auch ein durch die Verbindungsstricke gebildetes gitterartiges Seitengeländer.

Von den spanischen Verwaltungsbeamten und Truppenführern, die bald nach der Eroberung diese Strassen kennen lernten, sind sie trotz ihrer offenkundigen Mängel sehr bewundert worden.

Schwere Lasten konnten freilich über diese Brücken nicht transportiert werden. Aber das war in Altperu auch nicht nötig; denn schwere Fuhrwerke, Pferde, Rinder etc. besassen die Peruaner nicht, und für die Benutzung durch einzelne Personen und beladene Lamas reichte die Tragfähigkeit der Brücken völlig aus. Überdies war selbst auf den Hauptwegen der Handelsverkehr sehr gering, da jede Dorfschaft und jede Distriktsgemeinschaft im Wesentlichen selbst erzeugte, was sie gebrauchte. Nicht um den Warenverkehr zu erleichtern, wurden deshalb, wie schon gesagt, die grossen das Inkareich durchschneidenden Strassen gebaut, sondern zu bestimmten Regierungszwecken, damit die Inkas sich jederzeit über die Vorgänge in den von ihnen eroberten Gebieten unterrichten konnten und, wenn nötig, dorthin Truppen zu senden vermochten.

*Raststationen und Forts an den Heerstrassen*

Deutlich kommt dieser Zweck darin zum Ausdruck, dass in gewissen Abständen an den Hauptwegen sogenannte

Tampus (vielfach auch Tambos genannt) errichtet waren, das heisst Rast- oder Unterkunftstätten, in denen sich die Truppen nach längeren Märschen ausruhen konnten. Gewöhnlich bestanden solche unter der Aufsicht von Tampucamayocs (Unterkunftshausverwaltern) stehenden Tampus aus zwei, drei, vier geräumigen Hütten mit einer Anzahl Decken und aus einer oder zwei Kochhütten mit Kochgeschirren und Lebensmitteln, vornehmlich Mais und Maismehl, Kartoffeln, peruanischem Reis (Chenopodium Quinoa), Kürbissen, Pfeffer und Ocas (eine den Kartoffeln ähnliche Knollenfrucht). Manchmal enthielten sie auch Waffen und Geräte, wie zum Beispiel Speere, Steinäxte, Keulen, Spaten, um jene schnell zusammengerafften Truppenabteilungen, die nicht genügend ausgerüstet waren, mit den nötigsten Gegenständen zu versorgen.

Wie reichlich zum Teil diese Tampus mit Lebensmitteln versorgt waren, geht daraus hervor, dass später die Truppen der einander bekämpfenden spanischen Gewalthaber sich wochen- und monatelang von den in den Tampus aufgespeicherten Vorräten ernährten. So berichtet beispielsweise der Präsident Pedro de Gasca, dass er, als er mit seinem Heer, um Gonzalo Pizarro zu strafen, durch das Yauya(Jauja)-Tal marschierte, sieben Wochen lang mit seinen Truppen ausschliesslich von den Lebensmittelvorräten der dortigen Tampus lebte (Polo de Ondegardo, Report, S. 162).

Auch die Pucaras (Forts) waren meist an den grossen Heerstrassen oder den sich von diesen abzweigenden Seitenwegen errichtet, damit im Notfall die dort stationierten Besatzungen rasch zusammengefasst werden und auf bequemen Wegen weitermarschieren konnten.

Überdies sollten die Pucara nicht nur den Truppen als befestigte Stützpunkte, sondern zugleich den in der Nähe gelegenen Dörfern und Ansiedlungen als Zufluchtsorte dienen, in die sich im Fall des Ausbruchs von Unruhen oder eines feindlichen Überfalls die ansässige Bevölkerung zu flüchten vermochte.

Die Art der Befestigung dieser Pucaras war sehr verschieden. Die kleineren Forts bestanden meist nur aus einigen wenigen Hütten, umschlossen von einem oder zwei Erdwällen, hier und dort auch von Palisaden und rohen Steinmauern.

Die wichtigste und stärkste Schutzfestung war der die Stadt Cuzco beherrschende Sacsahuaman (Sachsawhamen), einer auf einem breiten Felsvorsprung zwischen den beiden Flüssen Huatenay und Rodadero gelegenen Zitadelle, eingefasst durch mehrere aus behauenen Felsblöcken bestehende Steinmauern, deren Tore und Durchgänge nur auf steilen Treppenwegen zu erreichen waren.

Von den Spaniern ist die Benennung dieser Feste mehrfach mit „Friss Falke!" oder „Sättige dich, Falke!" übersetzt worden, da sie das Wort Sacsa von dem Imperativ sacsai des Verbums sajsay, sich gierig vollfressen, herleiteten. Nach meiner Ansicht ist das ein Irrtum. Das Wort Sacsa ist ein altes Khetschuawort, das Felshöhe, Felswand bedeutet. Sacsahuaman wird demnach am besten durch „Gebirgsfalke" übersetzt. — Der als vorzüglicher Kenner des Khetschua bekannte Jesuit Diego Gonzalez Holguin übersetzt es denn auch durch „Aquila real", Königsadler (gemeint ist der südamerikanische Gebirgsadler). Zwar gebraucht Holguin die Bezeichnung Adler statt Falke; die Verwechslung erklärt sich aber daraus, dass einst die peruanischen Indianer den Gebirgsadler der Cordilleren als Hatun Huaman (Gross-Falke) bezeichneten.

*Der Nachrichtendienst der Inkas*

Neben dem Truppentransport dienten die Heerstrassen dem von den Inkas eingerichteten amtlichen Nachrichtendienst. In Abständen von ungefähr sechs bis acht Kilometern befanden sich an den Seiten dieser Strassen kleine Laufbotenhäuser (Chasqui-huasi). Das Wort ist von dem Zeitwort Chasquiy, etwas zur Besorgung übernehmen, abgeleitet und bedeutet demnach eigentlich „der einen Auftrag empfangende". In diesen Häuschen sassen stets zwei oder drei Laufboten, um die ihnen von den Inkabeamten oder deren Abgesandten übermittelten Nachrichten in Empfang zu nehmen und nach dem nächsten Laufbotenhäuschen weiterzubefördern. Ständig schaute einer von ihnen aus, ob nicht ein Laufbote eines anderen Häuschens in Sicht kam und rannte, wenn das der Fall war, sofort diesem entgegen, übernahm mündliche Mitteilung, oft zugleich mit einem Quipu (eine aus einer Schnur mit herabhängenden Fransen bestehende Knotenschrift) und lief dann so schnell er konnte nach der nächsten Läuferstation, wo ihm sogleich wieder einer der Läufer seine mündliche Mitteilung nebst Quipa abnahm und damit nach der nächsten Station eilte. Da meist die Läufer, die von den anwohnenden Dorfschaften gestellt werden mussten und jeden Monat im Dienst abwechselten, gute Lungen hatten, gelang es nicht selten, eine wichtige Nachricht in 20 Stunden über 200 Kilometer weit zu befördern.

Wie der Jesuitenpater Juan de Velasco in seiner Geschichte des Königreiches von Quito (Histoire du Royaume de Quito, nach einem alten Manuskript von H. Ternaux-Compans ins Französische übersetzt, Paris 1840) errechnet hat, besass Peru zur Zeit der Ankunft der Spanier 2050 solcher kleinen Läuferstationen mit ständig 4100 Läufern. Es kann diese Zahl aber nur als annähernd richtig gelten. Wahrscheinlich war sie etwas grösser; denn während einige der nebensächlichen Landstrassen keine Chasquihäuschen hatten, sassen in manchen an den Hauptstrassen gelegenen Häuschen nicht nur, wie Velasco annimmt, zwei Läufer, sondern oft drei oder vier.

Mit den Posteinrichtungen der heutigen Kulturstaaten

kann der peruanische Nachrichtendienst nicht verglichen werden; denn er diente lediglich der Beförderung von Regierungsnachrichten und durfte nur von den Inkabeamten und ihren Angestellten benutzt werden. Den Privatpersonen und Gemeinden stand er nicht zur Verfügung. Er war lediglich ein Herrschaftsmittel der Inkas.

*Die peruanische Knotenschrift*

Von einem eigentlichen Postdienst kann schon deshalb keine Rede sein, weil es an einer Schrift zu brieflichen Mitteilungen völlig fehlte. Die Quipos oder Quipus (Knotenschnüre) der Peruaner vermochten diesen Mangel nicht zu ersetzen, denn sie waren durchweg nur verständlich, wenn mündlich hinzugefügt wurde, worauf sie sich bezogen und was durch sie bekundet werden sollte. Namen und wörtliche Äusserungen der handelnden Personen, ihre Motive und Absichten konnten durch Quipus nicht übermittelt werden, und ebensowenig genau Aussagen und Berichte über irgendwelche verwickelten Vorgänge. Mit Recht sagt Garcilasso de la Vega (Commentarios, 6. Buch, Kap. IX):

„Aber durch die Knotenschnüre können weder Wörter, noch deren Sinn, noch historische Ereignisse ausgedrückt werden; denn die Knoten waren kein Mittel, gesprochene Wörter zu übertragen. Sie drückten nur Zahlen aus, keine Wörter".

Die spanischen Chronisten berichten zwar, dass die Quiputanayocs (die Quipukundigen, eigentlich Quipuamtsvorsteher) und Amautas (die Wissenden) allerlei Wissenswertes herausgelesen haben und sie schliessen daraus, die Quipus wären in einer Art Geheimschrift abgefasst worden. Das ist jedoch ein grosser Irrtum, der sich daraus erklärt, dass sie meist nichts von der Bedeutung der Knoten und der Farben der einzelnen von der Hauptschnur herabhängenden Fransen verstanden und deshalb über die den Quipus entnommenen Mitteilungen ebenso erstaunten wie heute ein Wilder, wenn ihm eine Buchstabenschrift vorgehalten und ihm gesagt wird, das Geschriebene bedeute seinen Namen oder besage, wie ein Kampf zwischen seiner und einer fremden Horde abgelaufen sei. —

Ebenso unrichtig ist freilich, wenn Europäer wie Garcilasso die nur eine oberflächliche Kenntnis der sogenannten Quipuschrift erlangt haben, behaupten, durch die Quipus hätten sich nur Zahlengrössen mitteilen lassen. Allerdings die verschiedenartigen in die Fransen geschlungenen Knoten vermittelten nur Zahlenangaben; aber dadurch, dass manche der Fransen in verschiedener Weise gefärbt waren, gewannen die Zahlen manchmal eine auf politische Vorgänge oder soziale Einrichtungen bezügliche Bedeutung. Waren die Knoten zum Beispiel in einer karminroten Franse enthalten, so bedeutete das, dass sich die durch die Knoten angegebene Zahl auf den Inkaherrscher bezog, war die Farbe Schwarz, so bezog sich die Zahl auf die Zeit, war die Franse grünlich gelb, so bezog sie sich auf Mais, bezw. auf Maisfelder, war sie braungelb so auf Kartoffeln oder Kartoffelfelder usw.

Es ergaben sich daher für den Kundigen, der die Deutung der Knoten und Farben verstand, aus ihrer Verbindung miteinander, mancherlei Aufschlüsse, die dem gewöhnlichen Indianer ganz unverständlich blieben. Wurde beispielsweise einem Quipucamayoc ein Quipu mit den Worten vorgelegt, dass er über die durch Überschwemmung im Pilcomayu-Tal angerichteten Schäden berichte und es enthielten die braungelben Fransen die Zahl 800, die grünlich-gelben die Zahl, 720, so wusste der betreffende Quipukundige sofort, die Überschwemmung hat ungefähr 800 Feldmasse Kartoffelland und ferner 720 Feldmasse Maisland vernichtet.

*Das Deutungsverfahren der Knotenschrift-Entzifferer*

Mit solchen einfachen Feststellungen begnügte sich aber ein fähiger Quipucamayoc meist nicht, sondern er versuchte auf Grund seiner Landeskenntnis durch Kombination ihm bekannter Tatsachen weitere Aufschlüsse zu gewinnen. Auch hierfür ein Beispiel. Angenommen die Yauyos (Xauxos) wären auf zwei Stellen, nämlich bei Huari am Mantaro und bei Carampona in das Gebiet des Huarochiri-Stammes eingedrungen und hätten dort die Felder verwüstet. Der nächstwohnende Inkaverwalter will nun darüber nach Cuzco berichten. Er wendet sich daher an das nächste Chasqui-Häuschen und trägt dem dort befindlichen Laufboten auf, schnellstens nach Cuzco zu melden, dass die Yauyos über Huari und Carampona ins Gebiet der Huarochiri eingebrochen sind. Zugleich händigt er ihnen einen darauf bezüglichen Quipu aus.

Die Nachricht gelangt auch auf dem üblichen Wege nach Cuzco und wird hier den Quipukundigen vorgelegt. Sie stellen sofort aus den Knoten fest, dass das eine Heer der Yauyos 1200 Mann, das andere 800 Mann enthält. Weiter ergibt sich, da beide Zahlenangaben auf karminroten Fransenfäden mitgeteilt werden, dass der Überfall der Yauyos sich gegen die Inkaherrschaft richtet, also wahrscheinlich die Yauyos im Aufstand begriffen sind. Einen blossen Raubzug können ja auch die Yauyos kaum beabsichtigt haben, denn dann würden sie nicht mit solcher ansehnlichen Truppenmacht an zwei verschiedenen Punkten in das Huarochiri-Gebiet eingebrochen sein, sondern hätten sich schnell ihrer Beute bemächtigt und in ihr Land zurückgezogen.

Hinzukommt, dass der eine Haufen der Yauyos über Huari in Huarochiri vorgedrungen ist. Dieser Ort liegt aber nicht an der Grenze der Yauyos, sondern der Tarmas, eines Zweiges des Chancastammes. Die Tarmas haben demnach entweder aus Sympathie mit der Erhebung des Yauyas diesen den Durchzug durch einen Teil ihres Gebietes gestattet oder sich mit den Yauyos verbündet.

Weiter folgt aus der Lage der Orte Huari und Carampona zueinander, dass die Yauyos höchstwahrscheinlich nach Mantucana (später von den Spaniern, die gern den indianischen Ortsbezeichnungen spanische Heiligennamen vorsetzten, San Juan de Mantucana genannt), dem Hauptort von Huarochiri wollen. Dort befindet sich zwar eine Garnison; sie ist aber zu klein, um den Yauyos Widerstand leisten zu können. Es müssen deshalb bald dorthin Truppen zur Unterstützung der Garnison gesandt werden.

Wie dieses Beispiel zeigt, ist demnach die Kunst der Quipu-Enträtselung durchaus nicht besonders schwer; doch gehört dazu eine genaue Kenntnis der Landes- und Stammesverhältnisse. Den Spaniern, die diese Kenntnisse nicht hatten, musste freilich das Lesen und Verstehen solcher Quipus als eine teuflische Kunst gelten, die sie sich nur daraus zu erklären vermochten, dass hinter den Knoten der Quipus eine seltsame Geheimschrift verborgen sei.

*Eingliederung der neuunterworfenen Stammesgebiete in das Reichsgebiet*

Deutlicher noch als im Nachrichtendienst kommt das Herrschaftsstreben der Inkas in ihren Verwaltungseinrichtungen zum Ausdruck. Sobald ein neues Stammesgebiet dem Reichsgebiet einverleibt war, wurde es in gleicher Weise wie die früher angegliederten Stämme der Aufsicht der Inkabeamten unterstellt und in ihm gleiche Verwaltungsmassnahmen durchgeführt.

Das besagt nicht, dass die Inkas rücksichtslos in alte Rechte und Gebräuche des neueroberten Stammes eingriffen, dessen altangestammte Häuptlinge vertrieben und an ihre Stelle Inkafunktionäre setzten. Meist behielten die Häuptlinge des besiegten Stammes ihre Ämter und Würden. Nur wenn sie sich durchaus nicht fügen wollten und durch ihr Verhalten bewiesen, dass auf ihre freiwillige Unterwerfung nicht zu rechnen sei, wurden sie abgesetzt und verbannt; aber auch in diesem Fall wurden sie nicht durch Inkas ersetzt, sondern ein Verwandter des bisherigen Häuptlings, gewöhnlich ein Sohn, Bruder, Neffe, der eine gewisse Garantie für sein Wohlverhalten bot, auf den erledigten Häuptlingsposten berufen. Treffend schreibt deshalb der Jesuitenpater Bernabé Cobo in seiner Historia del Nuevo Mundo (III. Band, S. 235): „Ausgenommen diese beiden Arten von Magistratspersonen oder Verwaltern (die Capac Apucuna und die Tucricuccuna), deren Stellung später erörtert werden wird, waren vom Hunu-Vorsteher (Leiter der Zehntausendschaft) abwärts alle Häuptlinge oder Kaziken solche, welche die Inkas in den Provinzen vorgefunden hatten, als sie letztere eroberten". Nur dort, so fügt er hinzu, wo sich die Häuptlinge durchaus nicht fügen wollten, seien sie durch andere Personen aus demselben Stamm ersetzt worden.

Ähnlich äussern sich andere Chronisten. So erklärt zum Beispiel Bart. de las Casas (De las antiguas gentes" (S. 153): „Und diese (das heisst sämtliche Vorsteher vom Hunu-Häuptling abwärts) waren ihre eigenen eingeborenen Häuptlinge, die sie schon hatten, bevor die Inkas sie zu Vasallen machten". Ebenso Francisco Falcon in der Coleccion de Documentos inéditos del Archivo de Indias, VII. Band, S. 463.

So viele zu Führern geeignete Personen, wie zur Besetzung allerverschiedenen Ober- und Unterverwaltungsstellen nötig gewesen wären, besass der Inkastamm gar nicht; denn die Sicherheit des Reiches verlangte nach Ansicht der Inkaherrscher, das zum mindesten die höheren Befehlshaber ihrer Heere und Festungen aus Stammesgenossen bestanden. Überdies aber waren die Inkas der Meinung, dass die unterworfene Bevölkerung sich leichter und besser durch Häuptlinge ihres eigenen Stammes und Geschlechtes regieren lasse, als durch fremde, mit den einheimischen Gewohnheiten nur oberflächlich bekannte Personen. Erforderlich sei nur, den einheimischen Häuptlingen Inkabeamte beizugeben oder überzuordnen, die sie beständig zu kontrollieren und ihnen, gestützt auf die im Lande verteilte Militärmacht, die Befehle des Inkaregenten zu übermitteln vermöchten.

*Einsetzung von Inka-Residenten und Aufsichtsfunktionären*

Es wurde deshalb jedem Häuptling der neuangegliederten Stämme ein Inka-Resident zur Überwachung an die Seite gestellt. War aber ein Stamm, wie in einigen Teilen Perus üblich, in zwei Hälften, nämlich in ein Obergebiet und ein Untergebiet geteilt, von denen jedes seinen besonderen Häuptling hatte, so wurden ihnen zwei Inka-Residenten beigeordnet.

Man nannte diese wechselnden oder sich ablösenden Residenten Incaranticuna, da sie meist nur wenige Jahre auf ihren Posten blieben und, wenn sie sich in ihrem Amt eine gewisse Gewandtheit erworben hatten, in andere, schwieriger zu verwaltende Gegenden versetzt wurden.

Über dem Incaranti stand als nächst höherer Vorgesetzter der Tucricus, ein Wort, das von den Spaniern meist mit „Veedor de todas las cosas", (Aufseher über alle Dinge) übersetzt worden ist. Durchweg hatte der Tucricuc, der stets ein Inka war, vier Stämme zu beaufsichtigen, in einzelnen Fällen, wie Bernabé Cobo berichtet (Historia del Nuevo Mundo, III. Band S. 233) auch drei oder fünf Stämme. Er galt in seinem Amtsdistrikt als bevollmächtigter Vertreter des in Cuzco sitzenden Inkaregenten, man kann ihn daher als Statthalter des Inkaregenten bezeichnen. Er hatte alle Angelegenheiten des öffentlichen Lebens, die politische Bezirksverwaltung und die Rechtspflege, das Abgabewesen und die Wirtschaftsgestaltung, die Moral und die Truppenaushebungen zu überwachen.

Derartige Statthalter sassen, wie Pedro de Cieza de Leon und der Jesuitenpater Bernabé Cobo sowie Tamian de la Bandera und Júan de Acosta hervorheben, in fast allen grösseren und wichtigeren Ortschaften des Landes, wie zum

Beispiel in Quito, Latacunga, Tumipampa, Tumbez, Caxamarca (Cajamarca), Pachacamac, Xauxa (Yauya), Huancampa, Chucuito usw.

Über dem Tucricuc stand als Verwalter der Provinz oder des Provinzialverbandes der Capac Apu, zu deutsch „Erhabener Oberherr". Peru war nämlich unter den letzten Inkas in vier grosse Reichsprovinzen geteilt: in „Collasuyu", das heisst Distrikt der Collas (der Bewohner des südperuanischen kalten Hochlandes, von Urcos südwärts bis Chile); im „Antasuyu", das heisst Andendistrikt, von Abisca südwärts bis zu den südlichen Ausläufern der Sierra de Santa Cruz in Bolivia, im „Condesuyu" vielfach auch Cuntisuyu genannt, das heisst Westdistrikt, von Cuzco westwärts bis zur Küste, ferner „Chinchasuyu", der Distrikt der Chinchas, der nördlich von Cuzco bis nach Quito reichende Landesteil. Jeder dieser vier grossen Verwaltungsbezirke hatte seinen Capac Apu genannten Gouverneur, der jedoch nicht in seinem Bezirk wohnte und persönlich die Verwaltung leitete, sondern nur die Oberaufsicht über die ihm unterstellten Tucricuccuna (Plural von Tucricuc) hatte. Zu bestimmten Zeiten mussten ihm diese Bericht über die Lage in ihren Verwaltungsbezirken erstatten; überdies mussten sie einmal im Jahr persönlich vor ihm in Cuzco erscheinen, um ihm ihre Tätigkeit darzulegen und nach mündlicher Verhandlung seine Befehle bezw. seine Anordnungen in Empfang zu nehmen.

Bernabé Cobo schreibt bezüglich der vier Capac Apucuna, die er als den Hohen Rat der Inkas bezeichnet, (Historia de Nuevo Mundo, III. Band, S. 234): „Es setzte sich dieser Rat der Inka aus vier Richtern oder Räten zusammen, genannt „Apucuna", welche ständig in Cuzco residierten. Ein jeder von ihnen bekümmerte sich nur um das, was den ihm unterstellten Teil des Königreiches betraf."

Ähnlich äussert sich auch der Lizentiat Francisco Falcon in seiner Representacion hecha en concilio provincia, sobre los daños y molestias que se hacen à los Indios", (Coleccion de Documentos inéditos del Archivo de Indias, VII. Band, S. 463).

Warscheinlich ist, wenn dies auch nicht aus den erhaltenen Berichten mit völliger Sicherheit hervorgeht, dass die vier Capac Apucuna von den vier Haupt-Ayllus (Grossgeschlechtern) des Inkastammes gestellt wurden.

## Der Oberhäuptling der Inkas als Reichsregent

An der Spitze des Reiches stand der Oberhäuptling des Inkastammes, meist kurzweg „der Inka" genannt; sollte aber hervorgehoben werden, dass der regierende Inka, der Herrscher, gemeint sei, so wurde das Wort sapac (sprich sapach) einzig, allein, hinzugefügt und der Inkaherrscher mit Sapac Inka (einziger Inka) angeredet. Auch die Oberhäupter der vorhin erwähnten vier grossen Provinzen wurden Sapach Apu (einziger hoher Herr) genannt.

Die spanischen Chronisten und die neueren Schilderer des Inkareiches haben vielfach den Inkaherrschern den Titel „Kaiser" und „König" beigelegt. Eine der Bedeutung dieser Titel entsprechende Bezeichnung gibt es weder in der Khetschua-, noch in der Aymarasprache. Auch die alten Oberhäuptlinge der von den Inkas unterworfenen Stämme führten keine derartigen Titel. Sie wurden einfach Curaca genannt, ein Wort, das seiner etymologischen Bedeutung nach der Alte, der Älteste bedeutet; nur wurde häufig diesem Wort der Name des Bezirks oder des Distrikts vorgesetzt, dessen Häuptling der Betreffende war.

In den südlichen Teilen Perus wurde neben dem Wort Curaca vielfach für die Stammes- und Geschlechtshäuptlinge auch die Benennung „Camachicuc" gebraucht. Die Bedeutung dieses Wortes ist ebenfalls sehr einfach. Es ist abgeleitet von camachic, befehlen, anordnen, verfügen und entspricht demnach unserem Wort der Befehlshaber.

Hinzugefügt werden muss, dass es auch um die sogenannte unbeschränkte Autokratie der Inkaregenten nicht so bestellt war, wie die alten spanischen Geschichtsschreiber melden. Ein Parlament oder ein Hoher Rat stand zwar dem Inkaherrscher nicht zur Seite; aber er hatte, wenn er etwas Wichtiges unternehmen wollte, sich vorher mit den Grossen seines Reiches zu verständigen. Immer wieder findet man in den Indianerberichten erzählt, dass der Inkaherrscher in solchen Fällen, besonders, wenn seine Absichten gegen das Interesse seiner Stammesgenossen oder das alte Herkommen verstiessen, seine Heerführer und Provinzverwalter, oft auch die Vorsteher der Inkageschlechter zusammen rief, um sich mit ihnen zu verständigen. Und nicht immer gaben sie sich mit dem, was er wollte, zufrieden, sondern setzten ihm gegenüber ihren Willen durch.

*Die Provinzialeinteilung des Inkareiches*

Wenn bis in die neueste Zeit die spanischen Geschichtsschreiber von dem alten Kaiserreich Tahuantinsuyu oder Peru sprechen, so übertragen sie einfach ihre einheimischen Begriffe und Benennungen auf Peru. Die Indianer nannten das Inkareich einfach Tahuantinsuyu. Natürlich hat auch diese Bezeichnung manche unrichtigen Ausdeutungen und Auslegungen erfahren. Seitdem Garcilasso dieses Wort in seinen königlichen Kommentaren (Comentarios reales, Libro II, Cap. II) mit „die vier Weltgegenden" übersetzt hat, kann man bestimmt darauf rechnen, es in neuen Reiseschilderungen und kulturgeschichtlichen Werken mit „die vier Weltgegenden", „die vier Sonnengegenden", „die vier Himmelsrichtungen" etc. wiedergegeben zu finden. Meist wird nämlich die in dem Wort enthaltene Partikel ntin mit inti, Sonne, verwechselt, und da tahua vier, suyu, Gegend, grosser Distrikt, bedeutet, so wird das Wort Tahuantin ohne weiteres mit „die vier Weltgegenden" übersetzt.

Diese Übersetzung ist jedoch grundfalsch. Ntin ist nicht

Inti, sondern eine Numeruspartikel, die einen natürlichen Zusammenhang, eine natürliche Zusammengehörigkeit zwischen Personen oder Dingen ausdrückt. Zum Beispiel heisst in der Khetschuasprache der Ehemann Kosa. Mit der Partikel ntin bedeutet aber das Wort der Ehemann mit dem, was natürlicherweise zu ihm gehört, nämlich mit der Ehefrau. Demnach besagt das Wort Kosantin so viel wie die ehelich Verbundenen, das Ehepaar Llacta (sprich Ljacha) wurde das Dorf genannt, Llactantin ist das, was naturgemäs zum Dorf gehört, nämlich die Dorfbewohnerschaft; Huasimasi heisst der Hausgenosse, der Mitbewohner, Huasimasintin demnach die Hausgenossenschaft.

Ebenso ist das Wort Tahuantinsuyu zusammengesetzt. Es besteht aus dem Zahlwort tahua (tawha), vier, der Numerus-Partikel ntin und dem Substantiv Suyu, Gegend, Provinz, Gebiet. Es erhält in diesem Fall keine Pluralendung, da ja Tahua schon anzeigt, dass mehrere Gegenden gemeint sind. Das Wort Tahuantinsuyu bedeutet demnach „die vier zusammengehörenden Gebiete" oder „die vier miteinander verbundenen Gegenden".

*Die peruanischen Zehntausend-, Tausend- und Hundertschaften*

Neben der Einteilung in verschiedene Verwaltungsbezirke fanden die ersten spanischen Ankömmlinge in Peru dort eine ähnliche Einteilung der Bewohner in Tausend-, Hundert- und Zehnschaften vor, wie sie einst die altgermanischen Stämme besassen. Der in mancher Beziehung der altrömischen Tribus gleichende peruanische Völkerstamm bildete nämlich, da er meist an zehntausend wehrfähige Krieger (Aucapuriccuna)[1] ins Feld zu stellen vermochte, eine Zehntausendschaft, Hunu genannt.

---

[1] Das Wort Aucapuriccuna ist zusammengesetzt aus den Wörtern Auca, Krieger, Rebell, und paric, particip praesentis des Zeitwortes purini,

Der Stamm war demnach zugleich eine Heeresabteilung, ein Regiment, wenn man so sagen darf, das, wenn die Inkas zu Kriegszeiten eine Massenaushebung befahlen, gewöhnlich unter Leitung seines eigenen Häuptlings, das Hunu-Curaca, in das Feld zog, doch konnte dieser nicht seine Truppe nach eigenem Belieben leiten; er hatte vielmehr die strengen Befehle der oberen Heeresführer, die stets dem Inkastam angehörten, zu befolgen.

Einige Stämme Nordperus machten allerdings, was ihre militärische Organisation anbetraf, eine Ausnahme von der Regel. Sie hatten, wie manche nordamerikanischen Indianerstämme, neben dem Friedenshäuptling einen Kriegshäuptling, der, wenn Krieg ausbrach, das Kommando über die Mannschaften seines Stammes übernahm.

Wie die Zehntausendschaften aus den Stämmen (Tribus), so gingen die Tausendschaften aus den Phratrien, den alten Gross- oder Hauptgeschlechtsverbänden, den Hatun-Ayllus, hervor. Es umfasste dementsprechend gewöhnlich jeder Stamm zehn Hauptgeschlechter oder, was dasselbe war, zehn Tausendschaften (Huaranga, sprich Wharanka). Gleich der Hunu stand auch die Tausendschaft unter der Leitung eines einheimischen Häuptlings, des Huaranga-Curaca und bildete ebenfalls eine besondere Abteilung des Heeres.

Der Huaranga waren als kleinere Abteilung die Pacha (oder Pachaca), das heisst die Hundertschaft, und die Chuncantin (sprich Tschunkantin) oder Zehnschaft untergeordnet. Die Hundertschaft umschloss sämtliche wehrfähigen Grossmänner einer Ayllu oder Geschlechtsgenossenschaft. Sie war also mit dieser identisch. Tatsächlich wurden denn auch die Bezeichnungen Hundertschaft, Ayllu, Geschlechtsverband, von den Indianern zur Zeit der spanischen Invasion als völlig gleichbedeutend gebraucht.

---

ich wandere fort, ziehe hinaus. Die Bezeichnung Aucapuric bedeutet also „der als Krieger ins Feld Hinausziehende".

*Die Mitgliederzahl der peruanischen Stämme*

Gewöhnlich belief sich die Zahl der zu einer Hundertschaft oder Ayllu gehörenden Personen, Männer, Frauen und Kinder zusammengerechnet, auf 600 bis 700 Personen, und da, wie die später von den spanischen Bezirkverwaltern (Corregidoren) auf Anweisung des Vizekönigs Francisco de Toledo vorgenommenen Zählungen beweisen, durchschnittlich auf sechs bis sieben Personen der Bevölkerung ein Grossmann, kam, so ergibt sich als Gesamtbestand einer Ayllu eine kriegsfähige Mannschaft von 100 Kriegsmannen. Das heisst im Durchschnitt, in Wirklichkeit waren die Hundertschaften wie auch die Tausend- und Zehntausendschaften von verschiedener Grösse. Manche Tausendschaft bestand nur aus 800 oder 900, manche Hundertschaft nur aus 70, 80 oder 90 Wehrmännern, während anderswo wieder in den Tausend- und Hundertschaften mehr als tausend bezw. hundert Wehrmänner vorhanden waren. Kriege, Seuchen, Aufstände hatten in manchen Hundertschaften die Zahl der Grossmänner beträchtlich vermindert.

Trotz der allgemeinen Bevölkerungsabnahme zeigen die von den spanischen Corregidoren des 16. Jahrhunderts vorgenommenen Zählungen, dass noch immer viele Stämme 50.000 bis 60.000 Köpfe umschlossen und demnach auch manche Hundertschaft noch hundert und mehr Grossmänner umfasste. So zählte zum Beispiel der Stamm der Yauyos mit Einschluss der unter ihnen als Mitimaccuna angesiedelten Chocorbos (Tschokokorwhos) noch 7000 Tributarios oder Grossmänner. (Descripcion y Relacion de la Provincia de los Yauyos 'todo. Relaciones geograficas de las Indias, II. Band, S. 62 ff.), der Stamm der Pacaxes (Pacaches) ohne die unter ihnen angesiedelten Uros 7559 Tributorios (Relacion de la provincia de los Pacaxes. Relacion geográfica de las Indias, II. Band, S. 52 ff.), der Stamm der Vilcas Huaman, richtiger Huaman Huilcas (sprich Whamann Whillca, das heisst Falken-Nachkommen) insgesamt 36.000 Köpfe (Relacion de la Cindad de Guamanga y sus terminos. Relaciones geograficas, I. Band, S. 110). Beträchtlich kleiner war der Stamm der Atunrunacuna (richtiger Hatunrunacuna, d.h. Gross-Rukaner). Er zählte nach dem Bericht seines Corregidores Luis de Monzon (Discripcion de la tierra del repartimente de San Francisco de Atunrunacuna - Laramati. Relaciones geograficas, I. Band, S. 181) gegen Ende des 16. Jahrhunderts nur 15270 Köpfe mit 2800 Tributarios); jedoch waren die Hatunrunacuna (Gross-Rukaner) nur ein Halbstamm. Schon vor der ersten Ankunft der Spanier in Peru hatten sich nämlich die Rucanas in zwei Hälften geteilt und zwei selbständige Stämme gebildet, die Hatunrunacuna und die Rucanna-Antemarcas, das heisst die in den Andenmarken wohnenden Rucanas. Zusammengenommen zählten 1571 beide Halbstämme 26970 Köpfe mit 4880 Tributarios.

Berücksichtigt werden muss bei allen diesen Angaben dass schon in den ersten Jahrzehnten der spanischen Herrschaft die Indianerbevölkerung der westlichen Teile Perus sehr beträchtlich abgenommen hatte. Der Verwalter des Yauyos-Bezirks, Diego Davil Brizeno, schätzt beispielsweise in dem oben erwähnten Bericht die Anzahl der Tributarios zur Zeit der letzten Inkaherrschaft auf mehr als 10.000, und der Corregidor des Stammesbezirks der Huaman Vilcas beziffert deren Gesamtzahl zur Inkazeit auf 70.000. Noch zur ersten spanischen Zeit soll dieser Stamm ungefähr 50.000 Mitglieder gehabt haben.

Als Unterabteilung der Hundertschaft spielte in manchen Gegenden auch die Chuncantin oder Zehnschaft eine Rolle; denn oft war die Chuncantin zugleich eine Familiensippe und Hausgenossenschaft. Auch als eine Art Arbeitsgemeinschaft finden wir sie in manchen Stämmen, wenigsten bestellten nicht nur meist die Mitglieder einer Chunca zusammen die Dorf- und Tributfelder, sondern sie verrichteten auch die ihnen von den Inkas auferlegten Fronarbeiten gemeinsam.

*Entstehung der Tausend- und Hundertschaften*

Wie ist diese Einteilung der Bevölkerungsmassen entstanden? Die spanischen Chronisten haben sie auf den Wunsch der Inkas zurückgeführt, sich stets über die Volkszahl ihrer Gebiete unterrichten zu können. Solche Annahme ist, obgleich unrichtig, begreiflich: die alte Verfassung der germanischen Stämme war den Chronisten völlig unbekannt, und ebensowenig wussten sie etwas von der Volkseinteilung tartarischer, semitischer, altitalischer Stämme; so führten sie einfach die von ihnen in Peru vorgefundenen Gruppenbildungen wie so viele andere Einrichtungen des „neuen Wunderlandes" auf die Verwaltungskunst oder das organisatorische Talent der Inkas zurück.

In Wirklichkeit ist die Einteilung in Tausend- und Hundertschaften in Peru viel älter als die Herrschaft der Inkas. Wäre diese Einteilung von den Inkaherrschern eingeführt, so würde sie überall im Reiche ganz gleicher Art gewesen sein und die verschiedenen Gruppen gleiche Benennungen gehabt haben. Das ist aber durchaus nicht der Fall. Einzelne Stämme hatten neben den Tausend- und Hundertschaftten auch Halbtausend- und Halbhundertschaften. Ferner nannten die Stämme südlich des Titicacasees ihre Tausendschaften Hachu, ihre Hundertschaften Pataca und ihre Zehnschaften Tunca. Hätten sie ihre Organisation von den Inkas erhalten, würden sie sicherlich damit auch zugleich deren Gruppenbenennungen übernommen haben.

Auch die Stellung der Häuptlinge in ihren Gruppenabteilungen, ihre Befehlsgewalt und ihre Ernennung bezw. Erwählung war nicht überall die gleiche.

Meiner Ansicht nach sind diese Unterschiede nur dann erklärlich, wenn man annimmt, dass die Herausbildung der

Tausend-, Hundert- und Zehnschaften einst in den Stämmen selbst vor sich gegangen ist. Wäre die Gruppeneinteilung von den Inkas nach ihrem Gutdünken eingeführt worden, würde sie zweifellos überall die gleichen Züge aufgewiesen haben.

## FÜNFTES KAPITEL

## TRIBUT UND FRONLEISTUNGEN DER UNTERWORFENEN STÄMME

Abtretung von Tributfeldern an die Inkas. — Die Art der Tributerhebung. — Keine Überbelastung der Bevölkerung. — Vieh und Jagdabgaben. — Fronarbeitsleistungen der Dorfschaften. — Anteil der unterworfenen Stämme an der Inkakultur. — Tributfelder der Priesterschaften. — Unterstützung der Notleidenden. — Die Tributländereien gehören den Dorfschaften. — Menschentribute. — Die Acllacuna.

*Abtretung von Tributfeldern an die Inkas*

Trieben einerseits Herrschsucht und Machtgier die Inkas zu immer weiterer Ausdehnung ihrer Eroberungen, so anderseits das Verlangen, die unterworfenen Stämme zur Mehrung ihres Reichtums auszunutzen. Kaum hatte sich in einem neueroberten Indianerstamm die Oberherrschaft der Inkas durchgesetzt, so zwangen diese auch schon die einheimischen Dorf- und Markgenossenschaften, von ihren Ackerfeldern gewisse Feldstücke abzutrennen, sie unter Aufsicht von Inkabeamten zu bestellen und die Ernteerträge als Tribut an die Lebensmittelspeicher der Inkas und ihrer Priesterschaften abzuliefern.

Dabei wurde von den die Tributleistungen einfordernden und überwachenden Inkabeamten, wie sich deutlich aus den Berichten der von der spanischen Regierung eingesetzten Corregidoren ergibt, im weitesten Masse Rücksicht auf die wirtschaftliche Lage der einheimischen Bevölkerung sowie auf die Ausdehnung und die Art ihres Ackerbetriebes genommen. Eine gleichmässige Behandlung der verschiedenen Stämme und Dorfgenossenschaften war schon durch die Verschiedenheit des Bodenanbaus ausgeschlossen. Peru ist, was seine Bodengestaltung und seine klimatischen Verhältnisse anbelangt, ein Land der Gegensätze. An der mittleren und nördlichen Küste herrscht durchweg während des ganzen Jahres ein heisses, trockenes Klima. Daher wechseln dort meist kleine warme Flusstäler mit Sandwüsten ab. Auf den hohen Kordilleren liegt fast das ganze Jahr hindurch hoher Schnee, während sich in den Niederungen zeitweilig starke Niederschläge und zur Zeit der Schneeschmelze sogar ein Überfluss an Feuchtigkeit geltend machen. In den nördlichen mittelhohen Kordillerengebieten überwiegt dagegen von Mai bis September rieselnder Nebel, und die niederen Gebirgstäler leiden nicht selten unter plötzlichem und heftigem Platzregen. Diesen verschiedenartigen klimatischen Verhältnissen entspricht eine verschiedene Bodenproduktion. Auf den Hochebenen findet man an manchen Stellen grosse Waldungen mit viel Wild; Vicuñas, Alpakas, Huanakos usw., während an den pazifischen Abdachungen sowie in den Flusstälern an der nördlichen Küste fast jeder Wald fehlt. Nur Gebüsche findet man dort hin und wieder. Wieder ganz anderer Art sind die Ostabhänge der Kordilleren und die südlichen Gebirgstäler. Durchweg sind sie mit einer reichen tropischen Vegetation und Fauna ausgestattet.

Besonders eigenartige Bodenverhältnisse bieten sich dem Blick des forschenden Wanderers in manchen Küstengegenden dar. Die dortige Landschaft besteht meist nur aus einem schmalen Küstensaum, der sich selten zu einer grösseren Ebene erweitert. Gewöhnlich steigt er bald stufenförmig zu den West-Kordilleren empor. Bis zur Hälfte, ungefähr bis zur Höhe von zweitausendfünfhundert Fuss fällt dort vielfach das ganze Jahr über kein Regen; nur in den dortigen Wintermonaten, von Mai bis September, lagert sich um die Höhen eine mächtige Nebelschicht. Unterhalb wie oberhalb derselben ist das Wetter trocken. Infolgedessen findet man an der Küste nur da eine nennenswerte Vegetation, wo sie durch das Wasser der von den Kordilleren herabfliessenden Flüsse genährt wird, also in den Flusstälern und auf jenen Flächen, die durch Kanäle oder Gräben aus den Flüssen bewässert werden. Die zwischen den Flüssen liegenden Gegenden, zuweilen mehrere Meilen breite Strecken, haben einen vollständigen Wüstencharakter.

Diesen verschiedenartigen Bodenverhältnissen hatte sich schon vor der Inkaherrschaft die Landwirtschaft der Indianer angepasst. Während in den warmen Flusstälern der Küste vornehmlich Mais, Yunka (Maniho oder Manioka), Bataten, Melonen, Baumwolle angebaut und die Pflanzungen meist direkt an den Flussufern angelegt wurden, zog man in den feuchten Niederungen der Anden, soweit fruchtbarer Boden vorhanden war, in erster Reihe Bataten, Kartoffeln (besonders eine Kellu-Papa genannte gelbe Kartoffelart), Bohnen, Kürbisse, roten Pfeffer und Oca (Oxacis tuberosa) eine stärkemehlreiche Knollenfrucht. Auf den höher gelegenen Flächen, über sechstausend Fuss hinaus, gediehen aber auch diese Erdfrüchte meist nicht mehr und wurden deshalb dort meist durch die peruanische Reismelde, die Quinoa (Chenopodium Quinoa) ersetzt.

In Anbetracht solcher Verschiedenheiten ist es ganz unmöglich, dass die Inkas von den unterworfenen Stämmen überall gleichgrosse Mengen bestimmter Erdfrüchte als Tribut eingefordert haben können, noch dass sie überall eine gleiche Verteilung der Tributfluren und ihre Bestellung mit gleichen Früchten verlangt haben. Sie konnten unmöglich dort in den Bergen, wo kein Mais gedieh, Maisabgaben verlangen oder die Anpflanzung von Baumwolle auf Höhen von mehr als dreitausend Metern anordnen. Wenn, verführt durch Garcilasso und andere Chronisten, noch heute Historiker von gleichen Landverteilungen und gleichen Fruchttributen sprechen, so beweisen sie damit nur dass sie ohne Überlegung und Kritik weitererzählen, was sie irgendwo bei alten Autoren gefunden bezw. aus deren naiven Überlieferungen herausgelesen haben.

## Die Art der Tributerhebung

In Wirklichkeit stellt sich die Tributerhebung folgendermassen dar. War ein bisher unabhängiger Indianerstamm nach seiner Unterwerfung dem Inkareich angegliedert worden, so bestimmte kurzweg der in dem betreffenden Bezirk eingesetzte Tucricuc nach Beratung mit den ihm untergeordneten Inkaraticuna, welche Felder von nun an als Tributland gelten und mit welchen Pflanzen dieses bebaut werden sollte. Ferner wurde abgeschätzt, wie hoch sich im Durchschnitt der Ertrag, dieser Ländereien stellen werde und die einzelnen Dorfschaften angewiesen, wohin sie künftig die Erträge der Tributfelder zu liefern hätten.

Diese Befehle sachgemäss auszuführen, blieb den einheimischen Dorfhäuptlingen, den Llactacamayoccuna, überlassen. Sie hafteten den Inkabeamten dafür, dass alle Anordnungen genau befolgt und die auf den Tributfeldern gewonnenen Ernteerträge gewissenhaft abgeliefert wurden. Lieferten die Dorfvorsteher geringere Mengen ab oder hatten diese nicht die übliche Qualität, so mussten die Dorfvorsteher diese Mängel begründen und, falls sie das nicht vermochten, das Fehlende nachliefern. Wer nicht genügend Tribute eingebracht hatte, ging den Tucricuc nichts an; er hielt sich an die Dorfhäuptlinge. Selbst zu untersuchen, wer nicht seine Pflicht getan hatte, war ihm ganz unmöglich, denn sein Bezirk umfasste, wie schon erwähnt wurde, gewöhnlich vier oder fünf Stämme mit nicht selten 400 bis 500 Dorfschaften.

Die Dorfvorsteher wie auch die einzelnen Grossmänner hatten übrigens selbst ein Interesse daran, dass kein Dorfgenosse sich der Arbeit auf den Tributfeldern entzog; denn wenn infolge zu geringer Arbeitsleistung der Ertrag dieser Felder hinter der normalen Durchschnittsmenge zurückblieb, so musste das Fehlende von der Dorfschaft nachgeliefert werden, das heisst alle Genossen, auch jene, die ihrer Arbeitspflicht genügt hatten, mussten vom Ertrag ihrer eigenen Felder den Fehlbetrag zuschiessen. Überdies war es dem Einzelnen dadurch sehr erschwert, sich von der Arbeit auf den Tributfeldern zu drücken, da nicht jeder Grossmann ein Stück des Tributlandes abgesondert von seinen Genossen bearbeitete, sondern alle Grossmänner des Dorfes auf Aufforderung des Dorfvorstehers in corpore auf die Tributfelder hinauszogen und dort gemeinsam die nötige Arbeit verrichteten. Es blieb deshalb selten verborgen, wenn ein zur Mitarbeit Verpflichteter nicht mit hinaus aufs Tributland zog.

*Keine Überlastung der Bevölkerung*

Überlastet mit Arbeiten war keiner der Angehörigen des Inkareiches. Wie schon mehrfach erwähnt wurde, waren nur die Hatun Runacuna, die selbständigen, einen eigenen Betrieb besitzenden Bauern und ihre Frauen zur Arbeit verpflichtet. Zwar zog man auch die Kinder zur Arbeit mit heran, sogar schon die Kinder vom acht bis zehn Jahren, doch wurden ihnen nur ganz leichte Arbeiten aufgebürdet. Auch die erwachsenen Tributentrichter arbeiteten sich nicht tot. Es ist durchaus nicht unbegründet, wenn die spanischen Besitzer der grossen Encomiendas (Landpfründen) die peruanischen Indianer für faul und wenig leistungsfähig erklärten. Derartige Arbeitsleistungen, wie sie später die nordamerikanischen Pflanzer von ihren Negersklaven verlangten, haben die unter der Herrschaft der Inkas stehenden Indianer niemals zu vollbringen brauchen. Auch haben die Inkas den von ihnen unterworfenen Dorf- und Markgenossenschaften nie so viel Land abgenommen, dass diese sich auf dem ihnen verbliebenen Besitz nicht mehr zu ernähren vermochten. Immer verblieb ihnen der grösste Teil ihres bisherigen Bodens zur Beschaffung ihres Lebensunterhalts.

## Vieh- und Jagdabgaben

Besassen die Dorfgenossenschaften nur so viele Äcker und anbaufähigen Boden, dass sie davon ohne Gefährdung ihrer Existenz nichts herzugeben vermochten, so wurden ihnen als Tribute Abgaben von ihren Lamaherden abgefordert. Hatten nämlich die Inkas einen Gebirgsstamm unterworfen, in welchem die Lamazucht von einiger Bedeutung war — an der Küste wurden keine Lamas gehalten — so mussten ihnen die Unterjochten einen Teil ihrer Herden, gewöhnlich den besten Teil abtreten. Dann wurden die Tiere gezeichnet und an die Dorfschaften, in deren Nähe sich grössere Weidegründe befanden, verteilt, damit diese sie mit ihren Beständen zusammen verpflegten.

Die Oberaufsicht über diese Lamas führte der dem betreffenden Bezirk vorstehende Tucricuc, der gewönlich zur besseren Kontrolle eine Anzahl „Michicuna" (Viehaufseher) bestellte. Die Tributlamas wurden Capac Lamas (edle Lamas), die der gewöhnlichen Dorfgenossen Huachay Lamas (niedrige, ärmliche Lamas) genannt. Von diesen Herden musste beständig eine bestimmte Anzahl Lamas nach Cuzco geliefert werden, wo die Tiere geschlachtet wurden. Andere Teile wurden den über das Land verstreuten Militär-Detachements und den im Felde stehenden Truppen zugeführt.

Ausserdem hatten manche Dorfschaften aus ihrem eigenen Besitz an Lamas und Vicuñas alljährlich eine gewisse Zahl lebender Tiere nach Cuzco zu liefern sowie ferner getrocknetes und gedörrtes Fleisch, Wolle, Felle, Häute etc.

Selbst von ihrer Jagdbeute mussten die Indianer bestimmte Teile nach Cuzco liefern, obgleich die Jagderträge im Ganzen recht bescheiden waren; denn Lamas und Guamacos (Huanakos) durfte die Bevölkerung nicht jagen und überdies nahmen in den wildreicheren Gegenden der Cordilleren die Inkas bei der Aufnahme neuer Stämme in ihr Gebiet diesen die besten Waldungen fort, um dort später grosse Treibjagden zu veranstalten.

## Fronarbeitsleistungen der Dorfschaften

Damit waren die Tributabgaben jedoch nicht erschöpft. Ausser den genannten Leistungen mussten die Dorfschaften allerlei andere Verpflichtungen übernehmen. So mussten zum Beispiel die Dorfschaften einiger Gegenden den Inkas verschiedene Mineralien, vornehmlich Gold, Silber und Kupfer, Farbhölzer, bunte Federn, Ton- und Metallgefässe liefern, während andere Dörfer Mannschaften zur Besetzung der Pucaras (Forts), zur Errichtung und Ausbesserung der Land- und Heerstrassen, zur Erbauung von Tempeln und Unterkunftshäusern stellen mussten. Die Inkas selbst beteiligten sich an solchen anstrengenden Arbeiten sehr selten; sie übernahmen gewöhnlich nur die Verteilung der Arbeiten und deren Leitung, die schwerste Arbeit blieb den Fronarbeitern überlassen, die jedoch auch, wenn wir den späteren Angaben der Indianer Glauben schenken dürfen, durchaus nicht übermässig belastet wurden, denn die zu derartigen Arbeiten Herangezogenen wurden möglichst aus solchen Dorfschaften entnommen, die von altersher ähnliche harte Arbeiten gewohnt waren und daher nicht erst angelernt zu werden brauchten.

Zudem hielten die Inkas darauf, dass die Arbeiter ihrer heimatlichen Arbeit, besonders der Bodenbestellung, nicht zu lange entzogen und dadurch ihrer Hauptarbeit entfremdet wurden. Gewöhnlich wurde folgendermassen verfahren: War von den Inkas der Bau eines grösseren Gebäudes oder einer neuen Strassenanlage beschlossen, so wurden von den mit der Ausführung des Baus beauftragten Inkas zunächst den

Häuptlingen der in der Nähe gelegenen Dorfschaften die Lieferung bestimmter Mengen behauener Steine, Steinplatten, Adoben, Mörtel etc. aufgetragen und die darauf durch Vermittlung des Tucricus oder der Inkaranticuna (der den einheimischen Stammeshäuptlingen beigeordneten Inka-Residenten) ersucht, eine Anzahl geeigneter Arbeiter für die geplanten Bauunternehmungen zu stellen. Die betreffenden Häuptlinge wählten dann solche Arbeiter aus und führten sie den mit der Ausführung der Bauarbeiten beauftragten Inkas zu, die nun bestimmten, wie sie beschäftigt werden sollten. Hatten die Arbeiter eine Zeitlang — gewöhnlich einen Monat hindurch — gearbeitet, so wurden sie nach Hause entlassen und nun durch eine andere, inzwischen ausgehobene Arbeiterkolonne ersetzt. Da die zu solchen Arbeiten herangezogenen Dörfler während der Dauer der Frondienstarbeit von den Inkas gut verpflegt wurden, sollen manche von ihnen recht gern der Aufforderung gefolgt sein, Frondienste zu tun; denn während ihrer Dienstzeit sparten sie die Lebensmittel, die sie sonst zu Hause verbraucht hätten.

Andere spanische Corregidoren berichten hingegen auf Grund der Aussagen von Indianern ihrer Verwaltungsbezirke, die Dorfhäuptlinge hätten oft, um nicht zu grosse Aushebungen von Fronarbeitern vornehmen zu müssen, die Zahl der in ihren Dörfern lebenden arbeitsfähigen Männer zu niedrig angegeben. So erzählen zum Beispiel Christobal de Costro und Diego de Ortega Morejo, zwei sehr unterrichtete und glaubwürdige Berichterstatter, in ihrer Relacion y delaration del modo, que este valle de Chincha y sus comarcanos se gobernabon (Colección de documentos inéditos para la historia de España, Band 50 Seite 213), dass die Curacas die Zahl der leistungsfähigen Grossmänner ihrer Dörfer oft zu niedrig angegeben haben und dann, wie die Runapachacaccuna (Menschennachzähler) der Inkas kamen, um die Angaben nachzuprüfen, einen Teil der Männer in Höhlen und Erdlöchern versteckten.

*Anteil der unterworfenen Stämme an der Inkakultur*

Die vielbewunderte „Inkakultur", welche die Spanier in Peru vorfanden, ist demnach durchaus nicht allein, wie so oft behauptet worden ist, ein Ergebnis der Intelligenz und des Arbeitsfleisses der Inkas, sondern zum grössten. Teil der Arbeitskräfte der von ihnen unterworfenen Bevölkerung. Den Inkas bleibt nur das Verdienst, diese Kräfte planvoll zusammengefasst und auf bestimmte Ziele hingelenkt zu haben. Auch darf bei der Beurteilung des Schaffens der Inkas nicht übersehen werden, dass wenn auch manche ihrer Werke, wie beispielsweise der Bau von Heerstrassen, Festungen, Brücken, vornehmlich ihren Herrschaftszwecken dienten, doch auch dadurch im allgemeinen Interesse der Verkehr zwischen den Ortschaften gefördert und deren Bewohnerschaft gegen fremde Überfälle geschützt wurde.

Ferner kommt in Betracht, dass die Inkas die ihnen zwangsweise gelieferten Lebensmittel und Nutzungsgegenstände nicht nur für sich gebrauchten, sondern teilweise davon die in ihrem Dienst tätigen Arbeiter erhielten und die durch irgendwelche Naturkatastrophen geschädigten Gemeinden unterstützten.

*Tributfelder der Priesterschaften*

Ein beträchtlicher Teil der Tributfelder und der Lebensmittellieferungen wurde überdies den Priestern überwiesen, teils für deren eigenen Unterhalt, teils zu Opferzwecken und zur Bewirtung der an den religiösen Zeremonien bestimmter Feste teilnehmenden Masse.

Verkehrt ist es freilich, von einer Drittelung des ertragsfähigen Ackerbodens unter der gewöhnlichen Bevölkerung, den Inkaherrschern und den Priesterschaften zu reden. Abgesehen von seltenen Ausnahmen, nahmen die Inkas nur einen verhältnismässig kleinen Teil der den Dorfschaften gehörenden Ackerfelder als Tributland in Anspruch. Der grösste Teil ihres Ackerlandes verblieb den besiegten Dorfschaften zur Deckung ihres eigenen Bedarfs. Und von den ihnen zufallenden Äckern überwiesen die Inkas wieder einen Teil als Tempelland den Priesterschaften.

Die Grösse der für die Unterhaltung der Tempel ausgesetzten Ländereien war sehr verschiedenen Umfangs. In Gegenden, wo nur wenige Tempel und deshalb nur wenige Priester vorhanden waren, waren auch die zu ihrer Nutzung bestimmten Ländereien unbeträchtlich.

Auch von den an die Inkas als Tribut gelieferten Lamas und von verschiedenen Tierprodukten erhielten die Priesterschaften einen Teil.

*Unterstützung Notleidender*

In einzelnen Stämmen war es ferner üblich, dass die Dorf- bezw. Markgenossenschaften bestimmte Landstücke von ihrem Bodenbesitz abtrennten und die auf diesen gewonnenen Ernteerträge in besondere kleine Speicher brachten, um daraus den durch Unglücksfälle geschädigten Genossen Unterstützungen zuzuteilen. Wie so viele andere ihnen sonderbar dünkende Einrichtungen des Inkareiches haben die alten spanischen Chronisten und manche ihnen kritiklos folgenden neueren Kulturhistoriker auch diesen Brauch auf die Fürsorge der wohltätigen Inkas zurückgeführt. In Wirklichkeit war solche Aufspeicherung von Lebensmittelvorräten zur Verteilung an in Not geratene Geschlechtsgenossen in früherer Zeit auch bei vielen nordamerikanischen Indianerstämmen üblich, zum Beispiel bei den Mandanen, Minnitaries, Omahas Powhattans, Kriks (Creeks), Tschoktas (Choctaws), Tschickasas (chickasaws) usw. (Vergleiche H. Cunow, Allgemeine Wirtschaftsgeschichte I. Band. Die Wirtschaft der Natur- und Halbkulturvölker S. 182—212.

*Die Tributländereien gehören den Dorfschaften*

Charakteristisch für die Eigentumsbegriffe der peruanischen Indianer ist, dass die Tributländer, obgleich deren

Erträge den Inkas gehörten, von ihnen noch immer als ihr Eigentum betrachtet wurden. Als daher später die Inkas entthront waren und ihr Landbesitz an die Spanier überging, forderten die Indianer kurzweg ihren früheren Besitz mit der Begründung zurück, das Land gehöre ihnen, denn es sei rechtmässig seit altersher ihr Eigentum. Die Spanier erkannten natürlicherweise diese Forderung nicht an; sie erklärten vielmehr, die Tributfelder hätten den Inkas gehört, und da deren Besitzungen durch die Eroberung auf die Spanier übergegangen wären, so wären die Tributfelder rechtmässiges Eigentum der Spanier (resp. der spanischen Krone) geworden, über die sie nach ihrem Belieben verfügen könnten. Daher könne auch von der spanischen Regierung nicht verlangt werden, dass von ihr die Ernteerträge der früheren Tributfelder auf die neu erhobenen Abgaben und Steuern angerechnet würden.

Es entspann sich daraus im sechzehnten Jahrhundert ein sich lang hinziehender Streit zwischen den spanischen Beamten, Mönchen und Conquistadoren, in dem einige der Wortführer die spanische Argumentation verfochten, während andere den Indianern beipflichteten, darunter vornehmlich Polo de Ondegardo, Fernando de Santillon Diego de Ortega Morejon und Christobal de Castro sowie Domian de la Bandera. So sagt zum Beispiel der Letztere „Relacion general de la disposicion y calidad de la provincia de Guamanga, Elamtada San Juan de la Frontera y de la viviendo y costumbres de los naturales della". (Relaciones geograficas de Indias, I. Band, S. 102):

„Diese Chacaras (Dorffelder, heute in Mittelperu meist kurzweg Chacras genannt), die sie für den Inka (gemeint ist der Inkaherrscher) bebauten, das sind jene, welche heute von Spaniern und Indern Felder der Inkas genannt werden; doch gehörten sie ihnen gar nicht, sondern den Dorfschaften, die sie seit ihrer Entstehung im Besitz hatten und sie zu dem Zweck bebauten, ihren Ertrag als Tribut abzuliefern."

In gleicher Weise äussert sich Polo de Ondegardo (Report by Polo de Ondegardo, übersetzt von Clements Robert Markham, S. 157):

„Das Andere (das heisst das andere Wohlzubeachtende) ist, dass, obgleich die Maisernte und die anderen Erträge dieser Ländereien als Tribut dargebracht wurde, doch das Land selbst dem Volke gehörte. Es ist das eine klare Sache, die bisher noch immer nicht genügend begriffen ist: wenn jemand (das heisst ein spanischer Ansiedler) Land haben will, so gilt es meist schon als genügend, wenn bewiesen werden kann, dass dieses Land früher den Inkas oder der Sonne gehörte. Doch das heisst die Indianer mit grosser Ungerechtigkeit behandeln; denn in jenen früheren Tagen leisteten sie zwar Tribute, aber das Land selbst war ihr Eigentum. Nun aber, wo es für angebracht gehalten wird, sie in anderer Weise zu besteuern (Polo de Ondergardo meint die von der spanischen Regierung eingeführte Kopfsteuer), müssen sie klar ersichtlich doppelten Tribut entrichten: erstens dadurch, dass man sie dieses Landes beraubt und zweitens, dass man sie dann auch noch die Steuer in der Form, wie sie heute erhoben wird, bezahlen lässt."

Ebenso äussert sich Fernando de Santillan (Relacion del origen, descendencia politica y gobierno de los Incas, S. 47):

„Alle Felder und Liegenschaften, die es in jeder Provinz gab, und die für den Inka, die Sonne und die übrigen Genannten (das heisst die übrigen Gottheiten) bestellt wurden, waren Eigentum der Eingeborenen, in deren Provinz sie lagen... Und als der Inka starb (der letzte Inkaherrscher ist gemeint) und ihm die Herrschaft genommen war, wie das ja jetzt der Fall ist, da nahmen die, welche aus jener Zeit noch lebten, oder ihre Nachkommen, die Felder, die sie der Sonne und den Inkas hatten abtreten müssen — ein jeder kannte sie noch — wieder zurück und hielten, bearbeiteten und bebauten sie als ihr Eigentum."

Einen Erfolg hatten die Indianer mit ihren Ansprüchen auf die früheren Tributländereien natürlich nicht.

## Menschentribute

Anderer Art waren die den eroberten Stämmen von den Inkas auferlegten Menschentribute. Sowohl zu ihrer eigenen Bedienung wie zur Besetzung der niedrigen Verwaltungsposten mit geeigneten Personen gebrauchten die Inkas notwendig eine beträchtliche Zahl von einigermassen intelligenten und gefügigen Indianern, denen sie diejenigen Arbeiten übertragen konnten, für die sie sich selbst zu gut hielten. Sie zwangen daher einen Teil der unterworfenen Stämme, ihnen auf ihre Anforderung kräftige Jünglinge und Männer zu liefern, die sie anlernen liessen und dann teils als unfreie Diener in ihren Haushalten, teils als Hilfskräfte im unteren Verwaltungsdienst beschäftigten. Fernando de Santillan schildert die regelmässige Aushebung von dienenden Hilfspersonen treffend folgendermassen (Relacion del origen, descendencia, politica y gobierno de los Incas, S. 39):

„Desgleichen entnahm der Inka und benutzte für sich aus jedem Tal oder jeder Provinz „Yanaconas" (besser Yanacuna) in der Anzahl, die ihm gut dünkte, und diese Yanaconas erwälten sie (die Inkas) aus dem besten Volk, meist Söhne von Häuptlingen oder sonst kräftige, wohlgestaltete Leute. Sie machten sie als ihre Diener von den Curacas (den einheimischen Häuptlingen) unabhängig, damit diese sie nicht unter ihrer Aufsicht hatten, nur der Statthalter (d.h. der den Verwaltungsbezirk vorstehende Inka. H.C.) konnte sie in Angelegenheiten seines Dienstes beschäftigen. Manche nahm auch der Inka nach Cuzco und hielt sie dort in seinem Dienst."

Man nannte diese aus den Dorf- und Markgenossenschaften ausgehobenen Unfreien „Yanauna", das heisst „Schwarze", ein Name, den sie nicht deswegen führten, weil man sie als minderwertig oder als schmutzig betrachtete, sondern weil sie ursprünglich aus der Yanamarca (Schwarze Mark), einer Mark des Quichuastammes ausgehoben wurden. Zuerst soll nämlich der Inkaherrscher Tupac Inca Yupanqui zu dieser Massnahme gegriffen haben, um die Yanamarca dafür zu bestrafen, dass sie einen gegen ihn geplanten Aufstand unterstützt hatten. Ob diese Erzählung mehr als eine blosse Mythe ist, lässt sich schwer sagen. In den alten geschichtlichen Überlieferungen wird nirgends von diesem Aufstand der Yanacuna gesprochen. Im Gegenteil war der Quichuastamm einer der ersten, die gegen die Bedrückung durch die mächtigen Chancas Anschluss an die Inkas suchten.

Von den spanischen Historikern sind vielfach die Yanacuna als willenlose Sklaven oder Halbsklaven geschildert worden. Das ist übertrieben. Frei waren freilich die Yanacuna nicht, sie standen vielmehr in einem strengen Dienstverhältnis zu ihren Herren, hatten es aber, was ihre Lebenshaltung betrifft, meist besser, als die übrige unterworfene Bevölkerung, besonders, wenn sie es verstanden, sich das Vertrauen und Wohlwollen der Inkas zu erwerben.

*Die Acllauna*

Weit schwerer zu ertragen waren die von den Inkas rücksichtslos erzwungene Ablieferung junger Mädchen. In jedem grösseren Verwaltungsdistrikt war ein dem Tucricuc unterstellter Inkabeamter, Apu-panaca (Oberherr der Schwesternschaft) genannt, stationiert, dessen spezielle Aufgabe es war, unter den jungen Mädchen die hübschesten, körperlich fehlerfreien auszusuchen und sie durch den Tucricus für die Inkas in Beschlag zu nehmen. Teils wurden sie nach Cuzco und anderen grossen Tempelorten geschickt, um dort dem Huiracocha und den Haupt-Huacas der Inkas, der Sonne, dem Mond, dem Blitz und den Huanacauri an den hohen Festen geopfert zu werden, teils um den „Häusern der Auserwählten (Aclla-huasi) einverleibt zu werden, wo sie unter der Obhut von Mamacuna (Matronen) für den Tempeldienst erzogen wurden.

Ferner teilten die regierenden Inkas oft ihren Günstlingen aus der Reihe dieser Tempelmädchen Kebsweiber und Sipas (Beischläferinnen) zu.

Unter ihnen standen als Helferinnen beim Reinigen und Ausschmücken der Tempel die Yana-Acllas, die „dienenden Auserwählten".

Als vornehmste Gruppe galten die Yurac Acllacuna, die „weissen Auserwählten", so genannt, weil sie an hohen Festen in weissen Gewändern erschienen. Sie hatten sämtlich das Keuschheitsgelübde abgelegt und wurden, falls sie dieses verletzten, mit dem Tode bestraft, Ihre Tätigkeit bestand darin, feine Gewebe und Stickereien für die Tempel anzufertigen, besonders aber für die höheren Priester die Fastenspeise herzustellen und aus gekochtem Mais Sancu-Fladen zu bereiten, der mit dem Blut der geopferten Lamas besprizt und in kleine Stücke geteilt, und an bestimmten Festen gemeinsam von den Priestern und Gläubigen als Zeichen ihrer leiblichen Zusammengehörigkeit verzehrt wurde.

Wie verschiedene der alten spanischen Autoren, vor allem Polo de Ondegardo (Report, S. 166) und Baltasar de Soria (Relacion del curato de Totos y sus aneyos. Relaciones geograficas, de Indias, I. Band, S. 149) berichten, sollen die Eltern, welche sich der Wegführung ihrer Töchter widersetzten, häufig mit grösster Rücksichtslosigkeit behandelt worden sein. Ob eine Familie den Frauenhäusern der Inkas bereits eine oder mehrere Töchter geliefert hatte, hielt den Apu-panaca, wenn ihm ein junges Mädchen gefiel, nicht davon ab, auch dieses als „Aclla (Erwählte) zu verlangen.

SECHSTES KAPITEL

## DIE GESCHLECHTERVERFASSUNG DER PERUANISCHEN INDIANER ZU INKAZEIT

Vergleich der peruanischen Stammeseinteilung mit der altrömischen. — Die Geschlechter der Inkas. — Ansiedelungsformen der Indianer. — Geschlechtsquartiere der Yunkas. — Totenbestattungen. — Die Geschlechtsgenossenschaft als Blutsverband. — Schwesterheiraten der Inkas. — Sarmientos Bericht über die Totenverehrung der Inkas.

*Vergleich der peruanischen Stammeseinteilung mit der altrömischen*

Grundlage des gesellschaftlichen Lebens der peruanischen Bevölkerung war ihre der altrömischen Gentilverfassung gleichende Geschlechts- und Familienorganisation. Wie die römische Tribus in zehn Kurien und diese wieder in zehn Gentes (oder Centurien) geteilt war, so war auch der peruanische Stamm, der Runaruna[1]) in zehn Gross-

---

[1]) Um zu zeigen, wie in der Khetschuasprache durch Anhängung von bestimmten Partikeln und Suffigen der Sinn eines Wortes verändert wird, möchte ich das obige Wort Runaruna etwas näher erläutern. Runa bedeutet Mann und zugleich Mensch. Die Verdoppelung des Wortes bezeichnet eine Vervielfältigung, also eine Mehrheit von Menschen, doch darf das Wort Runaruna nicht gebraucht werden, wenn eine ganz unbestimmte Menge oder nur eine kleine Anzahl von Menschen gemeint ist. Es besagt nämlich erstens, dass eine grössere Zahl von Menschen, nicht nur drei, vier, fünf gemeint ist, und zweitens, dass sie eine in sich abgeschlossene, einheitliche, zusammengehörende Gruppe bilden: ein Volk einen Stamm, eine Ortsgemeinde etc. Zur Zeit der letzten Inkaherrschaft wurde das Wort Runaruna vornehmlich für den meist 50 000 bis 70 000 Personen umfassenden Volksstamm gebraucht.

Einen ganz anderen Sinn erhält das Wort Runa, wenn ihm die Partikel cuna angehängt wird. Es bezeichnet dann einen Haufen Menschen, die

geschlechter und jedes dieser Grossgeschlechter wieder in zehn Untergeschlechter geteilt. Genannt wurde das Grossgeschlecht im mittleren und nördlichen Peru Hatun-Ayllu (Hatun = gross, ausgedehnt, Ayllu = Geschlecht), in der Colla = oder Aymara-Sprache Süd-Perus kurzweg Hatha, ohne nähere Unterscheidung zwischen grossen und kleinen Hathas; denn da vor dieses Wort gewöhnlich zur näheren Bezeichnung der Eigenname des betreffenden Geschlechts gesetzt wurde, war für die Kenner der Bevölkerungsverhältnisse eine solche Unterscheidung überflüssig.

Die etymologische Bedeutung des alten Wortes Ayllu vermag ich nicht anzugeben; von den spanischen Chronisten und Mönchen ist es meist mit familia, parentesco (Verwandtschaft), casta (Kaste) genero (Gattung), parcialidad (Volksteil) übersetzt worden. Dagegen ist der Sinn des Wortes Hatha völlig klar. Es wird so in der Aymara-Sprache der Samen genannt, der von manchen Bäumen abfällt und aus dem neue Pflanzen entstehen.

Schon die alten in Peru eingewanderten Spanischen

---

nicht miteinander verbunden sind und sich nur zufällig irgendwo zusammengefunden haben; entspricht also unserem Wort der Menschenhaufen, die Menschengruppe. Daneben wird für eine solche Gruppe einzelner Individuen das Wort Renupun gebraucht, aber nur, wenn die Gruppe nur wenige Personen, vielleicht drei, vier, fünf, umfasst. Ebenso kann das Wort Runa mit der Partikel ntin verbunden werden. In solchem Fall bezeichnet es einige Personen, die natürlicherweise eng zusammengehören, zum Beispiel Mitglieder derselben Familie, Hausgenossenschaft, Arbeitsgemeinschaft oder Bruderschaft sind. Manchmal wird auch die Partikel ntin mit pura verbunden, in welchem Fall dem Wort Runa zuerst pura, dann ntin folgt. Das dadurch entstehende Wort Runapurantin bezeichnet eine kleine Gruppe von Zusammengehörigen, die miteinander leben.

Noch einige andere derartige Wortbildungen sind, da sie in die Begriffswelt der Indianer hineinleuchten, recht interessant. So zum Beispiel das Wort Runa-cay, eigentlich „der daseiende Mensch", das die Bedeutung von „die lebende Menschheit" hat, ferner Hamuc-runa, eigentlich „der kommende Mensch", gebraucht im Sinne von „die kommende Menschheit", „die heranwachsende Generation".

Das Vorstehende Beispiel zeige, wie schwer es oft ist, den Sinn von Khetschuaausdrücken ohne längere Erläuterungen genau durch deutsche, französische oder spanische Wörter wiederzugeben.

Geistlichen haben zum Teil den verwandtschaftlichen Charakter der alten Ayllus bezw. Hathas und ihre Ähnlichkeit mit den römischen Gentes, Centurien und Kurien erkannt. So schreibt zum Beispiel der Dominikanerpater Domingo de Sancto Thomas, der Verfasser der ältesten Grammatik der Khetschuasprache (1560 in Valladolid erschienen[1]):

„Est ist wohl zu beachten, dass sie (die Indianer), ebenso wie die Latiner und Spanier, Namen haben, die man Patronimica nennt, das heisst solche, welche von den Grossvätern, Vätern und Brüdern auf die Söhne und weiteren Nachkommen oder von den Ländern auf die in diesen Ansässigen übertragen werden, wie zum Beispiel Scipionen von Scipio, Catonen von Cato, Römer von Rom, Mendozas, Cuzmans, Andalusier usw.

So auch gibt es in der Sprache der Indianer viele Geschlechternamen verschiedener Art; denn wenn sich einst unter ihnen ein Oberherr besonders hervorgetan hat, nehmen seine Söhne und nicht nur diese, sondern seine sämtlichen Nachkommen, seinen Namen an. Hierdurch sind zwischen ihnen jene Geschlechter entstanden, welche sie Ayllu und Pachaua (Hundertschaft) nennen......

Das hervorragendste ihrer Geschlechter (gemeint sind die Inka-Geschlechter) nennen sie Capac Ayllu, ein anderes Yañaca-panaca-Ayllu, noch ein anderes Cuzco-panaca-Ayllu usw. In Cuzco gibt es noch zwei andere Hauptgeschlechter (Linages principales) dieser Art; das eine wird Maras-Ayllu genannt und leitet sich von einem Mann namens Maras-toco her; das andere wird Xutic-Ayllu, (richtiger Sutic, mit scharfem S;H.C.) genannt nach einem Vorfahren namens Xutic-toco. Sie nannten sich beide deshalb mit dem Beinamen „Toco", das heisst Fensterloch, weil die Bewohner Cuzcos glaubten, dass beide aus zwei Höhlen hervorgekommen seien, die sich bei dem Dorfe Pacari-Tambo befinden. Zuerst ist dort, wie man erzählt, der Mango Ynga (gemeint ist Manco Capac H.C.) herausgekommen und darauf zu seiner Bedienung die anderen Genannten. Deshalb nahmen, wie es mir scheint, die beiden Indianer von der Höhle, aus der sie hervorgegangen, den Beinamen Toco an und von ihnen übernahmen ihn dann

---

[1] (Domingo de Sancto Thomas: „Grammatcia o Arte de la Langua general de los Indios de los Reynos del Peru". S. 56).

wieder ihre Nachkommen und jene des Mango Ynga.

Derartige Geschlechter, die man Ayllus nennt und deren Namen von ihren Urvätern hergenommen sind, gibt es auch in den übrigen Provinzen Perus, wie jeder weiss, der Land und Leute kennt."

*Die Geschlechter der Inkas*

Der Charakter der Ayllu ist hier im Ganzen recht gut gezeichnet, wenn auch dem Dominikanerpater einige Irrtümer unterlaufen sind. Die Vorfahren der Maras-Ayllu und der Sutic-Ayllu hiessen nicht Marastoco und Sutictoco, sondern nur Maras und Sutic; Marastoco und Sutictoco waren lediglich Benennungen für die Öffnungen der Höhe bei Paccaszic-Tampu, aus der die beiden Urväter Maras und Sutic nach der Sage hervorgekommen sind. Es hatte demnach übereinstimmend mit der obigen Angabe des gelehrten Dominikaners, Cuzco anfangs vier Haupt- oder Grossgeschlechter, die im Ganzen siebzehn Untergeschlechter (gewöhnliche Ayllus) umfassten. Bald splitterten sich aber von diesen einige weitere Geschlechter ab, so dass unter dem letzten Inkaherrscher sich die Gesamtzahl der in Cuzco sitzenden Inka-Ayllus auf zwanzig belief.

Die vier Haupt- oder Grossgeschlechter hiessen: Capac-Ayllus, Maras-Ayllu, Sutic-Ayllu, Tumi-Tampu-Ayllu (genauer Tumi-Tampu-Quirau-Ayllu.

Auch der Curaca (Häuptling) Joan de Santacruz Pachacutic Yamqui Salcamayhua erzählt in seiner 1612 geschriebenen „Relacion de antigüedades del Reyno de Piru, S. 244 (enthalten in den 1879 vom spanischen Unterrichtsministerium herausgegebenen Tres Relaciones de antigüedades peruanas), Manco Capac hätte zur Erinnerung an seinen Ursprung ein Mauerwerk mit drei Fenstern (Lichtlöchern) errichten lassen, welches das Haus seiner Väter versinnbildlichen sollte. Das erste Fenster sei Tampotoco, das zweite Marastoco, das dritte Sutictoco genannt worden.

Neben den Bezeichnungen Ayllu und Hatha führten die

peruanischen Geschlechter, da sie, wie bereits erwähnt wurde, zugleich Heeresabteilungen waren, auch auf ihre Mannschaftsstärke bezügliche Benennungen. Wie in manchen peruanischen Stämmen wurde nämlich die Hatun Ayllu auch Huaranca (Huaranga) Tausendschaft) genannt, die gewönliche Ayllu Pacha und Pachaca (Hundertschaft), und zwar wurden diese Benennungen als völlig gleichbedeutend nebeneinander gebraucht. Dasselbe Geschlecht, das eben als Ayllu bezeichnet wurde, wird oft gleich darauf Pachaca genannt. Und ebenso wurden auch oft die Ayllu-Vorsteher ohne Unterschied Ayllucamayoc (Ayllu-Amtsinhaber) und Pachaccuraca (Hundertschaftshäuptling) genannt. Für die Indianer waren eben die Ayllus und die Hundertschaften gleiche Körperschaften.

Die peruanische Ayllu hat jedoch nicht nur als soziale Organisationsform ihre kulturgeschichtliche Bedeutung, sondern sie ist auch, verglichen mit dem altrömischen und germanischen Geschlechtsverbänden vorzüglich geeignet, uns über die Entstehung und Entwicklung verschiedener Wirtschaftseinrichtungen vorgeschichtlicher Zeit, besonders über die Agrarverhältnisse der altgermanischen Mark und das Bodeneigentum primitiver Ackerbauvölker aufzuklären, stösst man doch bei einem Vergleich der peruanischen und altrömischen Gentilinstitution immer wieder auf gleiche und ähnliche Einrichtungen, Gebräuche und Anschauungen, nur stehen die peruanischen Einrichtungen durchweg auf einer etwas niedrigen Stufe der Entwicklung als die römischen. Sie zeigen uns gewissermassen, was den römischen Gentilinstitutionen der ersten römischen Königszeit vorauf gegangen ist.

So finden wir, dass die peruanischen Indianer ebenso wie die Alt-Römer ihren besonderen Geschlechtsnamen hatten, der in männlicher Linie vom Vater auf den Sohn übertragen wurde; dass ferner jedes Geschlecht seinen eigenen Wohnsitz, seine gemeinsammen Ackerfelder sowie seine besonderen Geschlechtsgottheiten und religiösen Feiern (seine sacra gentilicia) hatte. Auch das Verbot, in die eigene Gens zu heiraten, das heisst ein Weib aus seinem eigenen Geschlechtsverband zu nehmen, finden wir im Inkareich wieder.

*Ansiedlungsformen der Indianer*

Selbstverständlich waren infolge der Verschiedenheit der klimatischen Verhältnisse, der Bodengestaltung und des Wirtschaftsbetriebes die Ansiedlungsweise und Hausanlagen in den einzelnen Landesteilen Perus verschiedener Art. In den warmen Niederungen zwischen den Höhenzügen der Anden und in den Flusstälern an der Küste hatten sich meist mehrere Geschlechterverbände nebeneinander niedergelassen, auf den Hochflächen hingegen hatte, soweit sie überhaupt zum Anbau geeignet waren, gewöhnlich jede Ayllu sich in einem besonderen Dorf angesiedelt. Die Ayllu und die Dorfschaft waren dort also miteinander identisch. Und auf den kalten Höhen, wo der Bodenanbau nur wenig Nahrung liefert und dafür Rücksicht auf die Lamazucht genommen werden musste, umfasste durchweg eine Ayllu mehrere kleine, oft weit voneinander entfernte Dörfchen und Familiengehöfte. Wenn aber auch in einer stadtartigen Ansiedelung mehrere verwandte Geschlechter sich nebeneinander niedergelassen hatten, so hatte doch jedes Geschlecht sein besonderes in sich abgeschlossenes Quartier, das im mittleren Peru und ebenso an der Nordküste meist Cancha genannt wurde: ein Wort, das von den Missionaren und Sprachkennern mit patio, cerrado (eingeschlossener Hof), barrio (Stadtviertel) und corral (Kraal, Hofraum) übersetzt worden ist.

Meist finden wir dieses Wort Cancha mit einem Geschlechtsnamen oder einem Tiernamen (dem Namen eines Wappen- oder Totemtieres) verbunden. Daher die Häufigkeit solcher Geschlechtsquartierbenennungen wie Amaru-Cancha, Kuntur-Cancha, Puma-Cancha, Alco-Cancha usw. Den spanischen Chronisten, die den Totemismus der Eingeborenen nicht verstanden, kamen diese Namen höchst sonderbar vor. Warum hiess denn das eine Quartier Schlangenquartier, das andere Kondor-Quartier, das dritte Falken-Quartier? Da sie sich das durchaus nicht zu erklären vermochten, versichern sie uns in ihren Berichten, die Indianer hätten zu ihrer Belustigung in ihren Wohnsitzen wilde Tiere gehalten.

Im Innern Perus bestand ein solches Geschlechts-quartier gewöhnlich aus einem grossen von einstöckigen Häusern umgebenen viereckigen Hofraum, zu dem von der Gasse oder Strasse her ein grosser Torweg führte. Von diesem Hof aus, der häufig einen Brunnen oder ein Wasserbecken enthielt, führten schmale Eingänge in das Innere der Gebäude, die selten nach der Strasse zu Türen und Fenster (richtiger Lichtlöcher) hatten. Wollte jemand auf die Strasse hinaus, musste er also zuerst durch mehrere Gemächer auf den Hof und dann von dort durch den einzigen Torweg auf die Strasse gehen. Die Häuserwände nach der Strassenseite bestanden demnach lediglich aus grossen schmucklosen Mauerflächen. Nur am Toreingang war hin und wieder eine rohe Verzierung angebracht, eine aus einem Stein heraus gehauene Tiergestalt oder dergleichen.

*Geschlechtsquartiere der Yunkas*

Ähnlicher Art waren die Geschlechtsquartiere der Yunkastämme (mit Yuncas bezeichneten die Khetschua-Indianer die Bewohner des warmen Tieflandes, namentlich der peruanischen Küstengegenden). Auch ihre Geschlechterquartiere bestanden meist aus einem grossen viereckigen, von sehr dicken und hohen Mauern umgebenen Gebäudekomplex mit nur einem nach aussen führenden Torweg. Diesem gegenüber lag — wie die Ruinen bei Trujillo deutlich zeigen — gewöhnlich im Innern des Vierecks ein an drei Seiten etwas erhöhter Platz, die Huaca-Pata, das heisst Geschlechtsgott-Terrasse, daneben der Huaca-Tempel. Ausserdem befand sich gewöhnlich in einer Ecke des Vierecks ein Wasserbassin und in einer anderen Ecke ein Grabhügel mit ausgemauerten Grabkammern zur Bestattung gestorbener Geschlechtsmitglieder. Freilich lag nicht immer der Grabhügel innerhalb der Mauern; manchmal — wohl wenn der Raum innerhalb des Vierecks zu eng geworden war und nicht ausreichte — wurde der Grabhügel ausserhalb der Mauer in dem zum Geschlechtsquartier gehörenden Landbezirk errichtet.

Sehr gut hat E. George Squier ein solches bei Trujillo gelegenes Geschlechtsquartier der Chimus beschrieben (Incidents of travels and explorations in the land of the Incas, S. 158):

„Gleich den anderen ist auch dieses ein grosses Parallelogramm, eingefasst, von starken, gegen Feldartillerie widerstandsfähigen Doppelmauern. Einige derselben bestehen aus Mamposteria, andere aus Luftziegeln, gewöhnlich mit der Rückseite fest gegeneinander gebaut.

Dieses Geschlechtsquartier hat ebenfalls seine terrassenförmigen Plätze und Häusercarrés, aber es enthält ausnahmsweise kein Wasserreservoir, doch befindet sich ein solches eben ausserhalb der Mauer zur Rechten.

In seiner südöstlichen Ecke enthält das Carré eine dem „Presidion" im ersten Palast ähnliche Einhegung mit einem Grabhügel, bekannt unter dem Namen „Der Huaca von Miha". Er ist sehr verschieden von dem im Presidio. Ursprünglich war er vielleicht fünfzig bis sechzig Fuss hoch, aber jetzt, nachdem er nach allen Richtungen hin durchwühlt worden ist, ist es nur noch eine formlose Masse; trotzdem sind die inneren Gänge und die oft sehr ausgedehnten Grabkammern noch zu erkennen. Riviro berichtet, dass dieselben mit behauenen Steinen ausgefüttert waren; ich fand aber dafür keine genügenden Beweise.

Ich besichtigte noch mehrere andere grosse Quartiere: sie waren den beschriebenen ähnlich und können mit gleichem Recht Paläste genannt werden. Richtiger ist jedenfalls, sie als Sektionen, Barrios oder Stadtviertel zu bezeichnen, von denen jedes seine besonderen aus sozialen Gründen oder für Verwaltungszwecke in sich abgeschlossene Bevölkerung hatte.

Wahrscheinlich wird man denken, dass diese Isolierung sich

auch herstellen liess, ohne dass man die Quartiere durch hohe und massive Mauern einfasste, nicht minder stark und mächtig als jene, welche die ganze Stadt an der Landseite umgaben; aber jedes Quartier kann dazu ausersehen gewesen sein, selbständig eine Festung oder eine Zitadelle zu bilden."

Manche dieser Geschlechterquartiere waren wieder in eine Anzahl kleinere ebenfalls einen Hof umschliessende Gebäudekomplexe, in sogenannte Sub-Squares, geteilt, allem Anschein nach einst die Wohnsitze der zu dem betreffenden Geschlecht gehörenden Zehnschaften, die in diesen Gegenden vielfach zugleich Haus- oder richtiger Hofgenossenschaften waren.

*Totenbestattungen*

Während die Küstenstämme Perus ihre Toten in grossen Grabhügeln beisetzten, errichteten die Südstämme Perus für die Bestattung ihrer Toten Grabtürme, sogenannte Chulpas. Hin und wieder wurde für einen gestorben Familienvater ein besonderer aus Luftziegeln oder behauenen Kalksteinen bestehender Turm erbaut; die in vielen Chulpas gefundene Menge von Skeletten und Schädeln beweist jedoch, dass dort meist mehrere Ayllugenossen beisammen im selben Grabturm zur Ruhe bestattet worden sind. Es sollten jene, die sich im Leben nahe gestanden hatten, auch im Tode miteinander vereint bleiben.

Recht anschaulich hat der Bischof Bartolomé de las Casas (De las antiquas gentes del Peru, Band 21 der Coleccion de libros espandoles raros o curiosos, S. 124) die alte Totenbestattung in Südperu geschildert.

„Sie haben," erzählt er, „dort in der Sierra andere Gräber und Beerdigungsarten. In einigen dieser Provinzen haben sie Begräbnistürme, die unten, bis zur Höhe eines Stockwerkes, fest aus Erde und Steinen erbaut und weiss angestrichen sind. An manchen Orten sind diese Türme rund, an anderen viereckig. Sie stehen ziemlich dicht beisammen. Manche Bevölkerungen bauen diese Chulpas auch auf Bodenerhöhungen auf. Häufig befinden sie sich eine halbe spanische Meile oder mehr von den Wohnorten entfernt, so dass sie wie eigenartige, volkreiche Dörfer aussehen. Jedermann hat Teil am Grabmal seiner Vorfahren und Familie. Die Toten werden in Lamafelle eingewickelt, auf denen man aussen die Nase und Augen angibt, in Stoffe gekleidet und in sitzender Stellung beigesetzt. Die Türen der Grabmäler, die immer nach Osten liegen, werden darauf mit Lehm und Steinen zugemauert, aber nach einem Jahr, wenn der Leichnam trocken geworden ist, wieder geöffnet.

In anderen Gegenden werden die Leichen, nachdem sie auf die oben beschriebene Weise eingewickelt und eingebündelt worden sind, in ihrem eigenen Hause der Reihe nach an den Wänden aufgestellt, während man anderswo sie ruhig in derselben Wohnung zurückbehält, in der die Überlebenden essen und schlafen. Man spürt keinen schlechten Geruch, weil die Felle, in welche die Leichname eingehüllt werden, ringsum dicht zugenäht sind und die Kälte bald die Leichname zu Mumien eintrocknet.

Die Häuptlinge und Grossen richten auch manchmal das Hauptzimmer ihres Hauses als Totengemach ein und bringen dahin ihre gestorbenen Angehörigen, die sie mit den Tongefässen, Kleidern, Schmucksachen, Federverzierungen und sonstigen Zierraten umgeben, welche sie im Leben besassen und benutzten."

*Die Geschlechtsgenossenschaft als Blutsverband*

Die sämtlichen Mitglieder einer Ayllu umschloss demnach selbst noch im Tode ein festes Verwandtschafts- und Freundschaftsband. Sie betrachteten sich als Blutsgenossen und nannten daher ihre Ayllu auch Yahuarmasintin (Blutsgenossenschaft), waren doch nach ihrer Ansicht alle Männer eines Geschlechts Abkömmlinge desselben Urelternpaares, und standen als solche unter der Obhut desselben Geschlechtsgottes, des Huaca, ein Wort, das treffend in den Ahnenglauben der Indianer hineinleuchtet. Es ist nämlich, wie schon angedeutet, wurde, zusammengesetzt aus dem alten, in der neueren Khetschuasprache nur noch in wenigen

Wortverbindungen üblichen Fürwort hua — „ich" und der Partikel ca — „von herrührend", „von herkommend". Es bedeutet also im Munde eines Sprechenden „ich von her", das heisst, der, von dem ich herkomme. Manche oberflächliche Kenner der Khetschuasprache haben huaca zwar kurzweg, da sie den Ahnenkultus der Indianer nicht begriffen, mit heilig und verehrt übersetzt; aber eine grosse Zahl der Zusammensetzungen der Silbe „hua" mit anderen Wörtern bleibt dann völlig unerklärlich und ergibt zum Teil baren Unsinn.

Da die männlichen und weiblichen Mitglieder einer Ayllu als blutsverwandt galten, war ihnen jeder geschlechtliche Verkehr miteinander verwehrt. Wohl konnte ein Mann, wenn sein Bruder starb, dessen Witwe heiraten, denn sie gehörte nach der Abstammung stets einem anderen Geschlecht an, als dem ihres Gatten und folglich auch als dem seines Bruders; aber ein Weib zu nehmen, das durch seine Abstammung zur selben Ayllu gehörte, wie er selbst, war schwere Blutschande und daher streng verpönt, — strenger noch als im alten Rom, wo unter bestimmten Umständen immerhin Ausnahmen von der Regel gestattet waren, zum Beispiel, wenn durch eine Heirat innerhalb der gleichen Gens dieser das Vermögen einer reichen Erbin erhalten blieb.

*Schwesterheiraten der Inkas*

Von den spanischen Chronisten und Mönchen wird uns zwar berichtet, ihnen sei von den Indianern versichert worden, dass der regierende Inka stets seine Schwester geheiratet habe und solche Verbindung als legitim angesehen worden sei, weshalb auch nur dann, wenn die Frau des Inkas zugleich seine Schwester war, sie zur Führung des Titels „Coya" (hochedle Herrin) berechtigt gewesen sei.

Tatsächlich scheint es in Peru aus Gründen der Reinerhaltung des Bluts der Capac-Ayllu (der Gens der Inkaherrscher) für nützlich befunden zu sein, dass der Inkaherrscher eine seiner Schwestern heirate. Jedenfalls haben mehrere der regierenden Inkas nach der Aussage der Indianer sich eine ihrer Schwestern zum legitimen Weib erwählt. Aber andere haben sich, wie feststeht, recht wenig um diesen Brauch gekümmert. Schon der legitime Sohn Manco Capacs, der zweite Inkaherrscher, Sinchi Rocca, verheiratete seinen Sohn Lloque Yupanqui mit einer Fremden, einer Tochter des Häuptlings von Saña, obgleich diese nicht einmal zum Inkastamm gehörte. Und ebenso haben sich (siehe die Beispiele im zweiten Kapitel dieses Buches) verschiedene seiner späteren Nachfolger Weiber aus fremden Stämmen und Gentes als legitime Gattinnen erkoren, bis auf den vielgepriesenen Inka Huayna-Capac, der eine Tochter des von ihm besiegten Oberhäuptlings von Quito zum Weibe nahm und ohne Rücksicht auf die alten Erbfolgesatzungen seinen mit dieser Gattin gezeugten Sohn Atahuallpa zum Thronerben des Reiches Quito bestimmte.

Selbst wenn auch einige Inkaherrscher Schwestern geheiratet haben, kann diese Sitte nicht für die Masse der Indianer gegolten haben; denn das klassifizierende Verwandtschaftssystem der Khetschuastämme, das in vielen seiner Verwandtschaftsbeziehungen dem System der indischen Drawidas, vor allem der Tamulen, gleicht, beruht auf dem Hinüber- und Herüberheiraten zwischen zwei den geschlechtlichen Verkehr innerhalb ihrer Blutsverwandtschaftskreise ausschliessenden Gentes[1]).

In Wirklichkeit besagen demnach die Erzählungen der Indianer nur, es sei bei den Inkas Brauch ihrer Herrscher gewesen, sich ihre legitimen Gattinnen unter den Frauen ihrer eigenen Ayllu auszuwählen.

Auch der Ahnenkult der peruanischen Indianer hing eng

---

[1]) Im nächsten Kapitel werde ich das Verwandtschaftssystem der Indianer Mittelperus näher erläutern.

mit ihrer Geschlechterverfassung zusammen. Jede Ayllu hatte ihren Huaca (Geschlechtsgott), der nach alter Überlieferung einst in grauer Urzeit die ersten Vorfahren ihres Geschlechts erzeugt hatte und dadurch zu dessen Gründer und Beschützer geworden war. Zu gewissen Zeiten wurden ihm zu Ehren feierliche Umzüge mit Tänzen und Opferungen veranstaltet und er als Urvater seines Geschlechts um seinen Schutz angerufen.

*Sarmientos Bericht über die Totenverehrung der Inkas*

Neben den geschilderten grossen Geschlechts- und Familienverbänden hatten die Inkas — nicht die von ihnen eroberten fremden Stämme — noch eine Anzahl kleinerer Verwandtschaftsverbände, die, obgleich sie wesentlich anderer Art waren als die den römischen Gentes gleichenden Geschlechtsgenossenschaften, ebenfalls von den Chronisten in ihren Berichten Ayllus genannt werden.

Wie sie entstanden sind und welche Verwandtschaftskreise sie umfassten, ist leider nicht mit voller Deutlichkeit zu ersehen, da die alten Chronisten anscheinend selbst nicht verstanden, was sie schildern wollten. Am genauesten von allen ist der Bericht, den uns Pedro Sarmiento de Gamboa im 14. Kapitel seiner Geschichte der Inkas überliefert hat, doch lässt auch dieser, was Genauigkeit betrifft, vieles zu wünschen übrig.

Es heisst dort:

„Von Manco Capac stammen die vorhin genannten 10 Ayllu ab. Von jener Zeit an begann auch das Idol Huauquis verehrt zu werden (richtiger Huauquay oder Huauke Bruder, brüderlicher Gefährte. So nannte man die persönlichen Schutzgeister, die sich die Inkas erwählten H.C.). Dieses Idol war ein Götze oder Dämon, der von jedem Inka selbst als sein Begleiter erwählt wurde und ihm auf sein Befragen als Orakel Antwort gab. Manco Capacs Idol bestand wie schon erwähnt wurde, aus dem Vogel Indi (richtiger Inti, das heisst „die Sonne").

Der Vogel repräsentierte nämlich als Schutzgeist den Sonnengott.

Manco Capac ordnete zur Erhaltung seines Gedächtnisses folgendes an: Der älteste Sohn von seiner legitimen Frau, die zugleich seine Schwester war, hatte die Herrschaft zu übernehmen, während der zweite Sohn, wenn ein solcher da sein werde, die Verpflichtung haben sollte, das Interesse der übrigen Kinder und Nachkommen wahrzunehmen. Dafür sollten sie ihn als ihr Haupt betrachten und ihn in ihren Nöten in Anspruch nehmen. Zur Erfüllung dieser Aufgaben setzte er (Manco Capac) Landbesitz aus. Derartige Verbände oder Verwandtschaften wurden auch Ayllu genannt. Sollte aber kein zweiter Sohn da sein oder er als unfähig gelten, so sollte der nächste und fähigste Verwandte das Amt übernehmen.

Damit aber seine Nachfolger sähen, was er meine, schuf Manco Capac gleich die erste Ayllu und nannte sie Chima Panaca Ayllu, das heisst „die Ayllu, die von Chima Panaca herstammt", deshalb so genannt, weil der Erste, dem er seine Ayllu überliess, den Namen Chima führte, und das Wort Panaca so viel wie Nachfolger bedeutet. Dabei muss festgehalten werden, dass die Mitglieder dieser Ayllu immer nur die Statue des Manco Capac und nicht auch jene der anderen Inkas verehren während die Ayllus der anderen Inkas sowohl ihre als auch die anderen Statuen verehrten.

Es ist nicht bekannt, was mit den toten Körpern gemacht wurde; denn sie beachteten nur die Statuen. Sie nahmen diese mit in den Krieg, da sie glaubten, das sichere ihnen den Sieg. Auch brachten sie diese nach dem heiligen Berge bei Cuzco, wo der Haupthuaca Huanacauri seinen Sitz hatte, wenn sie dort das Huarachicos-Fest (das Fest der Aufnahme der Inkajünglinge in die Kriegerschar H.C.) feierten.

Ferner nahm Huayna Capac solche Statue mit, als er nach Quito und gegen die Ciyambis zog. Später wurde sie mit den toten Kriegern dieser Inkas nach Cuzco zurückgebracht. Noch gibt es in Cuzco Nachkömmlinge dieser Ayllu, die das Andenken an Manco Capac hochhalten. Das Haupt dieser Ayllu ist zur Zeit Don Diego Shaco und Don Juan Huarhua Chima."

Dass dieser Bericht genau ist, wird niemand behaupten wollen. Wir erfahren weder, in welchem Verwandtschaftsverhältnis die Mitglieder einer solchen Ayllu zu ihrem

Gründer, dem verstorbenen Inkaherrscher gestanden haben, noch wie hoch sich ungefähr die Zahl der in solchem Bund vereinigten Personen belief, wo und welche Teile der Nachkommenschaft sich zu den Totenfeiern zusammenfanden und welche Zeremonien vorgenommen wurden. Zudem sind verschiedene Angaben Sarmientos entschieden unrichtig. Er lässt die in diesen Ayllus vereinigten Nachkommen der gestorbenen Inkaregenten von dem zweiten Sohn eines Inkaherrschers abstammen und übersetzt das Wort Panaca mit Nachfolger und Nachkomme. Das ist völlig verkehrt. Das Wort Panaca, das in den meisten Namen dieser Nachkommenschaften vorkommt, ist eine Zusammensetzung aus dem Substantiv Pona, der Verwandtschaftsbezeichnung eines Bruders für seine Schwester, und der Partikel ca „von her", „von herkommend". Der Aylluname Chima Panaca bedeutet demnach" die Ayllu, die von der Schwester des Chima herkommt", wie auch der Aylluname Usca Mayta Panaca Ayllu nichts anderes bedeutet als „die Ayllu, die von der Schwester des Usca Mayta abstammt". Die Söhne, die von seiner Pana abstammten, galten aber niemals einem Inka als Söhne, sondern als Neffen. Was Sarmiento von dem zweiten Sohn der Inkaherrscher als Gründer der Ayllu erzählt, ist daher unrichtig. Er scheint, wie in einigen anderen Berichten, auch in diesem Fall die Verwandtschaftsbegriffe der Inkas durcheinander geworfen zu haben.

Eine Bedeutung für das öffentliche Leben Perus hatten übrigens diese von den Inkas gestifteten Ayllus nicht, da sie keine wichtigen Funktionen irgend welcher Art zu verrichten, sondern lediglich dafür zu sorgen hatten, dass der Privatbesitz der früheren Inkaherrscher erhalten blieb und ihnen zu Ehren die üblichen Toten- und Gedächtnisfeiern veranstaltet wurden.

SIEBENTES KAPITEL

FAMILIEN- UND EHELEBEN IM INKAREICH

Familiensippen und Hausgenossenschaften. — Unterscheidung von sechs Lebensstufen. — Zusammenarbeit der Familienmitglieder. — Verlobung und Eheschliessung. — Stellung der Frau in der Ehe. — Verpflichtung der Frau zur ehelichen Treue. — Witwenschaft und Leviratsehe. — Sodemiterei und homosexueller Verkehr. — Das peruanische klassifizierende Verwandtschaftssystem. — Reichtum der Khetschuasprache an Verwandtschaftsbenennungen.

## Familiensippen und Hausgenossenschaften

In manchen Landesteilen Altperus war die Ayllu wieder in mehrere kleinere Verwandtschaftsgruppen geteilt, die von den Indianern meist als Chuncantin (Zehnschaft) oder Huasimasintin (Hausgenossenschaft) bezeichnet wurde, während die Spanier dafür die Worte Parentesco (Blutsverwandtschaft), Parentela (Sippschaft) und Casa grande (Grosshaus) gebrauchten. Bei den Küstenstämmen, den Yunkas und Chimus, bildeten diese Familiensippen, die häufig sechzig, siebzig Personen umfassten, gewöhnlich eine Unterabteilung der vorhin geschilderten grossen Geschlechtsquartiere. Wie diese bestanden auch sie in einem einen Innenhof umschliessenden Gebäudeviereck, nur waren natürlich dessen Masse viel kleiner, als bei den grossen, eine ganze Ayllu beherbergenden Quartiere.

Das gilt jedoch nur von den Küstengebieten. Wo sich im Innern des Landes die Geschlechter in Dörfern niedergelassen hatten, bestanden meist die Wohnsitze solcher

III

Familiensippen oder Zehnschaften aus mehreren nahe beisammen liegenden Hütten, die gewöhnlich insgesamt mit einem Zaun oder einer Hecke umgeben waren und demnach eine Art von Gehöft bildeten. Selbst aber, wo das nicht der Fall war und die Hütten verstreut auf weiten Flächen lagen, bildeten ihre Bewohner zusammenhaltende Familiengenossenschaften oder Familienkolonien unter Leitung eines Familienältesten, des Huasicamayoc (Hausamtsinhaber) oder, wie er auch vielfach genannt wurde, eines Machu (Grossvaters, Grossalten).

Derartige zu Hausgenossenschaften vereinigte Familien wohnten vornehmlich im Osten Collasuyus, wo sie „Utacuña" genannt wurden, eine Bezeichnung, die der Jesuit Ludovico Bertonio in Seinem Vocabulario de la Lengua Aymara (II. Band, S. 382 treffend mit „Una familia entera, padres y hijos que viuen juntos" (eine vollzählige Familie, in der Väter und Söhne vereinigt zusammenleben) wiedergibt.

Entstanden sind diese Grossfamilien dadurch, dass häufig die Söhne bis zur Heirat bei ihrem Vater blieben und sich auch dann, wenn sie sich verheirateten, mit ihrer jungen Frau im Vaterhaus niederliessen, das dann entsprechend erweitert wurde. Ebenso brachten später die herangewachsenen Enkel, wenn sie sich verheirateten, oft ihre Frauen mit ins grosselterliche Haus. Zudem zählten vielfach zur Hausgenossenschaft einige ältere Familienmitglieder, die verabsäumt hatten, sich zu verheiraten oder es vorgezogen hatten, im elterlichen Hause zu bleiben und dort bei der Arbeit zu helfen, anstatt sich selbständig zu machen.

Leider erfahren wir aus den alten Berichten und den Indianererzählungen nicht, wie sich das Familienleben in diesen Grosshäusern gestaltet hat und wie diese im Innern eingerichtet waren. Die spanischen Berichterstatter, auch die sonst gut unterrichteten Corregidoren und Regidoren haben, wie es scheint, dem häuslichen Leben der Indianer wenig Bedeutung beigemessen. Nur über ihre Wirtschafts-

und Heiratsverhältnisse sind wir etwas besser unterrichtet. Immerhin ergibt sich aus den Mitteilungen der Indianer, dass die Arbeit in den Grosshäusern wie auf den Feldern genau geregelt war. Auch die Kinder, und zwar vielfach schon vom achten, neunten Lebensjahre an, wurden zum Arbeiten angehalten, wenn ihnen auch zunächst nur sehr leichte, ihren Kräften und Fähigkeiten angemessene Arbeiten zugeteilt wurden.

## Unterscheidung von sechs Lebensstufen

Man unterschied in Peru durchweg sechs Lebensalter, die ihre besonderen Arbeitsverrichtungen und Aufgaben hatten. Nach seinem Belieben herumzulungern und zu bummeln war niemandem erlaubt.

Auch wir unterscheiden ja im Allgemeinen zwischen Kindern, Jugendlichen, Erwachsenen, Alten usw.; es bleibt aber dem Einzelnen überlassen, welche Grenzen er den Altersgruppen der Kinder, Jugendlichen, Erwachsenen usw. setzen will. Im alten Peru war hingegen genau bestimmt, mit welchem Lebensjahr das Kindesalter, das Jugendalter, das Heiratsalter usw. begann und wann es aufhörte, ferner zu welcher Teilnahme an der allgemeinen Arbeitstätigkeit jeder in einem bestimmten Lebensalter verpflichtet war.

In Mittelperu wurden folgende Lebensstufen unterschieden: Das Kindheitsalter, das wieder in vier Unterabschnitte geteilt wurde, nämlich in die Säuglingszeit, Mosoc caparic genannt, das heisst die Lebensperiode des Neuangekommenen, des Neulings; zweitens Saya-huamrac, „allein stehen können", das heisst die Zeit, wo die Kinder allein stehen können; drittens Macta puric, das Alter, wo sie „gehen können"; viertens Ttanta raquisic, „Brotempfänger", das heisst jene Jugendzeit, wo die Kinder noch nicht selbst etwas zu erwerben vermögen, sondern ihr Brot noch von den Eltern erhalten.

Darauf folgte der Pucllac huarma (zum Spielen geneigte Jugend") genannte Lebensabschnitt, unter welchem man die Kindheit vom 8. bis zum 15. Lebensjahr verstand.

Mit letzterem Alter begann die Zeit der Heranziehung der Jünglinge zur regelmässigen Arbeit, zunächst zu ganz leichter Arbeit, zum Beispiel Ausrupfen von Unkraut, Aufsuchen wildwachsender Früchte unter Aufsicht ihrer Mutter oder älteren Geschwister, Heranholen von Grasfutter für die Lamas etc. Diesem Alter folgte die Coca pallac Zeit, das Alter des „Auflesens von Kokablättern.

Die nächste Lebensstufe, das zwanzigste bis fünfundzwanzigste Jahr umfassend, wurde Yma-huayna „beinahe noch jugendlich" genannt.

Mit dem fünfundzwanzigsten Jahr begann darauf das eigentliche Mannesalter. Der Mann, der bisher noch als „beinahe jugendlich" gegolten hatte, wurde nun als Vollmann, Hatum-runa anerkannt. Er wurde heiratsfähig und, konnte falls er nicht bei seinen Eltern bleiben wollte, Anspruch auf eine eigene Hütte mit Hofplatz und Hausgarten sowie auf einen Anteil an dem gemeinschaftlichen Dorffeldern erheben. Anderseits aber hatte er nun die Verpflichtung zu übernehmen, auf das Aufgebot der Inkas mit in den Krieg hinauszuziehen, den Inkas Tribute zu liefern und auf der Inkabeamten Anordnung bestimmte Frondienste zu leisten.

Es dauerte diese Periode in einigen Stämmen bis zum füunfzigsten, in anderen bis zum fünfundfünfzigsten Lebensjahr. Dann trat der Mann in den als Chaupi-rucu bezeichneten Lebensabschnitt ein, in das „Alter der Gebrechlichkeit" (Genau übersetzt bedeutet das Wort „mitten drin in der Gebrechlichkeit"); Woraufim sechzigsten Lebensjahr das Greisenalter folgte, von den Khetschua-Indianern Puñuc rucu, die „schläfrig-gebrechliche Zeit" genannt, ein Alter in dem der Mann nach Ansicht der Indianer nicht mehr leistungsfähig war und deshalb nicht mehr mit anstrengenden

Arbeiten, noch mit irgendwelchen Tributleistungen und Kriegsdiensten etc. belastet werden durfte.

*Zusammenarbeit der Familienmitglieder*

Es war jedem männlichen Familienmitglied vorgeschrieben, welche Arbeit er in einem bestimmten Alter zu verrichten hatte, und die Grossfamilie hielt streng darauf, dass jeder seine Pflicht tat und nicht faulenzte, denn die Arbeit war genau eingeteilt, und wer seinen Arbeitsanteil nicht leistete, zwang dadurch andere Mitglieder, mehr zu tun, als sie rechtmässig verpflichtet waren. Übrigens vermochte sich meist ein Mann nur sehr schwer seiner Arbeitspflicht zu entziehen; denn gewöhnlich arbeiteten alle Mitglieder des Dorfes zusammen, und es wurde daher gleich bemerkt, wenn jemand auf der Arbeitsstelle fehlte oder viel weniger leistete, als seine Genossen. Zu den Feldarbeiten zogen zum Beispiel alle Familienangehörigen gemeinsam hinaus und alle erhielten von dem die Arbeiten leitenden Familienvater ihre bestimmte Arbeit zugewiesen, wobei sich sofort herausstellte, wer nicht mitgekommen war.

Auch das Zusammenleben und Zusammenwirken in der Familiengemeinschaft vollzog sich nach althergebrachter Ordnung, der jeder sich anzupassen hatte. Keines der Familienmitglieder konnte machen, was es wollte. Es konnte weder ohne Zustimmung des Familienvaters (des Vorstehers der Hausgenossenschaft) sein Familienhaus verlassen und sich zeitweilig bei Verwandten eines Nachbardorfes aufhalten, noch heiraten, wann er wollte, noch seine Kinder behandeln, wie es ihm beliebte. Galt auch der Mann, der das fünfundzwanzigste Lebensjahr erreicht hatte, als selbständiger „Grossmann", zo bedurfte er doch bei seiner Heirat der Einwilligung des Familienvorstandes; denn seine Familiengenossenschaft sollte ja nach der Hochzeit seine junge Frau als Hausgenossin aufnehmen. Wenn nicht ganz besondere Gründe vorlagen, verweigerten freilich die Familienhäupter ihre Zustimmung nicht; denn es galt im alten Peru als selbstverständlich, dass ein heiratsfähig gewordener Mann sich alsbald nach einer Frau umsah, um seinem Geschlecht Nachkommen zu zeugen.

*Verlobung und Eheschliessung*

Kaum war ein Mann Hatun Runa geworden, suchte er sich deshalb eine Frau, musste aber darauf sehen, dass die Erwählte nicht mit ihm blutsverwandt war, also nicht zu seiner Ayllu gehörte. Blutsverwandte konnten sich in keinem Fall heiraten. Auch die Heirat mit einer Frau aus einem anderen Stamm galt, wenn sie auch nicht völlig verboten war, als nicht angemessen. Gewöhnlich suchte sich deshalb ein Mann eine Frau aus einer anderen Ayllu seines eigenen Stammes.

Hatte er ein ihm zusagendes Mädchen in einem Nachbardorf gefunden, so bewog er seinen Vater oder Grossvater, für ihn bei dem Vaer und dem Familienvorstand seiner Auserkorenen als Brautwerber aufzutreten. Doch nur selten war der Vater eines jungen Mädchens geneigt seine Tochter ohne Entgelt wegzugeben, denn seine Familie verlor dadurch eine wertvolle Arbeitskraft. Er verlangte eine Entschädigung für die Hergabe seiner Tochter. Nicht selten entwickelte sich daher zwischen den beiden Vätern ein Feilschen um das Brautkaufgeld (das Toma) an dem gewöhnlich auch der Dorfvorsteher teilnahm, da er einen Anteil an dem Kaufgeld fordern konnte. Waren sich schliessich die Beteiligten handelseinig, so wurde der Tag der Hochzeitsfeier festgesetzt und mit den Vorbereitungen begonnen. Wenn mehrere Burschen und Mädchen des Dorfes in nächster Zeit ebenfalls heiraten wollten, wurde die Hochzeit aller Paare auf denselben Tag, einem sogenannten Glückstag, festgesetzt, damit alle Dorfbewohner daran teilnehmen konnten. Eine religiöse Traufeier kannten die Peruaner nicht.

Nachdem die Braut, in deren Dorf meist die Hochzeitsfeier statt fand, dem Bräutigam einen Trunk Maisbier als Willkommenheissung geboten hatte und dieser ihr dafür ein Paar geschmückte Stoffschuhe angezogen hatte — als symbolisches Zeichen dafür, dass sie fortan in seinen Schuhen zu wandeln habe, legte der Dorfvorsteher die Hände der beiden ineinander und erklärte sie unter übermütigen, heiteren Zurufen der Umstehenden für verheiratet.

Feierlicher wurde die Hochzeit in Cuzco begangen, wenn dort der Sohn eines vornehmen Inkas eine Nusta oder Palla, eine Inkatochter aus edler Familie, heiratete. Dann vollzog der Inka oft selbst die Hochzeitszeremonie und überreichte dem jungen Herrscherpaar ein kostbares Geschenk.

Damit war die Verbindung geschlossen und es begann nun eine fröhliche Feier mit Gesang und Tanz.

Hatte der junge Ehemann das Brautkaufgeld voll bezahlt, so konnte er nun sein junges Weib mit in sein Dorf nehmen, oft aber blieb er noch einige Wochen mit seiner jungen Ehehälfte im Hause ihrer Eltern.

In einigen Stämmen konnte der junge Mann zunächst auf Probe heiraten. Erst wenn er nach Ablauf eines Jahres mit seinem Weibe zufrieden war, erfolgte die definitive Heirat. Hatte er jedoch genug vom Zusammenleben mit ihr, konnte er sich von ihr trennen, verlor dann aber das bezahlte Brautkaufgeld sowie die von ihr mitgebrachten und von ihren Verwandten geschenkten Gegenstände. Einen grossen Wert hatten diese freilich nicht, denn der Tochter eine reichliche Aussteuer mit in die Ehe zu geben, war nicht gebräuchlich. Ausserdem hatte er bei der Scheidung seiner bisherigen Frau ein Abfindungsgeschenk zu geben.

Nach der Ankunft der Spanier hörte diese Sitte jedoch bald auf. Die spanischen Mönche eiferten, aufgebracht über solche Sittenlosigkeit der Indianer, voll wilden Grimms gegen das Probejahr und der Vizekönig Francisco de Toledo lies sich schliesslich bereitfinden (Ordenanzes del Peru. S. 128), den alten Brauch zu verbieten.

*Stellung der Frau in der Ehe*

Der gewöhnliche Indianer hatte in Peru nur eine Frau, die reicheren Häuptlinge und die Inkagrossen häufig mehrere, oft sogar viele. Die zuerst geheiratete Frau war die Hauptfrau, Tacya-huarmi, „fest Frau" genannt. Tacya, abgeleitet vom Verbum tecyac bedeutet „befestigen, fest verbinden, festmachen". Hatte ihr Ehemann neben ihr keine andere Frau oder Beischläferin, so wurde sie auch Phui-Huami, „einzige Frau", und ihr erstgeborener Sohn Pihui-Churi, „Sohn der einzigen Frau" genannt. Im Cuzco-Gebiet nannte der Mann der nur eine Frau hatte, diese auch häufig Mamanchu, „Altmütterchen". Die Kebsweiber, bezw. Beischläferinnen eines Mannes nannte man Sipas die „beim Manne Schlafende". Nur die Hauptfrau wohnte also mit ihrem Manne zusammen, die Nebenweiber hatte er in besonderen kleinen Häuschen unterzubringen. Sie führten dort aber durchaus kein freies Faulenzerleben, sondern hatten mit auf den Feldern zu arbeiten, Maisbier zu brauen, zu spinnen, zu sticken und zu weben, Matten zu flechten, irdene Geschirre anzufertigen usw.

*Verpflichtung der Frau zu ehelicher Treue*

Von der Frau wurde gefordert, dass sie ihrem Mannte treu blieb. Überraschte dieser seine Frau beim Ehebruch, so konnte er sie töten, ohne sich des Totschlags schuldig zu machen. Erfuhr er erst hinterher von dem Ehebruch, so war ihm aber nicht mehr gestattet, seine Frau zu töten; er musste sich an seinen Dorfvorsteher wenden und Bestrafung seiner Gattin fordern. Meist lautete das Urteil auf öffentliche Steinigung, in milderen Fällen auf schwere körperliche

Züchtigung oder auf Ausstossung aus der Dorfgemeinschaft. Da eine zur Ausstossung verurteilte Frau nirgends Aufnahme fand, blieb ihr meist nichts anderes übrig, als Pampa-Huarmi, Prostituierte, zu werden. Pampa-Huarmi, das heisst Frau der Ebene, wurden sie deshalb genannt, weil sie nicht im Dorf wohnen durften, sondern weit ausserhalb desselben auf der Pampa, dem freien Grasfelde, ihrem traurigen Gewerbe nachgehen mussten. Ein kümmerliches Leben.

Einen Ehebruch des Mannes kannten dagegen die peruanischen Gesetzte nicht. Dem Manne stand es frei, nicht nur mehrere Frauen zu heiraten, sondern auch mit unverheirateten Frauen intimen Umgang zu pflegen. Zwar durfte er nicht mit der Frau eines anderen Mannes Ehebruch begehen, aber nicht deswegen, weil das unmoralisch und gesetzwidrig war, sondern weil er durch sein Tun in das Eigentumsrecht eines anderen eingriff. Ebenso galt es nicht deshalb als strafbar, die junge Tochter eines Dorfgenossen zu verführen, weil das unmoralisch oder gesundheitsschädlich war, sondern weil dadurch dem Vater des betreffenden Mädchens in pekuniärer Hinsicht Schaden zugefügt wurde. Denn wenn der uneheliche Verkehr des jungen Mädchens bekannt wurde, war dieses nach Ansicht der Indianer entwertet und der Vater konnte nun nicht mehr jenen Brautkaufpreis verlangen, den er wahrscheinlich im anderen Falle erhalten hätte.

## Witwenschaft und Leviratsehe

Da die Frau durch das für sie bezahlte Kaufgeld gewissermassen Eigentum ihres Mannes und seiner Familie wurde, konnte sie nach seinem Tode nicht mit ihren Kindern zu ihrer Verwandtschaft zurückkehren und dort mit einem ihr nicht blutsverwandten anderen Manne eine neue Ehe eingehen. War sie noch jung, wurde sie von einem jüngeren noch unverheirateten Bruder (leiblichem Bruder oder Kollateralbruder) ihres verstorbenen Gatten geheiratet, der damit zugleich den Nachlass des Verstorbenen und die Versorgung seiner Kinder übernahm. War sie hingegen schon alt und hatte sie Söhne, die in nächster Zeit selbst den Nachlass ihres Vaters übernehmen konnten, so liess man sie vorläufig in dem Besitz des Erbes ihres abgeschiedenen Gatten, bis ihr ältester Sohn mündig geworden war. Damit sie aber nicht leichtsinnig mit dem übergebenen Erbe wirtschaftete, wurde sie während ihrer Verwaltungszeit unter die Aufsicht eines der Verwandten ihres früheren Mannes gestellt. Sobald der älteste Sohn das Hatum-Runa-Alter erreicht hatte, hatte sie alles an diesen abzutreten und war dann nur noch geduldete Mitbewohnerin in dem Hause, das einst ihrem Manne gehört hatte.

Wie sich aus diesen Erbsatzungen ergibt, war der älteste Sohn der eigentliche Erbe seines Vaters, doch hatte in manchen Stämmen der jüngere Bruder eines Mannes ein Vorrecht vor dessen Sohn, besonders, wenn der Verstorbene ein Häuptling gewesen war. Soweit ich zu ersehen vermag, sollte durch diese Bestimmung verhindert werden, dass ein junger, noch unerfahrener Mann schon in jungendlichem Alter zur Häuptlingswürde und zum Befehlen gelangte. Von anderen Stämmen wird berichtet, dass nicht immer der älteste Sohn dem Vater folgte, sondern dieser vor seinem Tode mit Zustimmung der Dorfalten einen jüngeren Sohn, falls dieser ihn fähiger dünkte, als Nachfolger einsetzen konnte.

Eine Tochter konnte, ob alt oder jung, verheiratet oder nicht, niemals Haus und Hof erben. Sie erbte nur Geräte, die zur Frauen-Arbeit bezw. zur Hauswirtschaft gehörten, wie zum Beispiel Kochgeschirre, Weberahmen, Matten, Flechtgeräte, Gewebe, Frauenschmucksachen und dergleichen.

*Sodomiterei und homosexueller Verkehr*

Trotz der harten Strafen waren Ehebrüche und Verstösse gegen das Verbot des Geschlechtsverkehrs zwischen Blutsverwandten in manchen Stämmen durchaus nicht selten. Anlass dazu gaben vor allem die häufigen, oft bis in die Nacht hinein dauernden Tanzfeste. Neben dem normalen Geschlechtsverkehr war auch die Huausa genannte Sodomiterei und der homosexuelle Verkehr ziemlich weit verbreitet. Man nannte die Homosexuellen Urhua, „die, welche keine Früchte hervorbringen", das heisst, keine Nachkommen zeugen, also die „Nichtzeuger". Sogar die männliche Prostitution hatte bei manchen Stämmen Eingang gefunden. Junge, zartgebaute Männer putzten sich als Weiber heraus und suchten dann, durch Worte und Gesten die ihnen begegnenden Männer anzulocken. Oft errichteten sie sich sogar, ebenso wie die weiblichen Prostituierten, die Pampa-Huarmi, ausserhalb der Dörfer kleine Lusthäuschen und wurden deshalb auch Pampa-Runa (Männer der Ebene) genannt.

Es konnte nicht ausbleiben, dass infolge des liederlichen Verkehrs auch die Syphilis schon lange vor der Ankunft der spanischen Conquistadoren weite Verbreitung gefunden hatte und zwar — den Schilderungen der spanischen Chronisten nach zu schliessen — vornehmlich die durch sogenannte Gummigeschwülste gekennzeichnete tertiäre Syphilis, von den Indianern Huanti (spr. Whanti) genannt. Besonders sollen die Inkas — wohl, weil sie am meisten Gelegenheit fanden, sich von syphilitisch kranken Prostituierten anstecken zu lassen — vielfach „huantiyoc" (das heisst mit syphilitischen Geschwüren behaftet) gewesen sein. Von einzelnen Indianern soll den Spaniern erzählt worden sein, auch der grosse Eroberer Huayna Capac wäre ein solcher Huantiruna (verseuchter Mann) gewesen.

*Das peruanische klassifizierende Verwandtschaftssystem*

Schon vor der Unterjochung durch die Inkas hatte sich in der Khetschuabevölkerung Perus aus den Geschlechts-

und Familienverbänden sowie den mit diesen zusammenhängenden Heiratsregeln ein ähnliches Verwandtschaftssystem herausgebildet, wie bei vielen nordamerikanischen Indianerstämmen, den Südseevölkern und den indischen Drawidas. Im Unterschied von den Verwandtschaftssystemen der europäischen Kulturvölker, betrachten die Indianischen Systeme, die der amerikanische Forscher Lewis Henry Morgan treffend als *klassifizierend* bezeichnet hat [1]), nicht die individuellen Verwandtschaftsbeziehungen einer Person zu einer anderen, sondern fassen eine Reihe gleichartiger Beziehungen unter gleichen Verwandtschaftsbegriffen und -namen zusammen.

Bereits den ersten nach Amerika gekommenen spanischen Mönchen fiel dieser Unterschied auf, wenn sie auch die Ursachen der Verschiedenheit nicht verstanden. Der Missionar Domingo de Santo Thomas weiss schon 1560, dass die Verwandtschaftsbezeichnung der Indianer *Complexos* (zusammenfassend und kollektiv) sind und in einen 1586 zu Lima erschienenen später (1603) von Diego de Torres-Rubio neu herausgegebenen „Grammatica y Vocabulario en la Lengua general del Peru", findet man sogar eine ziemlich genaue Aufzählung der damals in der Khetschuasprache gebräuchlichen Verwandtschaftsausdrücke.

Während in unserem Verwandtschaftssystem nur der leibliche, das heisst von derselben Mutter geborene Bruder als Bruder anerkannt wird, nennt der Khetschua-Indianer nicht blos diesen, sondern auch alle jene männlichen Verwandten, die wir als Vaters Brudersöhne, bezeichnen würden,

---

[1]) Vergl. Lewis Henry Morgan: „Systems of Consanguinity and Affinity of the Human Family". Smithsonian Contributions to Knowledge, Washington 1869). Ferner Heinrich Cunow: „Das peruanische Verwandtschaftssystem und die Geschlechtsverbände der Inkas", in der Wochenschrift „Das Ausland", 64. Jahrgang, S. 881, 914, 934 (Stuttgart 1891) und El Sistema de Parentesco Peruano y las Communidades gentilicias de los Incas", Paris 1929.

seine Brüder (Huauquey), im weiteren sogar alle jene männlichen Personen seiner Ayllu, die mit ihm zur selben Generation gehören. Ebenso gilt ihm nicht nur sein wirklicher Vater als Vater, sondern auch dessen sämtliche Kollateralbrüder, soweit sie zur gleichen Ayllu und Generation gehören, wie sein wirklicher Vater. Gleich umfassend sind die Benennungen für Mutter, Grossvater, Grossmutter, Sohn, Tochter, Tante usw. Mutter nannte zum Beispiel ein Inka-Indianer früher nicht nur das Weib, das ihn geboren hatte, sondern alle weiblichen Personen, die mit seiner wirklichen Mutter zur gleichen Ayllu und Altersschicht (Generation) gehörten, und als Söhne und Töchter betrachtete ein Mann nicht nur seine eigenen Kinder, sondern auch alle Kinder seiner Brüder, während er die Kinder seiner Schwestern, da diese nicht in ihre eigene Ayllu hineinheiraten konnten und deshalb ihre Kinder nicht zu ihrer Gens zählten, als Neffen und Nichten betrachtete.

Dazu kommt, dass Mann und Frau vielfach für gleiche verwandtschaftliche Beziehungen verschiedene Wörter gebrauchten. Wie sich bei näherer Betrachtung des Sinns dieser Wörter ergibt, deshalb, weil sie Anspielungen auf ganz bestimmte geschlechtliche Funktionen enthalten. So nennt zum Beispiel ein Mann seine Söhne Churi, seine Töchter Ususi. Seine Frau nennt hingegen ihre Kinder Huahua, eine Benennnung, der sie, wenn sie ausdrücken will, dass ihr Sohn gemeint ist, das Wort Cari (mann), wenn sie ihre Tochter meint, das Wort Huarmi (Weib) vorsetzt. Warum aber braucht der Mann für seine Kinder andere Benennungen? Weil das Wort Huahua (Vervielfältigung meines Ichs) bedeutet, diese Bezeichnung aber nach Auffassung der Khetschua-Indianer nur die Frau gebrauchen kann, denn nach Ansicht der Indianer ist das Kind ihr Fleisch und Blut; der Mann streut nur den Samen aus, die Körperform des Kindes erzeugt dagegen in ihrem eigenen Körper die Mutter.

*Reichtum der Khetschauasprache an Verwandtschafts-*
*benennungen*

Mehrfach ist behauptet worden, das Zusammenfassen mehrerer Verwandtschaftsbeziehungen in ein Wort erkläre sich aus der Spracharmut primitiver Völker. Da sie keine passenden Ausdrücke für die verschiedenen Verwandtschaftsbeziehungen hätten, so griffen sie zu den wenigen Benennungen, die sich allmählich eingebürgert hätten und wendeten sie nun auch auf Verwandtschaftsverhältnisse an, für die sie ursprünglich gar nicht bestimmt gewesen seien.

Wer sich einigermassen eingehend mit der Khetschuasprache beschäftigt hat, muss solche Begründung zurückweisen; denn die Khetschuasprache hat Benennungen für Verwandtschaftsgrade, die wir im öffentlichen Leben gar nicht mehr anerkennen und zu bezeichnen vermögen. Und sie unterscheidet ferner genau zwischen Verwandten männlicher und weiblicher Abstammungslinie.

Ausserdem können sowohl die Indianer wie die Indianerinnen, wenn sie wollen, sofort durch entsprechende Ausdrücke angeben, welche Person sie meinen. Will der Indianer andeuten, es sei sein wirklicher Vater oder seine wirkliche Mutter gemeint, so nennt er sie Yunacouey-Yaja bezw. Yumacquey-Mama (Yumay = erzeugen, hervorbringen) und will er andeuten, er meine den seiner Brüder, der von derselben Mutter abstammt, nennt er ihn Lljocsi-masi. Zunächst ein recht seltsam scheinendes Wort, denn es bedeutet, genau übersetzt, ,,Heraus-Gefährte". Soll es verstanden werden, muss es, wie so manche Khetschuawörter ergänzt werden. Vervollständigt heisst es nämlich Huc huijsa-manta Lljocsi-masi, ,,der Andere aus dem Mutterleib Heraus-Gefährte", also der andere Gefährte (Genosse), der aus demselben Mutterleib herausgekommen ist. Will aber der Betreffende nur hervorheben, dass er nicht von einem leiblichen Bruder spricht, sondern nur einen Genossen meint, der mit ihm demselben Familienhause entstammt, so gebraucht er die

Bezeichnung Huc huasimanta Ljocsimasi, „mein Gefährte, aus demselben Hause".

Die unzureichende Kenntnis des Verwandtschaftssystems der Inkas hat in den Berichten der Conquistadoren und Chronisten manche kuriosen Irrtümer und Missverständnisse hervorgerufen; denn die Spanier fassten natürlich das, was ihnen die Indianer über die Verwandtschaftsverhältnisse, das Ehe- und Familienleben des Inkas erzählten, in ihrem Sinne auf, nicht in dem der Eingeborenen. Wie schon vorhin erwähnt wurde, verstanden sie, als die Indianer ihnen erzählten, die Inkaherrscher hätten oft ihre Schwestern (Panacuna) geheiratet, darunter leibliche Schwestern, während die Erzähler Frauen meinten, die zu derselben Ayllu gehörten, wie die Herrscher. Ferner meinten die Indianer, wenn sie von Brüdern, Söhnen usw. der Inkas sprachen, oft Personen bestimmter Geschlechter und Generationsschichten der Inkas, die Spanier aber verstanden darunter leibliche Brüder und Söhne etc. Auch hier für ein Beispiel: Pedro Cieza de Leon berichtet, dass Atahuallpa 30 Brüder des Huascar habe töten lassen. Nun hat aber nach der Überlieferung Huscar nur fünf leibliche Brüder gehabt. Wie stimmen diese Angaben überein? Hat Cieza de Leon geflunkert? In Wirklichkeit lässt sich der Widerspruch leicht aufklären. Die Indianer, die Cieza de Leon von dem Mord der dreissig Brüder unterrichteten, verstanden unter diesen entsprechend ihrem Verwandtschaftssystem Geschlechtsbrüder (Huauqueys), Cieza de Leon hingegen leibliche Brüder. Solche Missverständnisse lassen sich sehr viele nachweisen.

ACHTES KAPITEL

## DIE BODENKULTUR DES INKAREICHES

Verschiedenartigkeit der Bodengestaltung der Bodenkultur. — Familien- und Sippenland. — Die Ackergeräte der Peruaner. — Die Lamazucht in den Gebirgsgegenden. — Freie Jagd in der Mark. — Die altperuanische Mark. — Mark und Dorf. — Verteilung des Gemeindelandes. — Grösse der Landanteile. — Verfall der alten Mark- und Dorfverfassung unter spanischer Herrschaft. — Das peruanische Sonnenjahr.

*Verschiedenartigkeit der Bodengestaltung und der Bodenkultur*

Ihren Hauptunterhalt lieferte den Indianern des Inkareiches die Bodenwirtschaft. Das Hausgewerbe, Jagd, Fischfang, Handel hatten eine weit geringere Bedeutung für die Volksernährung. Jede Ayllu besass ausser ihrem Wohnplatz ein bestimmtes Landgebiet. In den Küstengegenden befand sich dieses Land ausserhalb der Mauern der Geschlechterniederlassungen in den fruchtbaren Flusstälern; auf den Hochebenen, wo sich die Ayllus in zerstreuten Haufendörfern niedergelassen hatten, erstreckten sich die diesen gehörenden, meist nur zum kleinen Teil angebauten Landgebiete durchweg über eine Fläche von mehreren Quadratmeilen, auf der Ackerfelder mit gartenartigen Anlagen, Grasebenen und Ödländereien abwechselten.

Da in den Küstengegenden Sandboden vorherrscht und es diesem an Feuchtigkeit mangelt, so hatten die Indianer meist ihre Maisfelder und Anpflanzungen an den Ufern der von den Kordilleren herabfliessenden kleinen Flüsse angelegt. Ausserdem führten sie häufig, wo der Boden besonders trocken war, ihren Feldern durch lange von den Flüssen abgeleitete Gräben und Kanäle das nötige Wasser zu. Zum Teil gruben sie auch, wo der Boden unter der oberen dünnen Sandschicht Lehm enthielt, die obere Schicht ab.

Zudem kannten die Küstenstämme verschiedene Arten des Düngens. Vornehmlich wurde dort neben Menschenkot und verfaulten kleinen mit Erde und Muschelkalk vermischten Fischen Vogelmist (Huanu genannt, ein Wort, aus dem die Benennung Guano hervorgegangen ist) zum Düngen verwandt, der sich auf den Inseln und den Klippen verschiedener Küstengegenden in mächtigen Lagern angesammelt hatte.

Angebaut wurde dort vornehmlich Mais, ferner die das feine Manioka-oder Mandiokamehl liefernde Yuka (Manihot) ferner Bataten, Melonen, Kürbisse und Bananen (Pisang); in einigen der nördlichen Flusstäler auch Kartoffeln, besonders eine Kellu-Papa genannte gelbliche Kartoffelart. Daneben stellenweise auch Baumwolle und roter Pfeffer (Uchu und Asi) der für den Haushalt in Peru nicht weniger wichtig war, als im alten Mexiko.

Auf den unteren Stufen der Küstenkordilleren sowie den zwischen diesen und der inneren Kordilleren sich erstreckenden Hochebenen, der Puna, wurde ebenfalls viel Mais gebaut, ganz besonders aber in den die Puna durchschneidenden fruchtbaren Tieftälern. Ausser dem wurden verschiedene Kartoffelarten, Bohnen, Kürbisse und Oca (Oxalis tuberosa), eine stärkemehlreiche Knollenfrucht, stellenweise auch Quinoa (Chenopodium Quinoa), der sogenannte peruanische Reis, gewonnen. Unter Perus sonnigem Himmel kamen diese Pflanzen selbst noch in beträchtlichen Höhenlagen fort. Die Manihot- oder Mandiokapflanze gedeiht in den Anden noch sehr gut in einer Höhenlage von achthundert bis eintausend Metern, die Oca noch auf Hochebenen von zweitausend bis zweitausendfünfhundert Metern und die Quinoa sogar noch auf Höhen von

IV

mehr als dreitausend Metern. Darüber hinaus kommt freilich auch die Quinoa nicht mehr fort; dagegen liefern dort die Bergabhänge gutes Grasfutter für die Lamazucht. Daher hatte denn auch vor Ankunft der Spanier in den hochgelegenen Teilen der Ost-Kordilleren die Bodenbewirtschaftung nur geringe Bedeutung, während an manchen Stellen Lamazucht sich gut entwickelt hatte. Da es dort auf den Höhen gleichfalls oft an Wasser fehlt, so hatten die Indianer vielfach ihre Felder auf allmählich ansteigenden Anhöhen angelegt, von denen bei Regenfällen das Wasser langsam herabzurieseln vermochte. Genügte solche Anlage nicht, um den Ackerfeldern die nötige Feuchtigkeit zukommen zu lassen, so wurden manchmal auf den Höhen Wasserbecken angelegt und von diesen aus Gräben und Rinnen auf die Felder geleitet.

Ein Düngen der Äcker wurde auf jenen Hochflächen nur selten vorgenommen, denn es fehlte an brauchbaren Düngemitteln. Als Ersatz hatten die Indianer eine Art des Mergelns erfunden. Sie trugen auf den zum Anbau bestimmten Boden fette Erde aus anderen Gegenden auf und vermischten diese mit Kalk und Holzasche. Freilich liess sich dieses Verfahren, da es viele Arbeit erforderte, nur dort anwenden, wo besonders günstige Herstellungsbedingungen gegeben waren. Grosse, ausgedehnte Feldflächen auf diese Weise zu verbessern war nicht möglich. Tatsächlich wurde denn auch gewöhnlich nur der Boden der Hausgärten gemergelt, nicht die Felder. Das hatte natürlich zur Folge, dass sie in kurzer Zeit ausgenutzt waren und zur Erholung brachgelegt werden mussten.

Waren trotz der Düngung und Mergelung die nutzbaren Bodenflächen in den Gebirgstälern knapp, so wurden manchmal an den Talwänden entlang kleine terrassenförmige Gartenanlagen hergestellt, indem man an den Bergabhängen in gewisser Entfernung voneinander aus rohen Steinen kleine Mauern aufrichtete und dann den zwischen ihnen und den aufsteigenden Berghöhen gelegenen Raum mit Erde ausfüllte. Häufig können jedoch diese Anlagen allerdings nicht gewesen sein, denn es haben sich nur an wenigen Stellen Spuren derartiger „Andenes" erhalten, am häufigsten im Cuzcotal, in welchem wahrscheinlich die schnelle Ausdehnung der Stadt Cuzco den Anstoss zu diesen Anlagen gegeben hat. Wie die Ruinen der „Andenes" beweisen, haben sich diese stellenweise an den Talwänden mehrere hundert Meter hoch hinaufgezogen.

*Familien- und Sippenland*

Über die Verteilung und Bearbeitung der zu den Geschlechterquartieren und Dorfansiedlungen gehörenden Landflächen sind wir nur oberflächlich unterrichtet. Allem Anschein nach haben die spanischen Corregidoren und Verwaltungsbeamten der alten Bodenwirtschaft wenig Bedeutung beigemessen und geglaubt, sich mit einigen kurzen Angaben begnügen zu können; nur über die nördlichen zur Provinz Chinchasuyu gehörenden Teile des Inkareiches besitzen wir ziemlich zuverlässige Nachrichten.

Dort bestellte jede Familiensippe oder Hausgenossenschaft das bei ihrem Hause gelegene Gartenstück, das von den Indianern Muya, von den Spaniern Heredad (Erbland, Erbgütchen) genannt wurde, selbst nach ihrem Gutdünken und Ermessen; denn es galt als Eigenland, als Privatbesitz der betreffenden Sippe, und wenn diese auch durchaus nicht damit machen konnte, was sie wollte, es zum Beispiel nicht verkaufen oder an Fremde abtreten konnte, so konnte sie es doch nach ihrem Ermessen ausnutzen.

Anders die ausserhalb des Dorfes liegende Llactapacha (Dorfland, Dorfflur), von der gewöhnlich nur ein Teil gerodet und angebaut wurde, während das Übrige unbenutzt liegen blieb. Der angebaute Teil kurzweg die „Chacras", das heisst die Felder, die Feldstücke genannt, wurde, obgleich jede Familie des Dorfes daran ihren Anteil hatte, gemeinsam bearbeitet. Sobald die Aussaatmonate (Tarquiquilla, Mitte Juni bis Mitte Juli) gekommen war, verständigte sich der Dorfvorsteher, der Llactocamayoc, mit den Grossmännern seiner Dorfschaft und setzte mit ihnen fest, an welchem Tag mit der Feldarbeit begonnen werden sollte. Dann zogen an dem betreffenden Tage die arbeitsfähigen Männer und Frauen nebst ihren erwachsenen Kindern auf die Felder hinaus und verteilten sich nach einer kleinen mit Gesang endigenden Feier an die Arbeit. In den meisten Stammesgebieten Chinchasuyus bearbeitete aber jeder Grossman mit seinen Angehörigen nicht blos seinen Anteil, sondern die ganze Zehnschaft oder Hausgenossenschaft arbeitete unter Anleitung eines Familienvaters zusammen. War das eine Feldstück bearbeitet, ging es zu einem anderen.

Dabei wurde eine bestimmte Reihenfolge eingehalten. In den meisten Gegenden Chinchasuyus wurden zuerst die Tributfelder (die Felder der Inkas und der Tempel bezw. Priesterschaften) bestellt, dann die Felder der Dorfeingesessenen und darauf die Felder, deren Erträge zur Aufbewahrung für Notzeiten und zur Unterstützung der von irgendeinem Missgeschick betroffenen Dorfgenossen bestimmt waren. In anderen Teilen des Nordens kamen zunächst die Tempelfelder und darauf erst die Feldstücke der Inkas und der Dorfbewohner an die Reihe. Auch soll in einzelnen Teilen Nordperus und des heutigen Ecuadors nach Angabe des Pedro Cieza de Leon (Crónica del Perú, 1. Teil, Kap. 36, 40, 44) und des Augustin de Zarate (Historia del descuvrimiento y conquista de la provincia del Perú, Libro I, Kap. 8) der Hauptteil der Acker- und Gartenarbeit von den Frauen verrichtet worden sein.

*Die Ackergeräte der Peruaner*

Die Ackergeräte waren sehr primitiver Art, ähnlich denen der ackerbautreibenden nordamerikanischen Indianer, zum

Aufbrechen des Bodens dienten lange, zugespitzte Grabstöcke und kleine Erdhacken, teils ganz aus hartem Holz, teils aus Holzstielen mit angebundenen und angekitteten Stein- und Bronzeklingen bestehend. Ferner wurden vielfach sogenannte „Lampas", schaufelartige Spaten aus hartem Holz, benutzt. In den nördlichen Gegenden, wo der Boden locker und feucht war, gebrauchte man überdies zum Aufbrechen des Bodens einen primitiven Schrabpflug, Taclla oder Taylla genannt. Er bestand aus einem ungefähr sechs bis sieben Fuss langen, unten zugespitzten Stab oder Pfahl, an dem unten, etwa 1 bis 1½ Fuss über dem Erdboden, ein Querholz angebracht war, dazu bestimmt, den rechten Fuss darauf zu setzen und die Spitze des Pfahls möglichst tief in den Boden zu drücken.

Gewöhnlich wurde der Pfahl von drei, vier, Männern an einem Tau auf dem Feldboden entlang gezogen, wobei zwei Männer hinter dem Pfahl hergingen und immer wieder durch Druck auf das Querholz die Pfahlspitze in den Boden drückten. Wie wohl kaum erwähnt zu werden braucht, war dieser Pflug auf hartem, steinigen Boden nicht zu gebrauchen und ritzte selbst auf weichem Boden die Erdkruste nur oberflächlich. Um den Pfahl tiefer in den Boden zu treiben und sein häufiges Herausrutschen aus der Furche zu vermeiden, waren daher in einigen Teilen Nordperus die Indianer auf den Gedanken gekommen, den Druck zu verstärken. Durch Befestigung von zwei kurzen, dicken Stöcken an beiden Seiten des Pfahls stellten sie hinter diesem eine Gabel her, in welcher beim Pflügen ein kräftiger Mann ging und mit beiden Armen den Pfahl niederdrückte. Auch dieses Instrument wurde Taylla genannt, war es doch nichts anderes als ein etwas veränderter Pflug der obengenannten Art. Eggen und Harken kannten die Peruaner nicht. Um die aufgeworfenen Schollen und Erdstücke zu zerkleinern und die gepflügten Flächen zu ebnen, ging stets eine Anzahl Frauen mit spitzen Stangen und Hacken hinter dem Pfluge her. Die weitere Feldarbeit, das Säen, das Einsetzen der Setzlinge und schliesslich das Abernten, besorgten meist die Frauen.

## Die Lamazucht in den Gebirgsgegenden

Da der Ackerbau in den höheren Regionen oft nicht zur Ernährung ausreichte, wurde dort in ziemlich beträchtlichem Umfang Lamazucht getrieben. In den Küstengegenden und warmen Niederungen hielt man nur Meerschweinchen und schakalartige Hunde, da die Lamas dort nicht lange zu leben vermögen, und es überdies an Weiden fehlte. Gehalten wurden die Lamas nicht nur wegen ihres Fleisches ihrer Wolle und ihres Felles, sondern weil sie die einzigen Tiere waren, die sich zum Lastentragen eigneten, denn Pferde, Esel, Rinder hatten die Peruaner vor Ankunft der Spanier nicht. Und doch darf man nicht annehmen, dass die Indianer grosse Herden hielten. Nur die Häuptlinge und die Inkafunktionäre hatten häufig Herden von fünfzig, hundert und mehr Lamas noch, die unter Aufsicht eines Lamamichics (Lamahüters) in grossen Hürden gehalten wurden. Der gewöhnliche Indianer hatte selten mehr als vier, fünf, sechs Lamas.

Neben den im Privatbesitz befindlichen Lamas gab es in manchen Distrikten noch Dorfherden, „Herden der Gemeinden", wie Polo de Ondegardo sie in seinem Bericht (Report by Polo de Ondegardo, Band 48 der von der Hakluyt Society herausgegebenen Werke, S. 159) nennt. Sie gehörten der ganzen Dorfschaft gemeinsam und durften nicht verteilt oder weggeben werden. „Alle konnten sich ihrer gemeinschaftlich erfreuen".

Die Wolle, die von diesen Tieren gewonnen wurde, wurde unter die Familien des Dorfes nach ihrer Grösse verteilt. Wie viele Lamas eine Sippe aus Eigenem besass, kam dabei nicht in Betracht. „Keine Rücksicht", sagt Ondegardo „wurde darauf genommen, was jemand selbst im Besitz hatte."

Zu bestimmten Zeiten wurde ein Teil der Gemeindeherden geschlachtet und das Fleisch unter die Familien des Dorfes verteilt. Der kleinere Teil davon wurde frisch gegessen, das andere in Streifen geschnitten und getrocknet. Obgleich meist hart und zäh, galt solches Fleisch als Leckerbissen und wurde in manchen Gegenden nur an hohen Festtagen genossen.

An gewöhnlichen Tagen ass der Indianer kein Fleisch. Der Bestand an Lamas sollte möglichst geschont werden. Deshalb war es eine wichtige Aufgabe der Dorfvorsteher, jede unangebrachte Behandlung und Schädigung der Lamaherden zu verhüten. Weibliche, zur Aufzucht geeignete Tiere durften in keinem Fall geschlachtet werden. Und ferner mussten die mit der Caracha (einer damals in Peru weitverbreiteten Seuche), behafteten Lamas sofort getötet und eingegraben werden. Langes Zögern damit war, um Ansteckungen zu vermeiden, nicht gestattet.

Erst durch die Lamazucht wurde es möglich, dass sich in den hochgelegenen Gebirgsdistrikten jene verhältnismässig starke Bevölkerung zu erhalten vermochte, welche die Spanier dort bei ihrer Ankunft vorfanden. Nicht selten lebten sogar die Bewohner jener Gebiete besser, als die Dorfschaften der warmen Täler, da diese ihnen gegen Wolle, Felle und getrocknetem Fleisch jederzeit gern einen Teil des Ertrages ihres fruchtbaren Bodens auslieferten. Polo de Ondegardo berichtet denn auch darüber in seinem vorerwähnten Report (S. 159):

„Man kann sagen, dass in einem grossen Teil des Reiches das Volk nur durch die Herden erhalten wird. Diese kommen selbst noch in den kältesten Regionen fort, und dort haben sich denn auch besonders die Indianer angesiedelt, sowohl in allen Teilen Collaos (Collasyus) wie an den Grenzen Arequipas und nach der Küste hin, wie zum Beispiel in Cavanca,

Aullaya, Quillua und Collahua. Alle diese Distrikte müssten als unbewohnbar gelten, wenn nicht die Engeborenen ihre Herden hätten; denn obgleich dort Kartoffeln, Quinoa und Oca gewonnen werden, ist es doch sehr gewöhnlich, dass die Bewohner in drei von fünf Jahren ohne eigentliche Ernten sind; und andere Bodenprodukte gibt es dort nicht. Doch infolge ihres Herdenbesitzes sind sie sogar reicher und können sich besser kleiden als jene, die in den fruchtbaren Gegenden leben.

*Freie Jagd in der Mark*

Hinzu kam, dass gerade die kalten Distrikte der Cordilleren häufig wildreiche Waldungen enthielten und daher dort die Jagd den Bewohnern einen ansehnlichen Zuschuss zu ihrer Nahrung lieferte. Garcilasso de la Vega erzählt zwar, dass den unterworfenen Indianern die Jagd verboten gewesen sei, da die Inkas sich das Recht vorbehalten hätten, allein Treibjagden zu veranstalten. Diese Angabe ist jedoch nur mit gewissen Einschränkungen richtig. Wohl hatten die Inkas verschiedene, den besiegten Stämmen abgenommene Wälder mit Beschlag belegt, um dort alle drei, vier Jahre grosse Treibjagden abzuhalten, zu denen die umliegenden Dorfansiedlungen Treiber stellen mussten; und in anderen Gegenden hatten sie den Eingeborenen, um die Ausrottung des Wildes zu verhüten, streng untersagt, auf eigene Hand Treibjagden vorzunehmen; aber die Einzeljagd war, soweit sich ersehen lässt, meist gestattet, allerdings nur unter der Bedingung, dass der Jäger, wie Polo de Ondegardo in seinem Report (S. 164) sagt, „Nicht über die Grenzen des seiner Ayllu gehörenden Landes hinausgriff", das heisst, sich nicht verleiten liess, auf dem Boden benachbarter Markgenossenschaften zu jagen.

*Die altperuanische Mark*

Die Niederlassung einer Ayllu oder Hundertschaft mitsamt dem dazu gehörenden Landbezirk wurde Marca genannt eine Benennung, die in ihrer Bedeutung völlig dem alten deutschen Wort „Mark" entspricht. Als ich vor nahezu vierzig Jahren beim Studium der südamerikanischen Indianerkulturen mehrfach auf dieses Wort stiess, glaubte ich zunächst, es müsse durch die Spanier in den Wortschatz der Indianer hineingelangt sein; denn wie sollten diese zu einem Wort kommen, das sich in gleicher Bedeutung auch im Spanischen findet und mehrfach in Verbindung mit anderen altspanischen Wörtern vorkommt. Nähere Nachforschungen zeigten mir jedoch, dass das Wort Marca schon in frühester peruanischer Zeit zusammen mit indianischen Geschlechts- und Totemnamen (Namen von Tieren, die von den Indianern als Wappentiere und Genossenschaftssymbole verehrt wurden) gebraucht worden ist, und dass von ihm eine Reihe weiterer Benennungen abgeleitet worden ist, die unzweifelhaft indianischen Ursprungs und Charakters sind. Auch war der Gebrauch des Wortes in Peru nicht auf einige wenige Landesteile beschränkt, sondern erstreckte sich sowohl auf die Khetschua- wie auf die Aymara-Indianer, nur dass das c oder k in dem Wort Marca von den Aymara-Stämmen weit schärfer und härter ausgesprochen wurde, als von den nördlichen Stämmen.

Solche Zusammensetzungen des Wortes Marca mit Tiernamen waren einst im Inkareich sehr zahlreich. Bei dem Studium der alten spanischen Berichte, besonders der Corregidoren, stösst man immer wieder auf Namen wie Pumamarca (Silberlöwenmark), Amarumarca (Schlangenmark), Cundurmarca (Kondormark), Pacomarca (Lamamark), Huamanmarca (Falkenmark), Alcomarca (Hundemark), Toctomarca (Bienenmark), Chucurimarca (Wieselmark), Huacarmarca (Mark des weissen Reihers) usw.

Die spanischen Beamten, die natürlich vom Totemismus nichts wussten, konnten sich diese ihnen höchst seltsam erscheinende Benennung der Landbezirke nach Tieren nicht erklären. Sie kamen daher auf den Gedanken, früher wären dort viele Tiere der bezeichneten Art vorhanden gewesen, oder sie nahmen an, die Benennungen hätten kultische Bedeutung und zeugten von einem ehemaligen Tierdienst.

Übersetzt wird von den zur Bekehrung nach Peru entsandten Mönchen das Wort Marca meistens mit Pueblo (Dorfschaft, Gemeinde, Einwohnerschaft, Stamm), seltener mit Provincia oder Comunidad (Gemeinwesen, Gemeinschaft), doch ergibt sich aus manchen ihrer Angaben, dass sie zum Teil recht wohl wussten, die Bewohnerschaft einer Marca bestände aus einer Ayllu und demnach seien die Ausdrücke Narcamarintin (Markgenossenschaft) und Ayllumasintin (Geschlechtsgenossenschaft) identisch. So übersetzt zum Beispiel der Jesuitenpater Ludovica Bertonio in seinem 1612 erschienen Vocabulario de la Lengua Aymara (II. Band, S. 217) Marca mit Pueblo, fügt aber zur näheren Erläuterung hinzu: „Juli-Chucuyto-, Pomata-, Akhora-, Hilani-marca — Pueblo de Juli, Chucuyto, Pomata, Acora, Hilani etc." Diese Juli (Suli), Chucuyto, Pomota, Akhora waren nämlich von Ayllus bewohnte Dörfer, die zur Jesuiten-Hauptstation Juli gehörten. Und weiterhin erklärt er: „Marcani — Morador del Pueblo (Dorfgenosse) oder Eingeborener; Juli marcani — Eingeborener von Juli."

*Mark und Dorf*

Ganz richtig ist übrigens die Übersetzung des Wortes Marca mit Pueblo nicht; denn wenn auch häufig sich eine Ayllu in einem einzigen Dorf niedergelassen hatte, also, die Marca zugleich eine Dorfschaft bildete, so war das doch nicht immer der Fall. Manchmal hatte eine Markgenossenschaft (Marcamasintin) auch zwei, drei, vier Dörfer besetzt, und dann umfasste die Marca neben einem Hauptdorf noch einige kleinere Nebendörfer.

Auch kam es vor, dass, wenn ein Dorf allzu gross geworden war, sich nach freundschaftlichem Übereinkommen ein

Teil der Bewohner von dem Hauptdorf trennte und sich anderswo im weiten Markgebiet ansiedelte. Dadurch ging jedoch der Zusammenhang zwischen den Markbewohnern nicht verloren. Die neugegründeten dörflichen Ansiedelungen konnten sich zwar eigene Dorfvorsteher (Llactacamayoc) wählen und ihre inneren Angelegenheiten selbst ordnen, sie blieben aber Mitglieder der Markgenossenschaft, der sie bisher angehört hatten und daher in einem freundschaftlichen Abhängigkeitsverhältnis zum Hauptdorf.

Vornehmlich bestanden oft in den rauhen Gebirgsgegenden die Markgebiete aus mehreren kleinen Dörfern, denn aus Rücksicht auf ihre Viehzucht hatte sich hier selten die ganze Markgenossenschaft in einem einzigen Dorf niedergelassen, sondern gewöhnlich in kleinen Weilern, in deren Nähe die Lamas genügend Futter (Ichu-Gras) fanden. Häufig lagen dort die Dörfchen über weite Flächen verstreut und durch Höhenzüge voneinander getrennt. Man nannte ein solches Dorf mit dem es umgebenden Land „Cotomarca" Teilmark, (Coto ist die Bezeichnung für den Teil eines Ganzen). Die aus mehreren derartigen Teilmarken bestehende Gesamtmark wurde Cotocotomarca genannt.

Von dem der Markgenossenschaft gehörenden gemeinschaftlichen Markland, der Marcapacha, schied jedes Dorf einen Teil zu seiner Nutzung aus: die Dorfflur, die Llactapacha, die als Gesamteigen der betreffenden Dorfschaft galt. Das übrige, nicht von den umgebenen Dorfschaften okkupierte Land blieb dagegen gemeinsames Eigentum aller zur selben Marca gehörenden Dorfschaften, auf das jede einzelne den gleichen Rechtsanspruch hatte.

Gewöhnlich bestand solches Dorfland aus drei oder mehr verschiedenen Teilen: aus dem ausserhalb des Dorfes liegenden angebauten Teil, kurzweg die Felder (Chacaras) genannt, aus dem Brachland, das heisst dem schon angebaut gewesenen, aber neuerdings zur Erholung brachgelegten Landteil und ferner aus dem noch nicht gerodeten, der späteren Nutzung vorbehaltenem Land, das meist aus Ödland hin und wieder auch aus Wald- oder Buschland bestand. In der Khetschuasprache wurde dieses unkultivierte Dorfland allgemein Purunpacha, „wildes Land", genannt.

Das zum Anbau benutzte Land, die eigentliche Feldflur, die fast nie aus einer grossen einheitlichen Feldfläche, sondern aus mehreren voneinander entfernt liegenden Feldstücken bestand, war Gemeineigentum des Dorfes, was schon dadurch bezeugt wird, dass es in den meisten Gegenden Sapslpacha genannt wurde. „Sapsi" ist das Gemeingut, genauer „das, was allen gehört".

## Verteilung des Gemeindelandes

Nach den Angaben der alten spanischen Chronisten und Verwaltungsbeamten sollen diese Feldstücke alljährlich in Ackerlose geteilt und dann jedem Haushalt unter Berücksichtigung seiner Grösse sein Anteil zugewiesen worden sein. Auch ich habe früher auf die Aussagen der Chronisten hin angenommen, dass tatsächlich jedes Jahr der ganze bebaute Komplex neuaufgeteilt worden sei; doch scheint mir nach erneutem Landstudium zweifelhaft, ob auch die erst jüngst verteilten Äcker schon im nächsten Jahr wieder neuaufgeteilt worden seien. Wahrscheinlich vollzog sich die Verteilung folgendermassen: Sollte ein bisher abgenutztes Feldstück brachgelegt werden, so wurde dafür stets als Ersatz ein anderes neugerodetes oder ein genügend ausgeruhtes Feldstück zur Bestellung herangezogen, aufgeteilt und den Dorffamilien zur Bewirtschaftung übergeben. Nachdem dies geschehen, wurde das betreffende Feldstück bis zur nächsten Brache, also in den nächsten drei, vier Jahren, nicht wieder aufgeteilt. Erst, wenn es nach einigen Jahren aufs neue brachgelegt und darauf wieder zur Kultivierung herangezogen wurde, erfolgte eine neue Bodenaufteilung.

Trotzdem bleibt die Angabe der Chronisten im Ganzen

richtig, in jedem Jahr seien die Feldflächen neu verteilt worden; denn da jedes Jahr ein Teil der Landstücke brachgelegt und dafür andere in Betrieb genommen wurden, fand auch in jedem Jahr eine Neuverteilung statt.

Durchaus unrichtig ist es aber, wenn in älteren und neueren Schriften über das alte Peru behauptet wird, im Inkareich hätte es gar keinen privaten Bodenbesitz gegeben; alles Land sei Gemeineigentum gewesen. Eine Behauptung, die schon dadurch als höchst oberflächlich charakterisiert wird, dass die Frage gar nicht gestellt wird, wem denn das Gemeineigentum gehört hat, den Dorfgemeinden, den Markgenossenschaften, oder den Geschlechtsverbänden? Auch wird nicht gesagt, wie das Gemeineigentum beschaffen gewesen ist. Die Plätze, auf denen die Häuser und Hütten der Indianer standen, sowie die neben diesen Gebäuden liegenden Hofplätze und Hausgärten *waren nirgends in Peru Gemeineigentum* der Dorfschaften, sondern gehörten überall, wo die Indianer in Grossfamilien zusammenlebten, den Hausgenossenschaften, wo hingegen die Grossmänner mit ihren Familien eigene Haushalte führten, dem als Haushaltungsvorstand geltenden Hatunruna.

Ein solches aus Hof, Haus, Scheune und Gemüsegarten bestehendes Anwesen wurde von den Eingeborenen „Muya" genannt, im Norden „Moya". Die von der spanischen Regierung eingesetzten Corregidoren nennen es in ihren Berichten durchweg Heredad (Erbland) oder Propia tierra (Eigenland), die Mönche auch Huerta (eingehegter Frucht- und Gemüsegarten) sowie Campina verde (grünes Feldstück). Abweichend hiervon übersetzt der Jesuitenpater Ludovico Bertonio in seinem Vocabulario de la Lengua Aymará (II. Band, S. 229) Muya mit „Jardin o Huerta Pedaco de Sierra (Garten, Gemüsegarten, Feldstück). Mit einem einfachen deutschen Wort lässt sich Muya kaum übersetzen. Genau übersetzt bedeutet nämlich das Wort ein Landstück, das von einer grösseren Landfläche abgetrennt und eingehegt worden ist. In diesem Sinne wird es noch heute oft gebraucht. Es hat also dieselbe Bedeutung wie unser altes Wort Hufe, das in seiner Urform Huba, Hova, Huba, Hueba, auch nichts anderes bedeutet, als das aus dem Allgemeinland „herausgehobene und eingefasste Bodenstück". Es gleicht also die peruanische Muya der altgermanischen Hufe, wenn sie auch kleiner und primitiver war, die Muya bestand nämlich häufig nur aus einer Wohnhütte, einem kleinen scheunenartigen, aus Lehm errichteten Speicher, Pirhua genannt, und einem Gemüsegarten ohne Obstbäume.

*Grösse der Landanteile*

Wie gross gewöhnlich der Anteil der Dorfhaushaltungen an der gemeinsamen Feldflur war, lässt sich nicht feststellen, da die Angaben der Chronisten darüber sehr unzuverlässig sind. Carcilasso de la Vega (Comentarios reales, Libro I Kapitel 3) behauptet zum Beispiel, der Anteil (Tupu) hätte eineinhalb Fanega betragen. Wahrscheinlich ist die spanische Fanega de tierra gemeint, die zu jener Zeit ungefähr 64 Ar umfasste. Ein verheirateter Mann ohne Kinder hätte demnach 96 Ar erhalten[1]). Wenn er aber Kinder hatte, wäre sein Anteil für jedes männliche Kind um ein Tupu, für jedes weibliche Kind um ein halbes Tupu vergrössert worden.

Diese Angaben verdienen jedoch keine Beachtung. Denn erstens wäre nach Carcilassos Aussage der Anteil eines Grossmannes nur ebenso gross gewesen, wie der eines seiner Söhnchen, und zweitens wurden die Anteile gar nicht, wie Carcilasso annimmt, pro Kopf bemessen, sondern nach der Zahl der im Dorf vorhandenen Familienhaushaltungen oder, was dasselbe ist, der Familienvorstände. Drittens war der Ackerbau in den verschiedenen Landesteilen des Inka-

---

[1]) Danach hätte ein Tupu 96 Ar umfasst. Zu demselben Resultat kommt George Mc Cutchen-Mc Bride (The Agrarian Indian Communities of Highland Boliva, S. 6). Er berechnet das Tupu auf 2,4 amerikanische Acres (1 Acre = 40,47 Ar). Demnach hätte das Tupu 97 Ar enthalten.

reiches von so verschiedener Art und Ausdehnung, dass sich eine generelle, gleichgrosse Einteilung der Ackerlose gar nicht durchführen liess. Es konnte unmöglich dort, wo es nur wenig fruchtbares Land gab und auf diesem nur Kartoffeln und Quinoa gediehen, der Dorfgenosse denselben Landanteil erhalten, wie im warmen, üppigen Tiefland.

Mit der Zuteilung eines Anteils am dörflichen Gemeingut gewann der Hatunruna kein Eigentumsrecht auf das erhaltene Landstück. Er erlangte nur ein Nutzniessungsrecht, musste aber seinen Anteil in der allgemein üblichen Weise bewirtschaften und sich in die Lebensweise seiner Genossen fügen. So durfte er zum Beispiel von dem erhaltenen Boden weder etwas veräussern, verleihen oder verschenken, noch war ihm gestattet, einen Teil dieses Bodens unbearbeitet zu lassen, falls er nicht erkrankt war oder von den Inkas zum Heeresdienst abberufen wurde, in welchem Falle seine nächsten Verwandten und Nachbarn sein Land mitbestellen mussten. Selbst die dauernde Beherbergung und Bewirtung eines zu einem anderen Dorf gehörenden Verwandten oder Freundes war ihm verboten; denn das verteilte Land war nach Ansicht der Indianer nur für die Dorfschaftsmitglieder da, nicht um Freunden das Faulenzen zu erleichtern oder ihnen besondere Vorteile zu verschaffen. Ferner durfte keiner sich wochen- oder monatelang aus seinem Dorf oder aus seiner Mark entfernen und sich der seiner Dorfschaft obliegenden Tributleistungen entziehen.

Selbst mit seiner Muya, seinem Eigenland, konnte er nicht nach seinem Belieben verfahren, denn, wenn er auch als dessen Besitzer galt, so war er es doch nur in seiner Eigenschaft als Familienhaupt und hatte als solcher die Pflicht, die Familienhabe zusammenzuhalten und zu mehren.

*Verfall der alten Mark- und Dorfverfassung unter spanischer Herrschaft*

Nach der Besitzergreifung des Inkareiches durch die

Spanier ging die alte Landverfassung bald verloren. Die von manchen Corregidoren zwecks besserer Beaufsichtung vorgenommene Zusammenlegung kleiner Dörfer zu grösseren, die vom Vizekönig Francisco de Toledo 1575 (Siehe Ordonánzas del Peru, I. Band, II. Buch, S. 123) verfügte Ersetzung der alten Häuptlinge durch Alkalden, die Einführung spanischer Steuersysteme, die Errichtung grosser Landpfründe (Encomiendas) — alle diese Neuerungen wirkten zusammen, die alte Mark- und Dorfverfassung zu zertrümmern. In abgelegenen Teilen Perus, besonders aber des bolivianischen Hochlandes hat sich demnach die alte Agrarverfassung mit der Zuteilung von Landparzellen des Kommunaleigentums an die Dorffamilien noch bis in das achtzehnte, teilweise sogar bis ins neunzehnte Jahrhundert erhalten. So berichtet José Maria Dalence in seiner 1851 in Chuquisaca erschienen „Bosque estadistico de Bolivia" (S. 272), dass 1846 in Bolivien nur 5033 Haciendas (freie Landbesitzungen) vorhanden waren, während die übrige Anbaufläche aus Kommunalländereien der Indianerdörfer bestand und als Staatsland betrachtet wurde.

Dieses grosse Gemeindeland, heisst es weiter, sei in grosse Landstücke, und diese wieder in kleinere Stücke geteilt, die man Aillos (die nordbolivianische Schreibart für Ayllu) nenne. Von diesen Flächen hätte jede alteingesessene Familie einer Gemeinde bestimmte Landstücke zur Bewirtschaftung in Gebrauch, die man Pegujares, Mantas, Tablones oder Sayanas nenne.

Es war demnach nicht nur noch grosser dörflicher Gemeinbesitz vorhanden, es wurden auch noch teilweise die Unterabteilungen der Grossflächen Ayllu-Landstücke genannt.

Seidem ist freilich infolge des Eindringens kapitalistischer Betriebsweisen das indianische Gemeinland mehr und mehr zusammengeschmolzen. Namentlich seit der Präsident Melarejo 1866 durch Dekret die alte Gemeindeverfassung für abgeschafft erklärt und die Aufteilung der bisher im Gemeinbesitz befindlichen Ländereien gestattet hat. Die unausbleibliche Folge war, dass bald grosse Teile des sogenannten kollektiven Landes in die Hand von Weissen und Mestizen übergingen. Zwar wurde das Dekret bereits 1871 wieder aufgehoben oder vielmehr beträchtlich eingeschränkt, aber einmal begonnen, machte die Zerstückelung des Gemeinbesitzes schnell weitere Fortschritte.

## Das peruanische Sonnenjahr

Wie bei anderen Ackerbauvölkern war auch bei den Stämmen des Inkareichs die landwirtschaftliche Arbeit, zum Beispiel das Roden neuer Landflächen, das Umpflügen der Felder, das Auswerfen von Wassergräben, die Einholung der Ernte, von kleinen Acker- und Dorffeiern begleitet, auf denen reichlich getrunken und getanzt wurde. Eines der wichtigsten und lärmendsten, mit Gesang und Getrommel gefeierten Feste war das Chuño-Fest, das noch heute in manchen Gegenden Südperus gefeiert wird. Chuño ist ein Gemenge bitterer Kartoffeln, welches dadurch hergestellt wird, dass man nach der Ernte die Kartoffeln aufs freie Feld schüttet und dort abwechselnd den Sonnenstrahlen und den Nachtfrösten aussetzt. Dadurch werden die Kartoffeln wässerig und verlieren, sobald sie ausgepresst werden, ihren bitteren Geschmack. Seltsam herausgeputzt, tanzen oder vielmehr springen an diesem Fest Männer und Frauen, in Gruppen geordnet, stundenland bis zur Erschöpfung umher.

Charakteristisch für die Bedeutung der Landwirtschaft im alten Peru ist zudem, dass die Khetschuastämme zur Zeit der Eroberung für die zwölf Monate nachstehende Bezeichnungen hatten:

1. Dezember—Januar: Hucchhuy-Pocoy, das heisst geringe Reife. Daneben wurde vielfach der Name Camayquilla, Monat der Anordnung (das heisst der Anordnung der Anbauflächen) gebraucht.

2. Januar—Februar: Hatun Pocoy = Grosse (allgemeine) Reife.
3. Februar—März: Paucar-huaray = Blumenfülle.
4. März—April: Airihua, = dichter (dichtstehender) Mais.
5. April—Mai: Aymuray = Ernteeinbringung.
6. Mai—Juni: Chahuarquis = Hanf-Monat. In einigen Gegenden auch wegen des in diesem Monat stattfindenden Sonnenfestes Intip Raimi, Sonnenfeier, genannt.
7. Juni—Juli: Tarpuyquilla = Aussaatmonat.
8. Juli—August: Capac-Situa Raymi = Grossartig-frohes Tanzfest oder Situaquis = Tanzmonat. Sogenannt, weil das Ende der Landarbeit mit fröhlichen Tänzen gefeiert wurde.
9. August—September: Puscuaquis = ein Wort, dessen Sinn mir unklar geblieben ist. Vielleicht hängt es mit Pusca, spinnen zusammen und würde also mit Spinnmonat zu übersetzen sein. Ausserdem wurde dieser Monat, da in ihm das grosse Herbstfest gefeiert wurde, auch Uma-Raymi, Hauptfest, genannt.
10. September—Oktober. Ayamarca-Raymi = Totenmark-Fest (das heisst Gedenkfest der Gestorbenen der Mark), eine Art von Allerseelen-oder Totenfest, in welchem der gestorbenen Ahnen und der Huacas als Gründer der Geschlechter gedacht wurde.
11. Oktober—November: Capac Raymi, hohes (erhabenes) Fest. So genannt, weil im November nach bestandenen Prüfungen die Jünglinge für junge Männer und Krieger erklärt wurden.
12. November—Dezember: Laimequis = Monat des frischen Grüns, das heisst der Monat, in welchem das erste neue Grün aus der Erde hervorkommt.

Das peruanische Sonnenjahr (Huata) hatte demnach, wie das unsere, 12 Monate, begann aber nicht mit dem 1. Januar, sondern mit der Wintersonnenwende, dem 21. Dezember.

Da jeder Monat dreissig Tage hatte, ergaben sich für das ganze Jahr 360 Tage. Es fehlten also am Sonnenjahr fünf Tage. Die Peruaner halfen sich damit, dass sie am Schlusse des Jahres fünf Tage, und ausserdem jedes vierte Jahr einen Extra-Feiertag hinzufügten. Sie bezeichneten diese Tage als Allca-conquis, „Tage der Arbeitsruhe", da an diesen fünf, resp. sechs Tagen nicht gearbeitet wurde.

Manche peruanischen Stämme Collasuyus rechneten bei der Ankunft der Spanier noch aus alter Gewohnheit nach Mondjahren von 354 Tagen, denen am Schluss eines Jahres zur Ausgleichung mit dem Sonnenjahr eine besondere Festwoche von elf Tagen zugezählt wurde.

NEUNTES KAPITEL

INDUSTRIE UND HANDEL

Produktion für den eigenen Bedarf. — Entwicklung besonderer Handfertigkeiten in den einzelnen Reichsteilen. — Die Töpferei. — Die Holzschnitzerei. — Die Metallverarbeitung. — Geringe Handelsentwicklung. — Tauschhandel zwischen Küsten- und Gebirgsbewohnern. — Die Schiffahrt der Indianer.

*Produktion für den eigenen Bedarf*

Weit weniger Bedeutung als die Bodenwirtschaft hatten im Inkareich Industrie und Handel. Wohl hatte in manchen Landesteilen die industrielle Produktionstechnik eine so hohe Stufe der Entwicklung erreicht, dass ihre Erzeugnisse als echte Kunstprodukte gelten können; doch hatte sich nirgends in Peru ein besonderer Handwerkerstand und eine Art Facharbeiterschaft herausgebildet. Die Anfertigung der Industriewaren vollzog sich innerhalb der Familien und diente durchweg nur dem eigenen Bedarf und Verbrauch, nicht dem Verkauf in andere Gebiete des Reiches. Wie in den altgermanischen Dorfgemeinschaften die Familienmitglieder selbst die von ihnen benötigten Metallgeräte, Steinwerkzeuge, irdenen Geschirre, Gewebe etc. herstellten, so auch in den peruanischen Dorf- und Markgenossenschaften. Verkauft und ausgetauscht wurde nur, was den eigenen Bedarf überstieg und Gelegenheit bot, dafür Produkte einzutauschen, die man aus irgendwelchen Gründen gar nicht oder nicht in genügender Menge herzustellen vermochte. Sehr richtig bemerkt der Jesuitenpater J. de Acosta, der sich von 1570 bis

1585 in Peru aufhielt, in seiner Historia moray natural de las Indias (Libro V, Cap. 6): „Es gab in Peru keine besonderen Handwerker, wie bei uns, zum Beispiel keine Schneider, Schuster, Weber und dergleichen, sondern jeder lernte, was für ihn und den Haushalt nötig war und sorgte für sich selbst."

Damit soll nicht gesagt sein, dass alle Mitglieder einer Familie oder Ayllu zu den gleichen Arbeiten, also alle in gleicher Weise zu Metall-und Töpferarbeiten herangezogen wurden. Vielmehr fand eine weitgehende Arbeitsteilung statt. Hatte sich ergeben, dass das eine Mitglied sich besonders zur Anfertigung von Bronzeklingen, das andere zur Herstellung von Holzschnitzereien eignete, so wurde es hauptsächlich mit solchen Arbeiten beschäftigt, die in sein Fach einschlugen.

Die Folge war, dass sich innerhalb der Familien und Ayllus engere Fachgruppen herausbildeten, die in ihren Arbeitszweigen eine aussergewöhnliche Fertigkeit und Fähigkeit erlangten. Zudem wurde in den meisten Gegenden zwischen Männer-und Frauenarbeiten unterschieden. Die Anfertigung von Töpfen, Vasen und Krügen, das Spinnen und Weben wie auch das Sticken und Häkeln galten in fast allen Stämmen als nur für die Frauen passend, während die Holz-und Metallarbeiten, und zwar ganz besonders die Herstellung von Arbeitsgeräten, als zum Arbeitsgebiet der Männer gehörend betrachtet wurden.

*Entwicklung besonderer Handfertigkeiten in den einzelnen Reichsteilen*

Natürlicherweise hatten sich auch in den verschiedenen Gegenden Altperus besondere Geschicklichkeiten, Handfertigkeiten und Geschmackrichtung entwickelt, waren doch in einzelnen Districten die Rohmaterialien von sehr verschiedener Art und Güte. In der einen Gegend wurde beispelsweise vorwiegend fetter roter Ton gefunden, in einer anderen brauner oder mit Kalk gemischter weisslicher Ton. Zudem aber fehlte, da nur für ein engbegrenztes, an bestimmte Typen und Farbgebungen gewöhntes Lokalgebiet gearbeitet wurde, die Anregung, fremde Muster und Kolorits nachzuahmen. Die einmal in einer bestimmten Gegend eingeführten und bei den dortigen Bewohnern beliebt gewordenen Formen und Kolorits wurden immer wieder aufs neue angefertigt. Sie gingen von einer Generation auf die nächstfolgende über. In unseren ethnograpischen Museen werden leider oft die ausgestellten Gegenstände aus Altperu nicht näher nach ihren Fund oder Herstellungsorten unterschieden, sondern einfach als von peruanischer Herkunft bezeichnet; stellt man sie aber nach ihren Herstellungsorten zusammen und vergleicht ihre Formengestaltungen, so erkennt man, wie nicht nur die verschiedenen Fabrikationsgebiete ihre Eigenheiten hatten, sondern sich auch die Typen immer wiederholen.

Wir finden zum Beispiel, dass in der einen Gegend fast ausschliesslich Gewebe mit geometrischen Flachornamenten beliebt gewesen sind, in einer anderen Gegend hingegen solche mit phantastischen, in sich verschlungenen Schnörkelmustern, und während in einigen Gegenden Stoffe mit eingewebten scenischen Darstellungen wie Opferscenen, mythologischen Figuren, Tierbilder usw. bevorzugt wurden, waren sie in anderen Gegenden gobelinartig bemalt und bestickt, je nachdem, welchem Zweck die Gewebe dienen sollten.

Selbst die einfachsten verraten aber oft einen ausgeprägten feinen Farbensinn und sind sehr exakt gearbeitet, obgleich die aus Holz, Stein, Bronze und Muschelschalen angefertigten Spinn-und Webegeräte, welche die peruanischen Indianer bei ihrer Arbeit benutzten, durchweg einfachster Art waren. Vor allem waren die Webstühle oder, wie man sie richtiger nennt, die Webgestelle von primitivster Konstitution, fehlte doch jede Vorrichtung zum Senken und Heben der aufgespannten Fädenreihen. Auch konnten auf ihnen nur Stoffe von sehr mässiger Breite hergestellt werden, meist nur in einer Breite von 50 oder 60 Centimetern. Doch verstanden die Indianer, sich zu helfen. Sie nähten die schmalen Stoffbahnen sorgfältig zusammen und stickten dann über die Nähte hinweg kleine Muster, so dass die Zusammensetzungsstellen kaum zu erkennen waren.

Von einem hochentwickelten, verfeinerten Geschmack zeugen auch die mit bunten Papageienfedern durchwirkten Gewebe, deren Farbenzusammenstellung eine gerade zu erstaunliche Farbenharmonie zeigt. Oft wurden überdies durch die Stoffe, um ihre Wirkung zu erhöhen, dünne Goldfäden gezogen. Vornehmlich sind die als Decken und Vorhänge in den Tempeln gebrauchten Gewebe oft mit Federn verziert, doch wurden, wie die erhaltengebliebenen Kittel, die Ponchos, beweisen, auch diese nicht selten mit Federn durchwirkt.

Im Vergleich zur Webtechnik war die Flechttechnik wenig entwickelt. Hergestellt wurden meist nur grobe Fussmatten, Körbe und Korbtaschen sowie breitrandige Hüte.

Da das vorliegende Werk lediglich den Zweck verfolgt, die Entstehung des Inkareichs, seine politische Gestaltung und seine sozialen Einrichtungen darzulegen, muss ich darauf verzichten, das Kunstgewerbe der Inkazeit ausführlich zu schildern; nur die Technik einiger der wichtigsten Industriezweige, der Töpferei, der Holzschnitzerei und der Metallverarbeitung, möchte ich nicht übergehen.

*Die Töpferei*

Obgleich die peruanischen Indianer noch nicht den Gebrauch der Dreh- oder Töpferscheibe kannten, stand die Töpferei bereits unter den ersten Inkas auf einer ziemlich hohen Stufe der Kunstfertigkeit. Die Vasen, Schalen, Schüsselchen und flachen, Näpfe, die oben völlig offen waren und daher den Topfarbeitern gestatteten, mit der Hand in das Gefäss hineinzufassen, wurden meist derart hergestellt, dass der feuchte Ton in eine hölzerne oder tönerne muldenartige Form getan und dann von innen aus mit platten, runden Steinen fest gegen die Wände der Muldenform gedrückt wurde, wobei der überflüssige Ton nach und nach aus dem Gefäss wieder herausgenommen wurde. War der Ton ziemlich trocken geworden, so wurde das Gefäss sorgfältig aus der Form herausgelöst, die fehlerhaften Stellen ausgebessert geglättet, abgeschabt, mit einer Art Firniss bestrichen und darauf, da die Indianer Brennöfen nicht kannten, am offenen Reisig- oder Buschfeuer gebrannt.

Auch die runden und ovalen Gefässe mit Bogenhenkeln wurden in Mulden geformt. Der Töpfer resp. die Töpferin stellten nämlich vorläufig nur den oberen Teil des Gefässes her; den Boden liessen sie fort, um mit der Hand von unten in die Topfhöhlung hineinfassen und den Ton fest gegen die Wände der Muldenform drücken zu können. Erst wenn die Wandung des Gefässes fertiggestellt war, wurde der Boden hinzugefügt und dann schliesslich auch der für sich geformte Henkel dem Gefäss aufgesetzt und mit Ton am Gefässrumpf befestigt.

Solches Verfahren war jedoch immer nur möglich, wenn er sich um die Anfertigung von flachen Schüsseln, Sch oder Kannen handelte, die sich leicht ohne Zerbrechung Muldenformen aus diesen herausnehmen liessen. Bei ho flaschenartigen Gefässen mit engem Hals wurde jene Sp technik angewandt, die wir bei so vielen Halbkulturvöll vorfinden. Zuerst wurde der Boden des herzustellenden fässes geformt und dann ein weiterer Teil des Tones in ge dünne Würste oder Walzen gerollt. Darauf wurden Boden ausgehend, diese Würste spiralförmig übereina geschichtet und die dadurch entstehende Gefässwanc mit glatten Steinen und Holzspachteln zusammengedri

Zeigten sich dabei Risse und Löcher in den Wänden der Töpfe, so wurden sie mit Ton ausgeschmiert und, wenn möglich, sowohl von innen wie von aussen geglättet. Darauf wurde in das Gefäss ein dicker Stab gesteckt und die Topfwände nach und nach an ihn herangedrückt, so dass sich oben in dem Gefäss ein rundes Loch bildete. War dieses Loch dem Töpfer zu gross, so wurde der dicke Stab durch einen dünneren ersetzt, die Tonwandung noch mehr herangedrückt und der Stab mehrmals gedreht, um zu verhindern, dass sich der Ton an ihn festzusetzen vermochte. Darauf wurde der Stab herausgezogen, schadhafte Stellen der Topfwände ausgeflickt und das Gefäss, nachdem es gefirnisst war, gebrannt, manchmal sogar mehrmals gefirnisst und gebrannt, nicht selten auch bemalt.

Die altperuanische Keramik weist denn auch eine ganze Reihe verschiedenartiger Typen auf. Während die Yunkastämme an der nördlichen Küste zum Beispiel mit Vorliebe Menschenköpfe und Tiergestalten in rotem Ton nachbildeten, bevorzugte die Töpferkunst des Cuzcogebietes die Anfertigung von Vasen und grossen Krügen mit aufgemalten oder aufgestempelten Flachornamenten, die Gebirgsgegenden südwestlich des Titikakasees die Anfertigung von weitbauchigen Töpfen mit reicher geometrischer und figürlicher Bemalung, das Icatal an der südlichen Küste die Herstellung von teller- und napfartigen Gefässen mit aufgemalten bunten Kreis- und Randverzierungen, ferner der Recuay-Distrikt (Departement Huaraz) die Darstellung ganzer aus kleinen Tonfiguren zusammengesetzter Scenen.

*Die Holzschnitzerei*

Sehr verbreitet war im Inkareich die Holzschnitzerei. Manche Stämme scheinen geradezu eine Manie gehabt zu haben, irgendwo Schnitzereien an ihren Holzgegenständen anzubringen, selbst an Holzstielen der Arbeitsgeräte. Sogar die zum Aufbrechen des Erdbodens bestimmten Stangen und die Wagebalken wurden mit Schnitzereien bedeckt. Meist waren freilich diese Schnitzereien ziemlich roh; doch gilt das nicht für alle Holzarbeiten. Die aus Holzblöcken herausgearbeiteten Figuren, zumal die Darstellungen von Huacagottheiten in Menschen- und Tiergestalt, setzen uns gar oft in Erstaunen, hatten doch die Peruaner keine Eisen- und Stahlinstrumente, sondern nur kupferne und bronzene Arbeitswerkzeuge.

## Die Metallverarbeitung

Vielgestaltiger und umfangreicher als die Holzindustrie war die Produktion von Metallgegenständen, da Peru einen grossen Reichtum an verwertbaren Metallen besitzt: Gold, Silber, Blei, Kupfer, Zinn und die aus der Legierung der beiden letztgenannten Metalle gewonnene Bronze, von den Indianern Charusca-anta, gemischtes Kupfer, genannt. Eisen kannten die Peruaner zwar ebenfalls, es wurde aber nicht verarbeitet, da das Eisenerz nur in grossen Tiefen der Kordilleren vorkommt, und die von den peruanischen Indianern betriebenen Erzgruben nur bis zu einer Tiefe von dreissig, vierzig Metern hinabreichten.

Geschmolzen wurden die gewonnenen Erze in tönernen Tiegeln auf Holzkohlenfeuer oder in kleinen, sinnreich konstruierten aus Ton errichteten Schmelzöfen, Huairas (Blas- oder Luftzugöfen) genannt, da sie unten im Bauch mit kleinen Löchern versehen waren, durch die der kochenden Masse vermittelst eines Blasebalges (Huairu-chino) ein scharfer Luftzug zugeführt werden konnte.

Die Verarbeitung der genannten Metalle zu Verbrauchsgegenständen war über ganz Peru verbreitet, wenn auch in der einen Gegend meist Bronze, in einer anderen Kupfer und Silber verbraucht wurde. Aus Bronze wurden namentlich Messer, Beilklingen, kleine Erdhacken, Stichel, Meissel,

Nadeln, Pfriemen, Morgensterne, kleine Spitzhämmer etc. angefertigt, aus Kupfer, Gold und Silber vornehmlich Becher, tellerartige Essplatten, helmartige Kopfhauben, Spangen und Armringe, Stirnringe (Diademe), Halsketten, Ohrgehänge, Brustschilder etc. etc.

Gut gearbeitet sind durchweg auch die kleinen Becher und Näpfe in Kopfform. Sie wurden dadurch hergestellt, dass zuerst durch langes Hämmern dünnes Silber- oder Kupferblech angefertigt und dieses dann so lange über eine hölzerne Kopfform geschlagen wurde, bis sich das Gesicht völlig in dem dünnen Blech ausprägte. Darauf wurde das Blech von der Form abgenommen, zusammengelötet und sorgfältig mit Schmirgel abgeschliffen.

Die kleinen Silber- und Goldfiguren, die meist dazu bestimmt waren, als Opfergaben in den Tempeln aufgestellt zu werden, wurden dagegen in Tonformen gegossen. Handelte es sich um Reliefsgebilde, die in einer Metall- oder Holzfläche aufgelötet oder aufgeklebt werden sollten, so war nur eine Tonform und ein Abguss nötig, sollte hingegen eine volle Figur, zum Beispiel eine Statue angefertigt werden, so waren zwei genau zueinander passende Formen erforderlich. Zuerst wurde die Vorderseite, dann die Rückseite der Figur gegossen und darauf beide Teile sorgfältig zusammengelötet.

*Geringe Handelsentwicklung*

In den Handel gelangte von allen diesen Produkten sehr wenig; denn, wie schon vorhin hervorgehoben, schufen die Dorf- und Markgenossenschaft fast ausschliesslich für den eigenen Bedarf, nicht für den Verkauf oder Austausch. Wenn neuere Schilderer des altperuanischen Wirtschaftslebens uns erzählen, das Inkareich habe einen beträchtlichen Handel gehabt, da seine guten Landstrassen einen lebhaften Verkehr gestatteten, so beweist das nur, dass die Betreffenden in ihrer Schilderung von heutigen Anschauungen und Vorstellungen ausgehen. In Wirklichkeit waren die sogenannten Inkastrassen keine Handelsstrassen, sondern Heeres- und Regierungsstrassen, dazu angelegt, den Inkas die Beherrschung ihres weiten Reiches zu erleichtern.

Man darf Perus Handelsverkehr nicht nach dem Mexikos beurteilen. Peru hatte keine Kaufmannsschaft und keine öffentlichen unter Staatsaufsicht stehenden Märkte, keine Geldmünzen, keine offiziellen Hohl- und Längenmasse, keine Gewichtssysteme, keine Wagen, Karren und Zugtiere zum Transport der Waren. Wohl kam es vor, dass die Mitglieder einer Dorf- und Markgenossenschaft ihre Erzeugnisse zwischen sich austauschten aber der Austausch erfolgte in der einfachsten Weise. Da es keine Märkte und Markthallen gab, so ging der, welcher zum Beispiel gerne getrocknetes Fleisch oder Wolle gegen sein Maiskorn eintauschen wollte, kurzweg zu einem seiner Nachbarn und fragte ihn, ob er ihm von seinem Fleisch oder Wollevorrat nicht etwas gegen Mais ablassen wolle. War dieser dazu bereit, so verständigten sie sich darüber, wieviel jeder abgeben wollte und in welchem Wertverhältnis die gegeneinander einzutauschenden Produkte zueinander stehen sollten. Da die Peruaner keine von der Regierung festgesetzte Hohlmasse hatten, so wurde die Kornmenge einfach nach der Zahl der „Poctoy" bestimmt. Man nannte so das Quantum, das ein Mann zwischen seinen beiden aneinander gehaltenen hohlen Händen zu halten vermochte, also was wir „eine doppelte Handvoll" nennen würden. Allerdings hatten die Peruaner auch eine rohe Waage, aber schwere Gegenstände konnten damit nicht gewogen werden, und zudem hatte Peru kein einheitliches, überall gültiges, nach der Schwere abgestuftes Gewicht. Die Waagen, Huarecuña (sprich Wharekuhnja) bestanden nur aus einem kurzen Wagebalken, der in der Mitte durchbohrt war, damit der Besitzer durch das Loch eine Schnur ziehen und den Waagebalken aufhängen konnte. Ausserdem hatte der Waagebalken an jedem Ende ein Loch mit herabhängenden Schnüren zum Anbinden von Metallschalen, Netzen oder kleinen Beuteln.

Zum Wiegen schwerer Lasten waren diese primitiven Wagen nicht geeignet. Zudem aber konnte jeder solche Gewichte und Steine oder Metallstücke benutzen, wie ihm beliebte. Vorschriften über die Schwere der Gewichtsstücke gab es nicht, und noch weniger wurden diese gestempelt und kontrolliert. Alles blieb dem freien Ermessen und der gegenseitigen Verständigung der miteinander handelnden Personen überlassen.

Ebensowenig hatten die Indianer ein allgemein als Wertmasstab anerkanntes Metallgeld, auch kein Zahn-, Muschel- oder Steingeld. Wohl wurden manchmal die Waren mit kleinen Kupfer-, Silber- oder Goldscheiben bezahlt, aber ob der Verkäufer einer Ware sie als Äquivalent annehmen und wie er ihren Wert bemessen wollte, blieb seinem Gutdünken überlassen. Gefiel ihm das angebotene Metallstück nicht, verweigerte er dessen Annahme.

*Tauschhandel ziwschen Küsten- und Gebirgsbewohnern*

Selbst der Tauschhandel zwischen den Küstenbewohnern und den Gebirgsstämmen war deshalb im ganzen unbeträchtlich, obgleich die Verschiedenartigkeit der Bodenprodukte zum Austausch anregte. Zu gewissen Zeiten, besonders nach der Haupternte, trafen sich freilich die Bewohner der kalten und der warmen Zonen an bestimmten Grenzpunkten ihrer Gebiete und tauschten die Erzeugnisse, die sie nicht selbst gebrauchten, miteinander aus. Die Anfänge eines Fernhandels waren demnach bereits vorhanden, doch bestand auch dieser Handel lediglich in einem einfachen Warenaustausch und beschränkte sich meist auf Salz, Pfeffer, Felle, Wolle, Getreide Metalle und Metallgeräte.

Vielleicht würde sich der Handel schneller und umfangreicher entwickelt haben, wenn die Bevölkerung bessere Transportmittel, Wagen, Karren und Zugtiere besessen hätte; aber solche Transportmittel fehlten den Indianern. Sie mussten selbst die Lasten auf ihrem Rücken und Schultern nach den Bestimmungsorten tragen oder sie den Lamas aufbürden. Viel mehr als einen Zentner konnte man jedoch diesen Tieren nicht aufladen, und überdies musste man ihnen auf längeren Märschen häufig Ruhepausen gewähren. Der Transport grösserer Warenmengen durch Lamas war deshalb schwierig und zeitraubend.

*Die Schiffahrt der Indianer*

Auch der Schiffsverkehr auf den Flüssen, Seen und an den Meeresküsten war wenig entwickelt, viel weniger als an der Nordwestküste Amerikas und im mexikanischen Golf. Eigentliche Schiffe kannten die Peruaner gar nicht — nur flossartige Fahrzeuge. Auf den Seen und den grösseren Küstenflüssen benutzte man kleine Flösse aus Schilf, Rohr oder Reisern. Sie wurden zu festen Garben zusammengebunden, und diese dann zu kleinen Flössen zusammengefügt, wobei die vordere Spitze der Garben schnabelförmig emporgebunden wurde. Derartige kleine Ruderflösse werden, da richtige Holzboote und Kanus zu teuer sind, noch heute auf dem Titikakasee gebraucht. Wie sie früher hiessen, ist mir nicht bekannt, jetzt werden sie Caballitos (Pferdchen) genannt.

Ausser diesen kleinen Ruderflösschen hatten die Peruaner grössere Flösse, zu deren Fortbewegung ausser langen Rudern und Stangen auch Segel benutzt wurden. Sie hiessen Balsas, da sie meist aus den Stämmen des Balsabaumes, eines leichten Korkbaumes, hergestellt wurden. Eine Anzahl Baumstämme, oftmals zehn oder zwölf, wurde durch Weidenruten aneinander gefesselt, durch Querhölzer verbunden und darauf

auf diesen ein fester Fussboden aus dünnen Balsastämmchen oder gespaltenen Palmenstämmchen gelegt. So tenstand eine feste Plattform, auf welcher ein niedriges, leichtes Holzhaus errichtet wurde, das gewöhnlich neben einem Schlafzimmer einen kleinen Kochraum mit einer aus Lehm aufgebauten Herdstelle und einen Speicherraum enthielt. Eine hinten am Floss befestigte bewegliche Stange diente als Steuerruder. Man kann demnach die Balsas als langgestreckte Hausboote bezeichnen.

## ZEHNTES KAPITEL

## STRAFJUSTIZ UND STRAFVOLLZUG

Das Märchen von der weisen Gesetzgebung der Inkas. — Das alte Gewohnheitsrecht der peruanischen Stämme. — Kein besonderer Richterstand. — Öffentlichkeit der Gerichtssitzungen. — Verschiedene Todesstrafen. — Keine Gefängnis- und Haftstrafen. — Vorrechte der Inkas und der Priester. — Bekanntgabe neuer Gesetze und Verordnungen der Inkas. — Strenge Strafen für Eigentums- und Sittlichkeitsverbrechen. — Seltsame Eherechte. — Gesetze gegen unnatürlichen Geschlechtsverkehr. — Bestrafung von Diebstahl und Raub.

### *Das Märchen von der weisen Gesetzgebung der Inkas*

Der Grundfehler der spanischen Chronisten in ihren Berichten über die sozialen Zustände Altperus besteht darin, dass sie von der Annahme ausgehen, die sozialen Einrichtungen des Inkareiches beruhten auf Verordnungen und Anordnungen der Inkaherrscher. Unbekannt mit der Gentilverfassung und den alten Institutionen Griechenlands und Roms sowie der alten Germanen und der Kelten, fragten sie, erstaunt über die vorgefundene Kultur, wer diese wohl nach Peru gebracht und dort eingeführt haben könne. Ihre Antwort war entsprechend der damals weit verbreiteten Auffassung, das Glück der Völker hänge vor allem von der Einsicht und den Tugenden ihrer Herrscher ab, dass alle ihnen gut dünkenden Einrichtungen und Gesetze von den Inkas herrührten.

Damit war für sie die Frage nach Ursprung und Zweck aller von ihnen bewunderten Einrichtungen entschieden. Alle von ihnen für bewundernswert gehaltenen Lebensformen von den weisen Inkas eingeführt, alle schlechten, grausamen Gebräuche hingegen Reste der Rohheit früherer Zeit, als die Inkas noch nicht im Lande sassen.

Eine gewisse Fortbildung erfuhr diese Ansicht, als im siebzehnten und achtzehnten Jahrhundert in Europa sozialistisch-utopistische Vorstellungen auftauchten und zugleich mit ihnen Reiseschilderungen und Staatsromane, die in phantastischen Bildern das glückliche, sorgenlose Leben kommunistischer Gemeinwesen darstellten. Nun wurden die Inkas vielfach zu sozialistischen Volksbeglückern und, zu Volkskaisern, die von Wohlwollen gegen die arme Indianerbevölkerung getrieben in Peru sozialistische Regierungsmassnahmen durchführten.

Es entstanden nun jene farbenprächtigen Staatsmärchen, in denen das Inkareich als sozialistischer Grosstaat des zur Neige gehenden Mittelalters, als das wunderbare auf theokratischer Basis fussende „Kaiserreich Tahuantinsuyu" aufgeputzt wurde, in welchem, wie J. J. von Tschudi sich in seinem Ollanta-Drama ausdrückt, der „grösste Teil von dem, was die Sozialdemokratie, ideal aufgefasst, in der Gegenwart erstrebt" jahrhundertelang praktisch durchgeführt war.

Will man den wirklichen Charakter des peruanischen Strafrechts erkennen, so ist deshalb in erster Reihe nötig, das Gerede von der sozialistischen Monarchie der Inkas und ihren menschenfreundlichen sozialistischen Gesetzten bei Seite zu schieben und zu untersuchen, was die ältesten spanischen Berichterstatter, besonders die rechtskundigen, über die peruanischen Rechtsverhältnisse mitzuteilen wissen und inwieweit ihre Angaben durch die auf diese Verhältnisse bezüglichen sprachlichen Ausdrücke bestätigt werden.

Hätten die Chronisten, statt kurzweg anzunehmen, die Rechtseinrichtung Altperus rührte von den Inkas her, sich jemals die Frage vorgelegt, wo die von den eroberten Stämmen mitgebrachten Gewohnheitsrechte geblieben seien, ob sie in die von den Inkas erlassenen Gesetze aufgegangen wären oder neben diesen fortbestanden hätten, sie würden zu einem wesentlich anderen Ergebnis gekommen sein, als zu ihrer naiven Bewunderung der Inka-Gesetzgebung. Wohl haben die Inkas, wenn sie weitere Indianerstämme erobert hatten, für diese neue Gesetze erlassen; aber die neuen Verordnungen und Verfügungen hatten nicht den Zweck, die Rechtsbeziehungen innerhalb der neuerworbenen Stämme zu regeln und sie den bereits in anderen Teilen des Reiches geltenden Satzungen anzupassen; sondern sie sollten dazu dienen, die neuen Untertanen davon abzuhalten, der Inkaherrschaft zu widerstreben und ihr Schwierigkeiten zu bereiten. Deshalb richteten sie sich auch in erster Linie gegen Angriffe auf den Inkaherrscher und die von ihm eingesetzten Inkabeamten, besonders gegen Verleumdungen und Herabsetzungen der Inkas, ferner gegen Beschädigungen der Heeresstrassen und der Pucaras (Forts), der Postdiensthäuschen und der von den Inkas angelegten zur Aufnahme der Tributlieferungen bestimmten Speicher.

## Das alte Gewohnheitsrecht der peruanischen Stämme

Dagegen liessen die Inkas alle das innere Leben der Mark- und Dorfgenossenschaften betreffenden alten Gewohnheitsrechte weiter bestehen. Auch fernerhin konnten die Stämme und Ayllus ihre inneren Angelegenheiten, sofern sie nicht den Verordnungen der Inkas widersprachen, nach altem Brauch selbst regeln. In das alte Familien-, Besitz- und Erbrecht der Stämme einzugreifen oder gar die alten Rechtsgewohnheiten zu modifizieren, ist von den Inkas nie versucht worden. Der Gedanke, ein gleiches einheitliches Recht für das ganze Reichsgebiet zu schaffen, ist ihnen allem Anschein nach nie gekommen, und hätte sich wahrscheinlich infolge der ganz verschiedenen Lebensbedingungen in den einzelnen Reichsteilen auch kaum herstellen lassen. Das aus vielen verschiedenartigen Bevölkerungsgruppen bunt zusammengesetzte Reich war ohnehin schwer zusammenzuhalten und zu leiten; warum also durch zwecklose Versuche neue Widerstände wecken?

Und da die neueroberten Stämme nach ihrer Angliederung an das Inkareich ihr altes Gewohnheitsrecht behielten, so wurde auch an dem althergebrachten Gerichtsverfahren sehr wenig geändert. Die eingeborenen Dorf-, Mark- und Stammeshäuptlinge sassen nach wie vor über die ihnen unterstellte Bevölkerung zu Gericht, konnten aber entsprechend ihrer geschlechterrechtlichen Organisation nur Verbrecher vor ihren Richterstuhl ziehen und verurteilen, die zu ihrer Geschlechts- und Stammesgenossenschaft gehörten und demnach ihrer Aufsicht unterstanden. Fremde Personen, die nicht zu seinen Dorf- oder Markbezirk gehörten, konnte ein Dorf- oder Markhäuptling nicht verurteilen und bestrafen, selbst dann nicht, wenn das Verbrechen oder Vergehen in seinem Verwaltungsbezirk begangen war. Er konnte zwar den schuldigen festnehmen, musste ihn aber seinem Häuptling zur Aburteilung einliefern. Streitigkeiten zwischen mehreren Dorfschaften oder Marken konnten denn auch nicht von einem der Häuptlinge allein entschieden werden. Waren zum Beispiel zwischen zwei Marken Grenzstreitigkeiten entstanden, oder waren bei einem gemeinsamen Tanzfest die Mitglieder zweier verschiedener Dorfschaften in eine Schlägerei miteinander geraten, so konnte nicht nur einer der Dorfhäuptlinge Recht sprechen, da die Angehörigen fremder Ayllus nicht seiner Jurisdiktion unterstanden. Die Sache musste zur Entscheidung dem über den Dorfvorstehern stehenden höheren Häuptling, dem Häuptling der Tausendschaft oder Zehntausendschaft übergeben werden.

Dagegen kam nicht in Betracht, ob die Verbrechen als leicht oder schwer galten und nach allgemeiner Ansicht nur durch harte Strafen gesühnt werden konnten. Besondere

Gerichte und Richter für schwere und leichte Straftaten gab es nicht, wie es auch im Inkareich keinen Einspruch gegen ein gefälltes Urteil und keine Appellation an ein höheres Gericht gab. Verstiess das Verbrechen oder Vergehen gegen das alte Gewohnheitsrecht des Stammes, so gehörte es vor den als Dorfrichter fungierenden Dorfhäuptling. Nur wenn mehrere Täter vohanden waren und diese verschiedenen Dorfschaften angehörten, hatten die Häuptlinge der Tausend- und Zehntausendschaften das Recht und die Pflicht, die Schuldigen vor ihr Forum zu laden.

*Kein besonderer Richterstand*

Aus einer Stelle in den „Comentarios reales" (Buch V, Kapitel 9) des Carcilasso de la Vega ist zwar vielfach von neueren Autoren gefolgert worden, dass es in Peru einen besonderen Richterstand und verschiedene Arten von Gerichten gegeben habe. Carcilasso, der sich, wie in manchen anderen Fällen, auf eine verlorengegangene Schrift des Jesuitenpaters Blas Valera bezieht sagt nämlich: „Es gab gewisse Richter, deren Pflicht es war, sowohl, die Tempel und öffentlichen Gebäude wie auch die Privathäuser zu beaufsichtigen. Man nannte sie Llactacamayoc."

Aus dieser kurzen Bemerkung auf die Existenz eines besonderen Richterstandes im alten Peru zu schliessen, ist geradezu, absurd; denn das von Carcilasso für die Richter gebrauchte Wort „Llactacamayoc" besagt nichts anders als „Dorfamtsinhaber", das heisst Dorfvorsteher. Die hohen Richter waren demnach auch nach Carcilassos Ansicht zugleich Dorfvorsteher oder, wie wir in Deutschland sagen würden Dorfschulzen.

Cristobal de Castro und Diego de Ortega Morejon haben deshalb völlig recht, wenn sie in ihrem 1558 erstatteten Bericht über die Verwaltung Chinchasuyus („Relacion y declaracion del mode que este valle de Chincha y sus comarcanos se gobernaban antes que hobiese ingas", Band 50 der Colleccion de Documentos inéditos para la Historia de España, S. 215) erklären: „Es ergibt sich, dass die Curacas die Befugnis hatten, ihre Indianer (das heisst die Indianer ihres Bezirkes) zu bestrafen und sie sogar zu töten."

Damit ist jedoch nicht gesagt, dass die eingeborenen Häuptlinge ganz nach ihrem Belieben und Ermessen Todesurteile fällen konnten. Sie hatten bei der Urteilsfällung das Gewohnheitsrecht ihres Stammes in Betracht zu ziehen und überdies bei Todesurteilen die Zustimmung des Tucricuc, des höchsten Inkabeamten ihres Bezirks, einzuholen; denn dieser hatte als „Beaufsichtiger von Allem" auch die Rechtspflege seines Verwaltungsbezirks zu überwachen. Einige spanische Autoren betonen denn auch, dass zwar die Curacas ein weitreichendes Richteramt besassen und es keinen Einspruch gegen ihre Urteile gab, doch ohne Zustimmung der Landesverwalter aus dem Inkastamme keine Todesurteile ausgesprochen und vollzogen werden durften. So berichtet zum Beispiel Bernabé Cobo in seiner Historia del Nuevo mundo (III. Band, S. 238), dass ohne das Einverständnis des Tucricuc keine Hinrichtung vollzogen werden konnte. Und ebenso versichert in seinem Bericht über die Provinz Guamanga (Huamanga) deren Verwalter (Relaciones geográficas, I. Band, S. 99), dass keiner von den Kaziken töten lassen könne, obwohl sie berechtigt waren, harte Züchtigungen zu verhängen.

Daraus darf nicht gefolgert werden, dass die Tucricuc selbst das Richteramt übernehmen und Todesurteile aussprechen konnten. Die Inkas überliessen vielmehr, soweit es sich um Verstösse gegen das Gewohnheitsrecht der Stammesbezirke handelte, das Rechtsprechen den einheimischen Häuptlingen, nur forderten sie, dass diese vorher die Meinung des Tucricuccuna über den betreffenden mit Todesstrafe bedrohten Fall einholten.

## Öffentlichkeit der Gerichtssitzungen

Über das Gerichtsverfahren wird von den alten Autoren wenig Zuverlässiges berichtet. Wir erfahren nur, dass die Verhandlungen und Verurteilungen öffentlich stattfanden meist auf einem freien Platz im Dorfe oder auf der Huacapata, dem Platz vor dem Huacatempel. Ob neben dem Häuptling auch einige Dorfälteste als Beisitzer an den Verhandlungen teilnahmen, ob die Grossmänner, wie bei den Gerichtssitzungen der alten Germanen einen sogenannten „Umstand" bildeten und durch Beifall oder Murren ihre Ansicht über die Straftat und den Gang der Gerichtsverhandlung äussern konnten, lässt sich nicht ersehen.

Ebensowenig lässt sich die Frage beantworten, ob die Beschuldigten sich aus dem Kreis der Geschlechtsgenossen einen Verteidiger wählen durften. Auch die Frage, ob in dem Fall, dass zur Feststellung des Tatbestandes keine Zeugen herangeholt werden konnten, zu Gottesurteilen gegriffen werden durfte, bleibt in den Berichten unbeantwortet. Die wenigen Angaben, die wir darüber bei Pedro de Cieza und Bernabé Cobo finden, sind so ungenau, dass die Frage nicht mit Bestimmtheit bejaht oder verneint werden kann; doch scheint es, dass man sich in gewissen Fällen, wenn weder die Zeugenaussagen, noch die Indizien genügten, an den Huaca des Beschuldigten wandte. Nachdem ein Priester dem Geschlechtsgott ein Tieropfer dargebracht hatte, wurde diesem Leber und Nieren aus dem Leibe gerissen und dann von dem Priester auf Grund seiner Besichtigung verkündet, was der Huaca sage.

## Verschiedene Todesstrafen

Die Strafen waren durchweg sehr hart. Selbst für leichte Vergehen galten harte Strafen. Die leichteste bestand darin, dass der Verurteilte eine bestimmte Bürde, zum Beispiel einen Sack mit Sand, unter dem Gespött der Jugend durch das Dorf tragen oder eine bestimmte Zeit am Prangerpfahl stehen musste. Schwerere Vergehen wurden mit Knüppel- und Steinschlägen auf Schulter- und Rücken des Deliquenten bestraft. Meist wurden ihm nur fünf oder zehn Schläge zuerkannt, manchmal jedoch über zwanzig. Da die Steinschläge derart ausgeführt wurden, dass der Züchtende einen scharfrändigen Stein in die Hand nahm und dann mit voller Kraft auf den Rücken des Verurteilten einhieb, war dieser mit blutenden Wunden bedeckt.

Die Todesstrafe wurde gewöhnlich durch Erdrosseln oder Erhängen vollzogen. In besonders schweren Fällen wurde auch auf öffentliche Steinigung und Enthauptung (Kopfabschneidung) erkannt. Letztgenannte Todesstrafe wurde jedoch fast nur im Kriege an Anführern vollzogen, welche Landesverrat begangen, mit dem Feinde konspiriert oder die an den Heerstrassen liegenden Munitionsspeicher in Brand gesteckt hatten.

Als am wenigsten schimpfliche Todesart galt das Hinabstürzen eines Verurteilten von einem hohen Felsvorsprung. Dieser Strafe verfielen vornehmlich die Inkas und Häuptlinge, die einen Mord begangen oder ihre Familie durch fortgesetzten blutschänderischen Verkehr mit nächsten Verwandten entehrt hatten. Nahe bei Cuzco befand sich in einem Talkessel ein Platz, von den Eingeborenen Arahua (Richtstätte) genannt, wohin die zu dieser Strafe Verurteilten gebracht und von einem hohen Felsen hinabgestürzt wurden.

Gefängnis- oder Haftstrafen für Verstösse gegen das Gewohnheitsrecht kannten die Peruaner nicht. Sie hatten weder Straf- noch Untersuchungsgefängnisse. Wenn ein Indianer nach einer von ihm begangenen Straftat festgenommen wurde, so wurde er gewöhnlich nach kurzer Vernehmung wieder entlassen; denn entfliehen konnte er nicht. Keines der nächsten Dörfer durfte einen solchen Flüchtling auch nur einen Tag aufnehmen, und eine Flucht in ferne unbewohnte öde Gebirgsgegenden bedeutete, selbst wenn sie glückte, für den Flüchtling nichts anderes, als sich der Kälte und dem baldigen Hungertode auszusetzen. Deshalb blieb der Täter ruhig im Dorf und wartete ab, welche Strafe man über ihn verhängen werde.

War dennoch zu befürchten, dass der Gefangene entfliehen werde, so schob man ihn nach der nächsten Pucara (Fort) ab oder transportierte ihn an einen sicheren entlegenen Ort und stellte ihn dort unter Kontrolle.

*Vorrechte der Inkas und der Priester*

Neben diesen Gewohnheitsrechten der Stämme, die von Polo de Ondegardo in seiner Relacion de los Fundamentos (Band 17 der Coleccion de Documentos de América y Oceania, S. 8) treffend als aus den natürlichen Trieben hervorgegangene Rechtsbräuche und Rechtsgewohnheiten bezeichnet, fanden die Spanier im Inkareich eine Reihe allgemeiner Strafgesetze vor, die von den Inkas zu dem Zweck erlassen waren, sich und die von ihnen getroffenen Einrichtungen gegen Angriffe der unterworfenen Bevölkerung zu schützen. In jedem der grossen unter Aufsicht eines Tucricuc stehenden Verwaltungsdistriktes war ein oberer Polizeirichter, ein Taripac, stationiert, der die Aufgabe hatte, den gegen die Inkas gerichteten Straftaten nachzuspüren und gegen die Täter vor einem aus einigen Rechtskundigen (sogenannten Ocnacamayoccuna, Richteramtsausübern) bestehenden Gerichtshof die Anklage zu erheben. Taripac ist abgeleitet vom Verbum taripay, untersuchen, nachforschen und bedeutet demnach der Untersucher.

Der in Cuzco sitzende Taripac hatte ausserdem die Pflicht, jene Inkas, die Missetaten irgendwelcher Art begangen oder gegen den Herrscher intrigiert hatten, zur Verantwortung zu ziehen. Als Stammesgenossen des Herrschers erfreuten sich nämlich die Inkas des Vorrechts nur von ihresgleichen in nichtöffentlichen Sitzungen abgeurteilt zu werden. Es sollte nicht durch öffentliche Verhandlungen und Bekanntgabe ihrer Verurteilung der Respekt der grossen Volksmasse vor ihren Beherrschern herabgemindert werden. Deshalb wurden sie auch sehr selten zu Todesstrafen verurteilt, sondern nach einer abgelegenen Gegend des Reiches verbannt und dort in einer Pucara unter strenge Aufsicht des Befehlshabers gestellt.

Gleich den Angehörigen des Inkastammes nahmen die Priester eine rechtliche Sonderstellung im Inkareich ein. Die Zwistigkeiten zwischen den Priestern der verschiedenen Tempel sowie Streitigkeiten über religiöse Fragen und die Anteile der Priester an den Opfergaben konnten nicht vor den Dorf- und Stammesgerichten verhandelt werden. Zuständig dafür waren nur die von den Priestern gebildeten geistlichen Gerichte unter Vorsitz des Hohenpriesters, des Huilca-Umacuna (Oberhauptes der Nachkommenschaft), derer es vor der spanischen Invasion zehn oder zwölf in Peru gab.

*Bekanntgabe neuer Gesetze und Verordnungen des Inkas*

Da die Inkas keine Schrift hatten, konnten natürlich die Gesetzerlasse nicht aufgezeichnet und in Schriftform den in den verschiedenen Teilen des Reiches stationierten Inkabeamten und Häuptlingen mitgeteilt werden. Um dennoch die von ihnen erlassenen Gesetze und Verordnungen bekannt zu geben, behalfen sich die Inkaherrscher derart, dass sie die Inkabeamten an bestimmten Orten zusammenriefen und ihnen ihre neuerlassenen Gesetze und Verfügungen von einem der höchsten Beamten verkünden liessen. Schien ihnen das aus irgendwelchen Gründen zu umständlich, so wurden Sendboten an die Inkabeamten, vor allem an die Tucricuccuna ausgesandt mit dem Auftrag, diese von dem Inhalt der neuen Gesetze zu unterrichten und darauf zu achten, dass die eingeborenen Häuptlinge sich nach den neuen Rechtsbestimmungen richteten.

Nach dem Willen der Inkas sollten die von ihnen verkündeten Gesetze in erster Reihe die unterjochte Bevölkerung abschrecken, die Macht und das Ansehen des Inkas anzutasten und irgend etwas zu unternehmen, was ihre Herrscherstellung gefährden könnte. Die meisten ihrer Gesetze richteten sich daher gegen Versuche, die Bevölkerung aufzuwiegeln, Aufstände anzuzetteln, die Inkas zu überfallen, zu töten oder zu verwunden und zu berauben. Alle solche Verbrechen wurden unterschiedslos mit dem Tode bestraft. Auch wer die Inkas beleidigte, beschimpfte oder verleumdete und dadurch ihr Ansehen und ihre Verehrung in der Menge beeinträchtigte, verfiel dem Tode. Selbst ganz nebensächliche Achtungsverletzungen wie das Stehenbleiben und respektlose Anstarren wurden mit dem Tode bestraft, ebenso Zerstörungen und Beschädigungen der von den Inkas errichteten Gebäude, Tribut-Speicher, Strassen- und Kanalanlagen, Opferstätten sowie der dem Sonnengott geweihten Tempel und der Häuser der Sonnenjungfrauen.

Als eine der schwersten Beschimpfungen eines Inkas galt zum Beispiel der blosse Versuch, eine seiner Frauen und Konkubinen zum Ehebruch zu bewegen oder mit einer Sonnenjungfrau ein Liebesverhältnis zu beginnen.

Der Vollzug der Todesstrafen wurde fast stets mit grösster Strenge durchgeführt. Die Berichte einiger Mestizen, wie Garcilassos de la Vega und Blas Valeras über die Grossmut, Menschenfreundlichkeit und Nachsicht der Inkas, sind, wie die Strafgesetze der Inkas zeigen, lediglich schöne Märchen.

*Strenge Strafen für Eigentums- und Sittlichkeitsverbrechen*

Fast gleichstrenge Strafbestimmungen enthalten die Gewohnheitsrechte, und zwar nicht nur jene Gesetze, die Mord, schwere körperliche Verletzungen und Brandstiftungen betrafen, sondern auch jene, die sich auf das Geschlechts- und Familienleben sowie auf Grenzverletzungen und Felddiebstähle beziehen. Zum Teil weichen freilich die Straffestsetzungen der verschiedenen Gewohnheitsrechte beträchtlich voneinander ab, da sich im Laufe der Zeit in den einzelnen Stämmen manche gegensätzlichen Rechts- und Moralanschauungen entwickelt hatten. Was in dem einen Stamm als ein relativ geringes Vergehen angesehen wurde, galt in einem anderen als ein schweres, nur durch harte Züchtigungen oder die Todesstrafe zu sühnendes Verbrechen. Diesen Lokalcharakter der gewohnheitsrechtlichen Strafbestimmungen in ihren Berichten gar nicht oder nicht genügend berücksichtigt zu haben, entwertet viele der uns von den alten Chronisten überlieferten Rechtsaufzeichnungen. Hatten die spanischen Beamten in einem bestimmten Fall erfahren, dass ein Mann wegen eines Verbrechens zum Tode verurteilt worden war und wurde ihnen das auf Befragen bestätigt, so schrieben sie kurzerhand nieder, im Inkareich würden immer derartige Verbrechen mit dem Tode bestraft, obgleich in anderen Stammesgebieten Perus solche Straftat nur mit Stockschlägen geahndet wurde. Fand dann ein anderer spanischer Corregidor, dass in seinem Bezirk der Strafvollzug in anderer Weise erfolgte, so ergaben sich natürlich allerlei Widersprüche.

Dennoch, wenn auch die von den spanischen Beamten und Chronisten mitgeteilten Rechtsbestimmungen oft nur innerhalb eines einzigen Landesteils Gültigkeit hatten, möchte ich einige der gewohnheitsrechtlichen Strafverfügungen hier etwas näher betrachten, da sie treffend die Rechts- und Moralanschauungen der peruanischen Indianer veranschaulichen.

*Seltsame Eherechte*

Der freie Geschlechtsverkehr zwischen einem Manne und einem unverheirateten Mädchen galt in den meisten Teilen Nord- und Mittelperus nicht als strafbar, wenn beide sich freiwillig und im Geheimen (also nicht an einem öffentlichen Orte) zum Koitus zusammengefunden hatten, doch war dabei Voraussetzung, dass der Mann keinerlei Gewalt gebraucht und keine anreizenden Zaubertränke angewandt hatte, Mann und Weib nicht innerhalb bestimmter Grade miteinander blutsverwandt waren und der Mann nicht auf ein gesundes Mädchen eine böse Krankheit übertragen hatte. Auch durfte das junge Mädchen nicht zu den Sonnenjungfrauen und Tempeldienerinnen gehören.

Wurde das Mädchen durch den Geschlechtsakt krank oder gebar sie ein Kind, so konnte jedoch der Vater des Mädchens von ihrem Liebhaber einen Teil (allem Anschein nach gewöhnlich die Hälfte) des üblichen Brautpreises verlangen; denn durch den Geschlechtsverkehr war das Mädchen nach allgemeiner Ansicht mehr oder weniger entwertet, und es konnte deshalb der Vater, wenn er seine Tochter einem anderen Manne zur Heirat überliess, nicht mehr den vollen Brautpreis fordern. Es war demnach durch den Geschlechtsverkehr das Familienvermögen geschmälert.

Am einfachsten wurde ein solcher Streitfall dadurch erledigt, dass der Liebhaber den Brautpreis nachzahlte und das von ihm geschwängerte Mädchen heiratete.

Bewog ein Mann ein bisher unbescholtenes Mädchen, mit ihm zu entfliehen, so vergrösserte er dadurch sein Vergehen. Der Vater konnte in solchem Fall seine Tochter zurückholen, wenn er es für nötig hielt, mit Hilfe einiger Genossen, und beide Flüchtlinge energisch züchtigen. Wollte der Verführer dem entgehen, musste er sich mit seinen Verwandten verpflichten, dem Vater seiner Geliebten in Kürze den Brautpreis auszuzahlen und sie zu heiraten. Hatte aber der Mann das Mädchen gewaltsam entführt und sie durch Bedrohungen gegen ihren Willen gezwungen, sich ihm hinzugeben, so war er dem Tode verfallen.

Einen Ehebruch des Mannes kannten die Gewohnheitsrechte Altperus nicht. Er konnte sich vielmehr zu seiner ersten Frau noch eine zweite oder dritte nehmen (der gewöhnliche Mann hatte aber meist nur eine Frau) und nebenbei mit einer Sirpas (Beischläferin) oder einer Pampa-Huarmi (Prostituierten) verkehren; nur durfte sie nicht mit einem anderen Manne verheiratet sein, denn die verheiratete Frau galt gewissermassen als Eigentum ihres Mannes, und wer sie geschlechtlich benutzte, griff dadurch in dessen Eigentumsrechte ein.

Überraschte ein Mann seine Frau bei einem Ehebruch, so konnte er sie und ihren Galan töten. Erfuhr er aber erst später von dem Eehebruch, so hatte er nur das Recht, sie derb zu züchtigen (das heisst sie zu prügeln); wünschte er eine härtere Bestrafung, so musste er sie beim Dorfvorsteher verklagen. Vergab er seiner Frau auf ihre Bitten ihre Untreue, so konnte er das tun (solches Verzeihen galt aber, soweit zu ersehen ist, unter seinen Genossen als unmännliche Schwäche), doch konnte er nicht seine Frau straffrei lassen und die Bestrafung ihres Geliebten fordern, denn beide galten als gleichschuldig.

Bei der Bestrafung des blutsschänderischen Geschlechtsverkehrs wurde in Betracht gezogen, ob die Schuldigen nahe oder weitläufig mit einander verwandt waren. Als grösster Grad der Blutschande wurde der intime Verkehr zwischen Vater und leiblicher Tochter, Mutter und Sohn, Grossvater und Enkelin betrachtet. Als weniger strafbar galt der Verkehr zwischen Geschwistern und Geschwisterkindern. Die Blutschande ersten Grades wurde in fast allen Stammesgebieten mit Erhängen bestraft, während der Verkehr zwischen Blutsverwandten zweiten Grades in einigen Stämmen auch mit schwerer Züchtigung (wiederholte Steinschläge) gesühnt werden konnte.

*Gesetze gegen unnatürlichen Geschlechtsverkehr*

Gleich harte Strafe stand in Altperu auf die in den südlichen Collastämmen und einigen Küstenstämmen verbreitete Sodomie, während der homosexuelle Verkehr gestattet war. In einigen Stämmen südlich des Titikakasees gab es sogar, wie schon erwähnt wurde, männliche Prostituierte, das heisst junge Männer, die sich wie Frauen kleideten, bunt bemalten und durch weibliches Gebaren die homosexuell veranlagten Männer anzureizen versuchten. (Informacion de las Idolatrias de las Incas é Indios y de como se enteraban. Colleccion de Documentos inéditos relativos al descubrimiento, conquista y organizacion de las antiguas posesiones Españolas, Band 21, S. 160, Ebenso Pedro Pizarro: Relacion del Descubrimiento, S. 280).

Besonders hart wurde auch die Abtreibung der Leibesfrucht bestraft, ganz gleich, ob sie durch das Einnehmen von giftigen Getränken und Abortivmitteln oder durch Drücken, Pressen und Kneten des Mutterbauches herbeigeführt war.

Aus welchen Gründen die Abortion als so verbrecherisch galt, vermag ich nicht zu erkennen, Tatsache ist aber, dass sie ohne Rücksicht auf die Motive der Schwangeren mit Erdrosseln oder Erhängen bestraft wurde, und der Ehemann, der seiner Frau die Abortivmittel verschafft oder ihr bei der Abtreibung geholfen hatte, ebenfalls dem Tode verfallen war.

*Bestrafung von Diebstahl und Raub*

Auch Besitz-und Eigentumsverletzungen galten als schwere Verstösse, gegen die soziale Ordnung. Bei der Verurteilung eines Deliquenten wurde aber immerhin in Betracht gezogen, wie er den Diebstahl ausführt, welchen Schaden er angerichtet hatte und ob er beim Stehlen gewaltsam in fremde Räume eingedrungen war. Eine blosse Wegnahme von Erdfrüchten auf offenem Felde ohne Beschädigung der Anlagen wurde nur mit Ersetzung der gestohlenen Lebensmittel und einigen Stockschlägen bestraft. War der Dieb dagegen in den innerhalb der Hofstätte gelegenen Hausgarten eingebrochen und hatte er dabei einen Teil der Einfriedigung niedergerissen, so kam er nicht ohne eine sehr derbe Züchtigung davon und wurde gewöhnlich ausserdem zu einer wochen- oder monatelangen Zwangsarbeit (Strassenbau, Erdarbeiten, Transport von Steinen und Erdmassen etc.) verurteilt.

# ELFTES KAPITEL

## DIE RELIGION DER INKAS

Unrichtige Deutung des Gottesnamens Huiracocha. — Betanzos' und Santillans Uebersetzung. — Huiracocha der Schöpfer. — Alte Schöpfungssage der peruanischen Indianer. — Ursprungssage der Cañaris. Indianische Weltschöpfungsvorstellungen. — Huiracohcas Welterleuchtung. — Der Huacakult. — Wie dachten sich die Indianer ihre Huacas? — Die Huacas als Markgötter. — Verehrung der Ahnenmumien. — Familien- und Hausgötter. — Schutzgeister und Amulette.

### Unrichtige Deutung des Gottesnamens Huiracocha

Altperus Religion bestand zur Inkazeit in einer ausgeprägten Ahnenverehrung, die in verschiedenen Gegenden durch Vergöttlichung von Naturkräften Elemente eines fortgeschrittenen Naturkults in sich aufgenommen hatte. Als höchster an der Spitze aller Gottheiten stehender Gott galt der Huiracocha (sprich Whirakotscha) ein Name, der von den Mönchen und Chronisten auch vielfach Viracochac, Uiracochan, Uiracochay geschrieben worden ist. Da das Wort Vira in Nordperu Fett bedeutet und Cocha ein Gewässer bezeichnet, so haben jene Spanier, die sich nur eine oberflächliche Kenntnis der Khetschuasprache angeeignet hatten, das Wort kurzweg mit „Meeresfett" übersetzt, und weil ihnen eine solche Benennung der höchsten Gottheit doch allzu seltsam vorkam, aus Meeresfett „Meeresschaum" gemacht, obgleich der Wellen- und Brandungsschaum in der Khetschuasprache Posoco heisst. Huirakochan sei, also behaupteten sie, der dem Schaum des Meeres entstiegene Urgott.

Noch seltsamere Wege haben in ihren Deutungsversuchen einige andere Chronisten eingeschlagen, denen sich später neuere Autoren angeschlossen haben. Unter Meeresfett, so meinten sie, sei ursprünglich die flüssige Lavamasse verstanden worden; Huiracocha sei also der Gott der heissen Lavaflut, des Urstoffes der Erde.

Solche Deutungen sind Unsinn. Huira bedeutete allerdings im Nordwesten des ehemaligen Inkareiches Fett, aber durchaus nicht nur, wie kurzweg unterstellt wird, flüssiges Fett, sondern auch fettes Fleisch, hartgewordenen Talg, fetten Speck etc. Zudem wird Cocha nicht nur das Meer genannt, sondern auch der kleine Landsee und Teich, ja sogar die Pfütze. Das Wort hat einfach die Bedeutung von Gewässer. Es kann zwar auch auf das Meer angewandt werden, aber nur, wenn ihm das Adjektiv Hatun (gross, ausgedehnt) vorgesetzt wird. Wie wir in Deutschland scherzweise vom „grossen Wasser" oder „grossen Teich" sprechen und damit den Atlantischen Ozean meinen, so kann man auch in der Khetschuasprache das Meer Hatun Cocha (grosses Gewässer") nennen.

Aber selbst dann, wenn die Wörter Huira und Cocha die vorerwähnte Bedeutung hätten, darf niemals Huiracocha mit „Fett des Meeres" übersetzt werden; denn in der Khetschuasprache geht stets das im Genetiv stehende Hauptwort einem von ihm abhängenden zweiten Hauptwort vorauf. „Huiracocha" kann deshalb auch nur mit „Fettsee" niemals mit „Seefett" übersetzt werden.

Das haben auch recht wohl einige besser mit der Khetschuasprache vertraute spanische Berichterstatter, zum Beispiel Juan de Betanzos und Carciasso de la Vega erkannt und sich daher energisch gegen die kuriose Worterklärung ihrer Landsleute gewandt. Juan de Betanzos übersetzt im Gegensatz zu jenen unrichtigen Namensdeutungen Huiracocha (Suma y Narracion de los Incas, Seite 7, 64 und 114) kurzweg mit „Dios hacedor, del mundo", „Gottschöpfer der Welt" und mit „Dador de ser al mundo," (der, welcher der Welt das Dasein gab"). Das Wort bedeutet demnach, wie er hervorhebt, dasselbe wie die Bezeichnung Pachacamas („Beseeler oder Beleber der Welt") Die Übersetzung des Wortes Huiracocha mit Manteca de la mar" (Meeresfett) oder „Espuma de la mar" (Meeresschaum) hält er für völlig unrichtig.

Ausführlicher äussert sich Garcilasso de la Vega über das Wort Huiracocha. Er erklärt (Comentarios reales, 5. Buch, Kapitel XVI):

„Die Spanier sagen, das Wort Uiracocha bedeute Seeschaum, denn es sei zusammengesetzt aus dem Wort Uira, welches Schaum bedeute und Cocha, die See. Das ist ein Missverständnis sowohl was die Zusammensetzung wie den Sinn des Wortes anbelangt; denn nach der Deutung der Spanier würde es „Fettsee" heissen, da Uira im eigentlichen Sinne die Bezeichnung für „Fett" ist, und wenn das Wort Cocha hinzugefügt wird, nur mit Fettsee übersetzt werden kann, da in solchen und ähnlichen Wortverbindungen die Indianer immer den Genetiv voranstellen. Es ist daher klar, dass dieses Wort gar kein zusammengesetztes ist, sondern nur ein einfacher Eigenname."

Im Wesentlichen ist diese Erläuterung des Wortes Huiracocha richtig, nur geht Garcilasso zu weit, wenn er daraus, dass er es selbst nicht sinngemäss zu übersetzen vermag, ohne weiteres schliesst, es sei ein unübersetzbarer Eigenname.

Christoval de Molina und Fernando de Santillan erklären leider nicht, weshalb sie die zu ihrer Zeit übliche Übersetzung des Wortes Huirachocha mit Seefett bezw. Meeresschaum ablehnen, sie übersetzen es einfach mit Criador (Schöpfer), Santillan in seiner Relacion del Origen. Descendencia, Politica y Gobierno de los Incas, S. 32, auch mit Hacedor de la tierra (Macher oder Hersteller der Erde), Christoval de Molina (Relacion de las fabulas y Ritos de los Ingas, neue, 1913 in Santiago de Chile erschienene Ausgabe,

S. 6) ausserdem mit „Hacedor de todas las Cosas" (Erschaffer aller Dinge).

Hätten nicht die ersten Übersetzungsversuche in Nordwest-Peru eingesetzt, sondern dort, woher die Sagen von Huiracocha und seiner Schöpfung stammen, von den Ufern des Titicacasees, sie wären zweifellos zu einem anderen Ergebnis gelangt; denn bei den Stämmen jener Gegend hatte das Wort Huira (Vira) eine ganz andere Bedeutung als in den Küstengebieten Nordperus. Es bedeutet dort nicht Fett, sondern Erdboden, Erdoberfläche, und wird daher auch von dem Jesuiten Ludovico Bertonio im zweiten Band seines Vòcabulario de la lengua Aymara (S. 188) mit „el Suelo" übersetzt, eine Übersetzung, der er zur näheren Erläuterung die Bemerkung „Vel Hua hua" hinzufügt. Huahua bedeutet nämlich in der Aymarásprache Südperus ebenfalls Erdboden und Erduntergrund.

Wahrscheinlich würden denn auch die Sprachkundigen bald herausgefunden haben, dass das Wort Cocha bezw. Cochac als Name des höchsten Gottes, gar nichts mit einem Gewässer, einem See oder Meer zu tun hat, sondern nur die zum Substantiv gewordene Partizipform eines Verbums ist, das entsprechend den Sprachregeln der Khetschuasprache Cachay oder Cochay heissen muss.

Tatsächlich gibt es ein solches Verbum in der Khetschuasprache, das seit langem die Bedeutung von schicken, zusenden, übermitteln hat, früher aber machen, schaffen, herstellen bedeutete. Da ich sicher bin, dass ich mit dieser Worterläuterung bei manchen Gelehrten Perus auf Zweifel stossen werde, möchte ich mich auf den Dominikaner Domingo de Sancto Thomas, den Verfasser der ersten, 1560 erschienenen Khetschua-Grammatik berufen. Er berichtet in seiner „Arte de la Lengua Quichua", S. 38, dass das Verbum cachay (im nördlichen Dialekt cochay), das im eigentlichen Sinne schicken bedeute, noch eine andere, mehr allgemeine Bedeutung habe, verschieden von der ersterwähnten, und zwar bedeute es dasselbe wie das Verbum hacer (machen, tun, verrichten).

## Huiracocha, der Schöpfer

Demnach hat Betanzos im Wesentlichen recht, wenn er den Namen Huiracocha mit Hacedor del mundo (Erschaffer der Welt) übersetzt und dem vorwiegend im südlichen Küstengebiet gebräuchlichen Wort Pachacamac gleichstellt. Ein gewisser Unterschied ist freilich doch zwischen beiden Namen vorhanden; denn das Verbum camay (sprich camach) bedeutet im eigentlichen Sinne nicht machen, erschaffen, hervorbringen, sondern beseelen, beleben, zum Leben erwecken. Der Gott Pachacamac ist deshalb, genau genommen, nicht der Erderschaffer, sondern der Erdbeleber oder Erdbeseeler.

Von den Ufern des Titicacasees drang später, als die Inkas ihr Reich mehr und mehr ausdehnten, die Bezeichnung Huiracocha auch in andere Gegenden vor, vermochte aber die alten Gottesbenennungen der dort sitzenden Stämme nicht völlig zurückzudrängen. Name und Kult der einheimischen Gottheiten blieben bestehen, vermischten sich aber teilweise mit dem des neuen Gottes. So entstanden in Peru für den höchsten Gott eine Reihe neuer Benennungen, wie zum Beispiel Ticsi-Huiracocha (Ticsi ist die Grundlage, das Fundament, auf dem etwas ruht), Illapa-Ticsi-Huiracocha (Illapa, der Strahlende, Helleuchtende), Caylla-Huiracochac (Calla der stets nahe, der allgegenwärtige Gott), Con-Huiracocha (Con nannten die Stämme an der mittleren Küste ihren alten Lichtgott), Coniraya-Huiracochan (Coniraya war der alte Stammgott des Huarochiri-Stammes am Rimafluss).

In anderen Gegenden wurden dagenen die alten Gottheiten, wie Pachacamac (Erdbeleber), Pacharurac (Erdhersteller), Pachayachic (Erdbelehrer, Erdinstrukteur) einfach mit Huiracocha identifiziert und dieser in den Lobhymnen bald mit diesem, bald mit jenem Namen angerufen.

*Alte Schöpfungssage der peruanischen Indianer*

Will man die Stellung des Huiracocha in der Götterhierarchie der Altperuaner und seine Bedeutung als Schöpfergott richtig verstehen, muss man die Schöpfungssagen der Indianer mit in Betracht ziehen. Typisch ist in dieser Hinsicht vor allem die Sage, die uns Christoval de Molina in seiner Relacion de las Fabulas y ritos de los Ingas erzählt, die 1913 nach der Abschrift eines alten Manuskriptes in Santiago de Chili im Druck erschienen ist. Es heisst dort (S.6):

„Nach der grossen Flut begann der Schöpfer in Tiahuanaco (am Titicacasee) jene Völker und Nationen zu erwecken, die dort wohnen. Er machte von jeder Nation eine Person aus Lehm und malte ihr jene Kleidung auf den Leib, die künftig ihre Nachkommen tragen sollten. Jenen, die langes Haar tragen sollten, gab er langes Haar und jene, die ihr Haar scheeren sollten, erhielten kurzgeschnittenes Haar. Sodann gab er ihnen auch die Sprache, die sie sprechen sollten sowie die Gesänge, die sie singen sollten. Ferner gab er ihnen verschiedene Saaten zum Aussäen und allerlei Nahrung. Als er damit fertig war, verlieh er den Lehmfiguren Leben und flösste jedem eine Seele ein, sowohl den Männern wie den Frauen. Darauf befahl er, dass sie unter die Erdoberfläche gehen sollten und liess sie an jenen Orten wieder hervor, die er bestimmte. So kamen denn, wie sie (die Indianer) erzählen, einige aus Höhlen, andere aus Quellen, Erdlöchern, Baumstämmen hervor. Deshalb, weil sie dort hervorgekommen sind und sich dort zu vermehren begonnen hatten, machten sie aus jenen Plätzen zur Erinnerung an den Ursprung ihrer Geschlechter Verehrungsstätten. Jede Nation benutzt daher die Kleidung, die ihr Huaca ihr verliehen hat und sie sagen, dass der Erste des Geschlechts, der an solcher Stätte geboren wurde, in einen Stein oder, wie andere sagen, in einen Falken, Kondor oder in irgendein anderes Tier verwandelt wurde.

Deshalb haben die Huacas, die sie haben und verehren, ganz verschiedene Gestalt."

*Ursprungssage der Canaris*

Anschliessend an diese Sage erzählt Christoval de Molina weiter von den Cañaris (Seite 7):

„Im Königreich Quito gibt es eine Provinz Cañaribamba (richtiger Cañarisbamba oder Canarispampa) genannt, nach der sich ihre Bewohner als Cañaris bezeichnen. Sie sagen, dass dort zur Zeit der Flut zwei Brüder dadurch dem Tode entrannen, dass sie auf einen sehr hohen Berg mit Namen Huaca yñan flüchteten (ynan bedeutet der Kopf oder die Spitze eines Berges), der, sobald das Wasser stieg, immer höher empor schoss, so dass die Flut nie seinen Gipfel erreichte. Nach Ablauf der Flut war jedoch der Lebensmittelvorrat der beiden Brüder zu Ende und sie mussten sich im Gebirge neue Lebensmittel suchen. Sie bauten sich eine kleine Hütte und lebten von Kräutern und Wurzeln, wurden aber oft von Hunger und von Ermüdung geplagt. Als sie eines Tages zu ihrer Hütte zurückkehrten, fanden sie dort Nahrung und Chicha (Maisbier) vor, ohne zu ahnen, wer das gebracht haben könnte. Das wiederholte sich während zehn Tagen. Schliesslich berieten sie, wie sie erfahren könnten, welche Personen ihnen in ihrer Not Hilfe leisteten. Sie kamen überein, der ältere Bruder solle zurückbleiben und sich verstecken. Das geschah und plötzlich sah dieser in seinem Versteck zwei Vögel von der Art, die wir Agua, die Indianer Guacamayos (eine Rabenart) nennen. Sie waren wie Canaris gekleidet und hatten ihr Haar vorne auf dem Kopf zusammengeknotet, wie die Mitglieder dieses Stammes es noch heute tun. Der Versteckte sah, dass sie, als sie ankamen, Nahrung mitbrachten und begannen, diese zuzubereiten, wobei der grössere Rabe seinen Lliclla (Indianer-Mantel) abwarf. Als der Versteckte sah, dass die Raben sehr schön waren und die Gesichter von Frauen hatten, kam er hervor, aber sobald sie ihn erblickten, wurden sie wütend und entflohen, ohne an diesem Tage etwas Essbares zurückzulassen.

Bald darauf kam der jüngere Bruder von seiner Nahrungssuche zurück und fragte, als er nicht wie in den vergangenen Tagen zubereitete Nahrung vorfand, seinen Bruder, was vorgefallen sei. Dieser erzählte ihm alles, und beide waren sehr ärgerlich. Am nächsten Tage beschloss der jüngere Bruder, im Versteck zurückzubleiben und das Wiedererscheinen der Raben abzuwarten. Die Raben kamen auch nach drei Tagen wieder und begannen sogleich, neue Nahrung zuzubereiten. Die Brüder warteten, bis alles fertig war, dann sprangen sie schnell hervor und verriegelten die Tür. Die Vögel zeigten grossen Zorn, doch gelang es den beiden Brüdern, den jüngeren Guacamayo festzuhalten, während ihnen der grössere entkam. Sie hatten dann mit dem gefangenen Rabenweibchen geschlechtlichen Verkehr. Es gebar ihnen sechs Knaben und Mädchen. Sie lebten lange Zeit von dem Samen, den die Vögel mitgebracht hatten und den sie aussäeten.

Von diesem weiblichen Raben und seinen Kindern stammen, so erzählen die Indianer, alle jetzt lebenden Cañaris ab. Daher betrachten sie den Hügel Huaca yñan als ihren Huaca [1]) und halten den Rabenvogel in grosser Verehrung. Vornehmlich schätzen sie seine Federn und benutzen sie bei ihren religiösen Festen."

*Indianische Weltschöpfungsvorstellungen*

Beide von Christoval de Molina erzählten Legenden beginnen, wie mehrere andere gleichartige Ursprungssagen Alt-Perus sofort mit der Sintflut. Daraus darf nicht gefolgert werden, dass die Indianer vor der spanischen Eroberung noch nicht zu bestimmten Vorstellungen über die Erschaffung der Erde gelangt waren. Ihre kosmogenetischen Anschauungen waren sogar im Vergleich zu denen anderer Indianervölker ziemlich klar ausgeprägt und auch im gewissen Sinne logisch. Kurzgefasst ergeben sich folgende Vorstellungen. In uralter Zeit, der Tutayac-pacha, das heisst der Zeit der andauernden Nacht, war die Erde, da die Erdmasse und das Wasser noch miteinander vermischt waren, ein grosser dicker Brei, ein wildes Chaos.

Dass nach der Lehre der christlichen Mönche zunächst gar

---

[1]) Das ist ein Missverständnis des Autors. Nicht den Berg Huaca yñan betrachteten sie als ihren Huaca, sondern den Raben. Der Berg galt ihnen nur als Geschlechtsgeburtsstätte, als Paccari-Tampu.

nichts da war, als nur ein grosser leerer Raum, vermochten die Indianer ebensowenig zu begreifen, wie die Behauptung der Mönche, Gott hätte das Weltall aus dem Nichts erschaffen. Aus nichts konnte nach ihrer Meinung nimmermehr all das geworden sein, was sie erblickten, vor allem nicht durch einen blossen göttlichen Befehl. Wenn Gott die Welt gemacht haben sollte, musste vorher irgend etwas vorhanden gewesen sein, das nur durch Arbeit umgebildet werden konnte. Dieses zuerst Vorhandene war die Allpa, die wüste Erdmasse ohne Pflanzen, Menschen und Tiere, überhaupt ohne jedes Leben. Das Erste, was Huiracocha tat, um die Erde zu bevölkern, war daher, dass er das Wasser auf bestimmten Stellen der Erdoberfläche sich sammeln liess. Wie er das machte, wird nicht gesagt. So entstanden Meere, Seen und festes trockenes Land. Aber noch immer herrschte tiefes Dunkel auf der Erde und nirgends zeigte sich ein Wachstum, denn noch war die Erde leblos, ohne Lebenskraft. Da hauchte Huiracocha der Erde seinen Atem ein. Nun bekam die Erde eine Seele. Aus einer toten regungslosen Masse wurde sie eine „Allpamasca", ein beseeltes oder belebtes Erdreich, aus dem nun allerlei Pflanzen aufschossen.

*Huiracochas Welterleuchtung*

Danach ging der Schöpfergott daran, das ewige Dunkel zu beseitigen, indem er die grosse Lichtfülle, die Tageshelle, schuf und diese mit der Nacht abwechseln liess. Dieses Licht war, wohlgemerkt, noch nicht die Sonne, die der Schöpfergott erst weit später schuf und vom Titicacasee zum Himmelsgewölbe aufsteigen liess, sondern nur die allgemeine Helle. Die Indianer unterschieden nämlich in alter Zeit zwischen Tageslicht und Sonnenlicht als zwei verschiedenen, voneinander unabhängigen Lichtarten. Aus der Tatsache, dass es auch dann hell war, wenn sie keine Sonne am Himmelsgewölbe erblickten, schlossen sie einfach, dass es ausser der

Sonne noch eine andere Lichtquelle gäbe, welche die Erdoberfläche erleuchte. Sie nannten dieses Tageslicht Punchau (Punchoa), die Sonne und das Sonnenlicht Inti. Später wurden freilich beide miteinander identifiziert, und in ihren Gebeten nannten nun die Indianer die Sonne statt Inti auch Punchau. So heisst es zum Beispiel in einem an die Sonne gerichteten Gebet (Christoval de Molina, Belacion de las Fabulas y Ritos de los Ingas, spanische Ausgabe, Seite 36, englische Übersetzung von R. Clements Markham, Seite 30):

„Uiracochaya punchaucachun, tutacachun ñispac nicpunchauchuri yquicta casillacta, quispillacta purichic runamascay".
Zu deutsch:
Schöpfervater, der du die Tageshelle, Tag und Nacht, gemacht hast, gewähre uns ruhevolle Tage voll Sonnenlicht. Lass sie (die Sonne) aufsteigen und ihre Bahn wandeln, damit sie den Menschen leuchte.

Auch zu Anfang eines anderen von Christoval de Molina mitgeteilten, an Huiracocha gerichteten Gedichts (spanische Ausgabe der Fabulas y ritos, Seite 38; englische Übersetzung Seite 31) heisst es:

„A Punchao yuca, intiyaya, Cuzco tambo cachun"[1]). Zu deutsch: O, du Tageslichtbeherrscher, Sonnenvater, der du Cuzco zur Raststätte (Wohnsitz der Inkas) machtest.

Huiracocha wird demnach in beiden Gebeten zugleich als Tageslichthersteller und als Sonnenvater angerufen, der die Sonne ihre Bahn wandeln lässt und dadurch die Welt erleuchtet.

---

[1]) Ich gebe hier den Khetschuatext wieder, den ich bei Clements R. Markham auf Seite 31 seiner Übersetzung des Molinaschen Berichts finde, da dieser Text meiner Ansicht nach richtiger ist, als der in der spanischen Ausgabe der „Fabulas y ritos". Fehlerfrei ist freilich auch der Markhamsche Text nicht. Die Abschreiber der Manuskripte haben offenbar keine Kenntnis der Khetschuasprache besessen und daher nicht verstanden, was sie abschrieben. Oft haben sie Buchstaben und Endsilben eines voraufgehenden Wortes einem nachfolgenden Wort vorangesetzt und mit diesen verbundene oder zusammengesetzte Wörter ohne Rücksicht auf ihren Sinn getrennt, andere Silben sinnlos zusammengefügt und schlecht geschriebene

Erst nachdem Huiracocha auf diese Weise die Erde bewohnbar gemacht hatte, schuf er nach der peruanischen Sage die Menschen und zwar gleich Mann und Weib — die Sage, dass die Frau vom Manne stammt, war den Indianern bis zur Ankunft der spanischen Mönche völlig fremd und wurde ihnen erst von diesen verkündet. Mehrfach wird deshalb in ihren Gebeten Huiracocha „Mannes- und Weiberschöpfer" genannt.

*Der Huacakult*

Neben dem Huiracocha verehrten die peruanischen Indianer zur Inkazeit, wie bereits erwähnt wurde, ihre Huacas, das heisst die Ursprungsahnen und Gründer ihrer Geschlechter (Ayllus). Das Wort Huaca ist sehr verschieden übersetzt worden. Die einfältigste Erklärung hat Carcilasso de la Vega gegeben. Er sagt in seinen Comentarios reales (Libro II, Cap. 4): „Der Huaca ist ein heiliges Ding, ein solches, aus dem der Teufel spricht."

Genau übersetzt bedeutet das Wort Huaca „*ich von her*", das heisst, der von dem ich herkomme, von dem ich abstamme. In den von Christoval de Molina in Cuzco aufgezeichneten Gebeten werden daher auch die Huacas oft Vorfahren und Urellern genannt. Nicht alle Huacas galten jedoch als gleichen Ranges und wurden daher auch nicht in gleichem Masse verehrt. Als die obersten und wichtigsten galten die Huacas der Hatun Ayllus, der den griechischen Phratrien und

Buchstaben, die sie nicht lesen konnten, unrichtig ergänzt. So heisst es zum Beispiel bei Markham im ersten der oben erwähnten Gebete „Uiracocha yapunchau cachun-tuta cachun" und in der spanische Ausgabe „Viracochaya, punchao-cahunte tucachun", während es „Viracochaya punchaocachun tuta-cachun" heissen muss. Und in dem zweiten Gebet wird der Satz „A punchau-Inca, intiyaya Cuzco-tampu cachun" in „Apunchau-Ynca Yutiryaya, Cuzco tampu-cachun" verkehrt. Fast jedes der von Molina aufgezeichneten Gebete enthält derartige sinnenstellende Texthunzungen, die leider nirgends von den Herausgebern der betreffenden Molinaschen Berichte korrigiert worden sind.

römischen Curien entsprechenden Geschlechtsbrüderschaften. Von den Spaniern wurden sie im Unterschied von den gewöhnlichen Huacas (Huacas particularis), das heisst den Huacas der Untergeschlechter, meist Huacas generales oder Huacas principales genannt, in einigen Gegenden auch Huacas mayores.

Im Allgemeinen verehrte jeder Stamm nur die Urväter seiner eigenen Geschlechtsverbände, doch errichteten die Inkas, sobald sie fremde Stämme besiegt und ihrem Reich einverleibt hatten, ihren vier Haupthuacas auf dem neuerworbenen Boden neue Tempel, schenkten diesen einige Tempelländereien, überwiesen ihnen zur Nutzung bestimmte Tribute und setzten dort eine Anzahl Priester zur Vollziehung der Opferungen und religiösen Zeremonien ein.

Die vier Haupthuacas der Inkas, denen solche Tempel errichtet und deren Kult dadurch fast über das ganze Reich verbreitet wurde, waren Inti, der Gott der Sonne, Quilla, der Mond, auch Mama Quilla und Quilla-mama (Mondmutter) genannt, da der Mond als weibliche Gottheit galt, Chuqui-yllallapa, -der Blitz- und Donnergott (das Wort Chuqui-yllallapa bedeutet aufflammendes, explosives Leuchtgeschoss) und schliesslich Huanacauri der als Schutzgott der Inka-Jugend und der jungen Kriegsmannschaft in eine Steinsäule verwandelte, aus der Höhle von Paccaric-tampu hervorgekommene Ayar-Cachi.

Unter diesen vier Haupthuacas nahm Inti, der Sonnengott, eine besondere Stellung ein, da er als der Ursprungsahn der Capac-Ayllu, des ältesten und vornehmsten Geschlechts der Inka galt, aus dem einst Manco Capac und seine ersten Nachfolger hervorgegangen waren.

*Wie dachten sich die Indianer ihre Huacas?*

Verehrt und dargestellt wurden die Huacas teils in Menschen- und Tiergestalt, teils als Menschen mit allerlei

Tierattributen, zum Beispiel mit Vogel-, Lama- oder Pumaköpfen, Flügeln, Krallen usw., aber auch von denjenigen Huacas, die sich die Indianer als Menschen vorstellten, wurde gewöhnlich behauptet, sie hätten einst eine Tiergestalt anzunehmen vermocht und die ihnen zugeschriebenen Wundertaten zum Teil in solcher Gestalt verrichtet.

Deutlich zeigt sich bei näherer Betrachtung, dass diese Tiergestalt der Huacas mit den Totemtieren zusammenhing, nach welchen sich die Geschlechtsverbände der Indianer benannten. Bezeichnete sich beispielsweise ein Geschlecht als Puma-Ayllu, so hatte sein Huaca einen Pumakopf, nannte es sich Huaman-Ayllu (Falken-Geschlecht), so hatte sein Huaca einen Falkenkopf. Daher berichtete auch der Jesuitenpater José de Arriaga, der ein fanatischer Eiferer gegen den Götzendienst der Indianer, aber einer der besten Kenner ihrer Religionsanschauungen und -gebräuche war, in seiner Extirpacion de la idolatria de los indios del Peru, Seite 12), nachdem er vorher dargelegt hat, dass jede Dorfschaft und jede Ayllu ihren besonderen Huaca hatten:

„Gewöhnlich sind sie (die Huacas) aus Stein. In manchen Fällen haben sie keine bestimmte Gestalt, in anderen Fällen haben sie die Figur von Männern und Frauen, und von einigen dieser Huacas sagen sie (die Indianer), dass sie Mütter oder Söhne von anderen Huacas sind. Alle haben ihren besonderen Namen, mit dem sie angerufen werden, und es gibt kein Kind, das nicht den Namen des Huacas seiner Ayllu kennt; denn jede Volksabteilung oder Ayllu hat ihren Haupthuaca und neben diesem ihre weniger bedeutenden, unteren Götter. Und oft leiten die Ayllus von ihnen ihren Namen her. Der Jesuitenpater Pablo Josi de Arriaga, in Biscaya geboren, studierte zunächst in Madrid und ging darauf 1579, im Alter von 15 Jahren, nach Amerika. Schon 1588, also erst 24 Jahre alt, wurde er zum Rektor der religiösen Lehranstalt von San Martin und darauf im Jahre 1612 auch des Colegio von Arequipa ernannt. Nachdem er 1601 nach Spanien zurückgekehrt und im Auftrage seines Ordens verschiedene Reisen ausgeführt hatte, wurde er zum Provinzial (Vorsteher) des Jesuitenordens in Peru ernannt und mit der Unterdrückung der indianischen Abgötterei beauftragt. Er begann einen rücksichtslosen, vor keiner Gewalttat zurückschreckenden Ausrottungskampf gegen den einheimischen Götzendienst, bis plötzlich 1634 der Tod seinem Wüten ein Ende machte. Er schrieb mehrere Berichte über die religiösen Verhältnisse des damaligen Peru; weitaus am wichtigsten ist aber seine Schrift „La extirpacion de la idolatria de Peru", die zuerst 1621 in Lima im Druck erschienen ist. Da diese erste Ausgabe sehr selten geworden und selbst in manchen der grössten wissenschaftlichen Bibliotheken nicht zu finden ist, wurde 1910 in Buenos Aires eine 120 Exemplare umfassende Facsimile-Ausgabe hergestellt.

*Die Huacas als Markgötter*

Recht interessant ist, dass in manchen fruchtbaren Ländern Chinchasuyus die Huacas bereits zu Markgottheiten geworden waren und dort vielfach als Marcaaparacs (Markbenützer) und Marcacharacs (Markhüter) gefeiert wurden, (Arriaga, Extirpacion, S. 12). Jemehr sich dort der Ackerbau entwikkelt hatte und zur Grundlage der wirtschaftlichen Existenz der Indianer geworden war, desto mehr waren die Markgenossenschaften dazu übergegangen, die wichtigste Tätigkeit der Huacas in der Versorgung ihrer Nachkommen mit reichlichen Ernten der Hauptnahrungsmittel zu erblicken, mit Mais (Zara), Kartoffeln (Papas), Oca-Wurzeln etc. und daher in ihren Gebeten vornehmlich reiche Ernten, gutes Wetter und Behütung der Felder vor Schädigungen durch Wetterkatastrophen und feindliche Kriegsunternehmungen zu erflehen. So wurden die Huacas in diesen Gegenden nach und nach zu Marcayocs und Marcacharacs (Markpfleger, Markhüter). Oft wurden sogar den Markhütern bestimmte Fürsorge-Aufgaben gestellt. In der einen Mark sollten sie vornehmlich für die Ergiebigkeit der Maisfelder, in einer anderen für eine gute Kartoffel- oder Oca-Ernte sorgen und wurden demnach mit Namen wie Sara-Huaca (Maisgott), Ocayaya (Erzeuger der Ocawurzeln), Papamama (Kartoffelmutter), belegt.

*Verehrung der Ahnenmumien*

Ausser den Huacas als Gründern und ersten Ahnen der alten Geschlechter spielten in manchen Gegenden West-Perus auch die Mumien der durch irgend welche hervorragenden Taten ausgezeichneten Vorfahren, meist Paccariscas und Malquis oder Muñaos genannt, im allgemeinen Kultus eine beträchtliche Rolle. In gewöhnlichen Zeiten standen sie in den Nischen der Tempel, nahten jedoch die grossen Feste heran, wurden sie von den Priestern herausgeholt, gereinigt und geschmückt und auf den bei den Tempeln gelegenen Tempelplätzen, den Huacapata (Geschlechtsgötter-Terrasse), augestellt und in feierlichem Aufzuge als Zeugen der glorreichen Vergangenheit der Ayllus herumgetragen. Als was sie betrachtet wurden, zeigt deutlich ihr Name. Paccarisca, Paccarec, in einigen Dialekten Paccari, bedeutet die Morgendämmerung, das Tageserwachen, der Tagesanbruch, im weiteren Sinne die Frühzeit, der Beginn einer neuen Zeit. Ein Paccarisca (Plural Paccariscuna) ist demnach ein Mann, der in der Frühzeit, das heisst in der Urzeit der Geschlechter gelebt hat. Ebenso charakteristisch ist das Wort Malqui, das eigentlich einen abgestorbenen Menschenkörper bedeutet und daher vom Erzbischof Pedro de Villagomez in seiner berühmt gewordenen Carta pastorale de exortacion e instruccion contra las idolatrias de los Indios, Seite 62 (1649 in Lima erschienen) mit Cuerpo de sus progenitores (Körper ihrer Vorfahren) übersetzt wird.

Der Jesuitenpater Anello Oliva (Histoiri du Péron, S. 23) [1] berichtet über diesen Mumienkultus:

---

[1] Anello Oliva, ein Neapolitaner von Geburt, kam 1597 nach Peru, wo er Mitglied des Jesuitenordens wurde und in dessen Dienst eifrig die Bekehrung der Indianer betrieb. Meist wat er in der grossen Jesuitenstation Juli

„Ausser den Huacas verehren sie die Malquis, die in den flachen Ebenen auch Muñaos genannt werden. Es waren das die Überreste ihrer Vorväter, von denen sie glaubten, sie seien Nachkommen der Huacas. Sie wurden aufbewahrt in den Machiz, einer Art kleiner, reich mit Federn verzierter Beinhäuschen, die man hinter kostbaren Stoffen verbarg. Zu ihrem Dienst waren besondere Priester angestellt, die ihnen in gleicher Weise Opfer darbrachten wie den Huacas. Man fügte den Kadavern die Geräte hinzu, welche sie einst während ihrer Lebenszeit gebraucht hatten. Den weiblichen Körpern wurden Spinngeräte und Baumwolle beigelegt, den männlichen Spaten und Hacken sowie die Waffen, mit denen sie meist gekämpft hatten."

Als eigentliche Gottheiten galten diese Mumien nicht, wohl aber als verehrungswürdige Ahnen aus vergangenen Zeiten, denen das lebende Geschlecht vieles zu verdanken hatte und deren abgeschiedene Geister noch immer über die Wohlfahrt ihrer Nachkommenschaft wachen.

*Familien- und Hausgötter*

Gleicher Art wie die Huacas waren auch die ebenfalls meist in Menschen- oder Tiergestalt gedachten und dargestellten Conopas, die Familien- und Haushaltsgottheiten der Inkaperuaner; nur besassen sie keine öffentlichen Tempel und Opferplätze. Auch wurden ihnen keine Tieropfer dargebracht und ihnen zu Ehren keine öffentlichen Umzüge veranstaltet. Ihre Verehrung und Anrufung beschränkte sich auf die Familien- und Hausgenossenschaften, weshalb

---

der Provinz Chucuito tätig. Er schrieb eine Geschichte des Wirkens der Jesuiten in Peru, betitelt „Vida de viarones illustre de la compañia de Jésus de la provincia del Perú." Er vollendete sie 1631, doch erschien sie erst 1895 unter dem Titel „Historia del Péru y varones insignes en Santidad de la compañia de Jesus. Lima 1895.
Aus diesem Werk hat M.H. Ternaux Compans die sich auf die sozialen Zustände des alten Perú beziehenden Teile herausgenommen und ins Französische übersetzt. Die Uebersetzung ist unter dem Titel Histoire du Pérou par le P. Anello Oliva" 1857 in Paris erschienen.

sie auch in manchen Stämmen Huasicamayoccuna (Inhaber der Hauswürde) genannt wurden. Der gelehrte Jesuitenpater Pablo José de Arriaga vergleicht sie deshalb auch mit den römischen Laren und Penaten (Extirpacion de la Iddatria, S. 14). Ihre Hauptaufgaben bestanden darin, die Familiengemeinschaften, die von ihnen abstammten und sich ihrem Schutz anvertraut hatten, vor Not und Ungemach zu bewahren, Haus- und Hof zu schützen und vor allem die Ernteerträge ihrer Muyas, ihres Hausgartenlandes, zu mehren.

Die Verehrung der Conopas geschah, wie Arriaga berichtet, in derselben Weise wie die der Huacas, nur erfolgte die Anrufung der Conopas, da sie als Hausgötter galten, nicht in aller Öffentlichkeit, sondern im Familienhaushalt oder im Familiengehöft. Sie vererbten sich daher auch nur innerhalb der Familien. Starb ein Hausvater, gingen sie als Erbgut auf den ältesten Sohn über; war ein erwachsener, grossjähriger Sohn, der des Vaters Haus und Gehöft übernehmen konnte, nicht vorhanden, so erbte der älteste Bruder des Gestorbenen die Conopas.

*Schutzgeister und Amulette*

Vielen Indianern genügte aber der Schutz ihrer Familiengötter nicht. Sie erwählten sich obendrein aus der Zahl ihrer zum gleichen Geschlecht gehörenden Ahnen noch einen besonderen Schutzgeist, einen Huauquey (sprich Wha-uhkeh). Das Wort bedeutet eigentlich Bruder, doch wird darunter sehr selten der leibliche Bruder verstanden, sondern der zur Ayllu gehörende Kollateralbruder, der brüderliche Freund und Gefährte.

Es hängt diese Wahl von Schutzgeistern mit dem Glauben der Indianer an rachsüchtige Totengeister zusammen. Sie glaubten nämlich, dass der Geist eines Menschen, Illa, das heisst das Leuchtende, genannt, beim Tode eines Menschen dessen Körper als unsichtbare Lichtgestalt verlässt und nun auf der Erde ziellos herumirrt. Meist bleiben diese Geister der Gestorbenen mit ihren noch lebenden Verwandten in einem gewissen Zusammenhang und schützen sie vor Ungemach; aber anderseits suchen sich auch manche Geister an jenen, die ihnen einst Übles erwiesen haben, auf jede Weise zu rächen. Zur Abwehr solcher Rachsucht ist es deshalb nötig, sich aus der Schar der guten Geister einen Schutzgeist zu erwählen.

Auch durch Erwählung eines solchen Schutzgeistes glaubt sich jedoch mancher der Inkaperuaner noch nicht genügend gegen versteckte Angriffe, besonders gegen ihn bedrohende Zauberkünste gesichert zu haben. Er nahm deshalb gern seine Zuflucht zu Amuletten, deren fast jedermann einige besass. Meist waren das seltsame Steine oder Metallstückchen, die angeblich aus der Ursprungsstätte eines Geschlechts stammten, ferner Überbleibsel eines Totemtieres, wie zum Beispiel Krallen, Zähne, Schwänze, Federn und dergleichen.

Alles, was mit seinen Ahnen zusammenhing oder von ihnen herrührte, schien eben dem Indianer mit irgend welchen übermenschlichen Kräften begabt. Er gedachte daher auch bei allen wichtigen Entscheidungen und Massnahmen, die er traf, seiner Vorfahren und bat um ihre Hilfe. Manche seiner religiösen Feste waren deshalb auch nichts als Ahnenverehrungen und Erinnerungsfeste. Besonders das alljährlich im Oktober gefeierte Ayar Marca-Raymi, das „Fest der Totenmark", das heisst der Gestorbenen der Mark.

## ZWÖLFTES KAPITEL

## RELIGIÖSE GEBRÄUCHE UND FESTE

Verschiedenheit der Opferkulte in den einzelnen Landesteilen Perus. — Der Opferkult der Inkas. — Menschenopfer. — Die Oberpriester. — Machtstellung der Oberpriester. — Die Priester niederen Ranges. — Das grosse Sonnenfest in Cuzco. — Das Reinigungsfest. — Das Totengedenkfest und das Schöpfungsfest.

### Verschiedenheit der Opferkulte in den einzelnen Landesteilen Perus

Wie die Götterwelt waren auch die Kult- und Opferformen der Indianer verschiedener Art. Das Zeremoniell, das sich nach ihrer Ansicht für die oberen Gottheiten geziemte, passte deshalb noch nicht für die Gottheiten niederen Ranges. Hohe Götter, wie der Huiracocha bezw. Pachacamac, der Sonnengott Inti und der Huanacauri hatten Anspruch auf einen grösseren und prächtigeren Kult, als einfache Huacas. Zudem hatten sich in manchen Stämmen alte Zeremonien aus jener Zeit erhalten, als die Bewohner noch nicht unter der Herrschaft der Inkas standen. Weiter kam hinzu, dass natürlicherweise in den kleinen abgelegenen Dörfern die religiösen Feste nicht mit jenem Pomp und jener feierlichen Umständlichkeit gefeiert werden konnten, wie in Cuzco und anderen grossen städteartigen Ansiedlungen. Es ergibt sich deshalb, wenn man, wie oft geschehen ist, die Berichte der ersten Chronisten über das religiöse Zeremoniell in grossen Orten, vornehmlich in Cuzco, verallgemeinert und auf kleinere Ortschaften überträgt, ein ebenso irreführendes

Bild, als wenn man die prächtigen Feiern der Peterskirche in Rom dem Zeremoniell einer kleinen katholischen Dorfkirche gleichstellt. Schon die Massenhaftigkeit der an dem Zeremoniell teilnehmenden Personen und der herumgetragenen Statuen verändern allein schon das Bild.
Überdies war selbstverständlich die Bauart der Dorftempel und ihre innere Ausschmückung eine weit einfachere, als zum Beispiel, die des grossen Sonnentempels in Cuzco. Die grossen Vorhänge, Wandbehänge mit szenischen Darstellungen, die goldenen oder vergoldeten Wandplatten, die zahlreichen in den Seitennischen aufgestellten Götterstatuen und Mumien, die grossen steinernen Gabentische mit den von den Gläubigen ihren Gottheiten gespendeten Gaben fehlten natürlich in den kleinen Dorftempeln, die meist nichts anderes waren als aus Adoben (Luftziegeln) oder Steinen bestehende, mit Stroh oder hartem Ichu-Gras gedeckte ärmliche Hütten, gewöhnlich so klein, dass sie nur einen Teil der Gemeindemitglieder aufzunehmen vermochten. Die meisten Mark- und Dorfgenossen mussten draussen bleiben und sich dort aufstellen. Die wichtigsten Opferungen, Prozessionen, religiösen Tänze fanden denn auch nicht im Innern des Tempels statt, sondern auf dem vor oder neben dem Tempel gelegenen Tempelplatz, der Huacapata (Huaca-Terrasse), so genannt, weil diese Plätze an den Seiten etwas erhöht waren, so dass die Dortstehenden das Innere des Platzes übersehen konnten.

## Der Opferkult der Inkas

Als das wirksamste und sicherste Mittel, die Gottheiten zu beeinflussen und sie zu bestimmten Handlungen zu bewegen, galt durchweg in den peruanischen Stämmen die Opferung von Menschen, Tieren und Pflanzen. Damit die Opferhandlung wirksam werde, war aber nötig, dass sie in einer bestimmten Form und unter Beobachtung bestimmter Zeremonien geschah. Huiracocha, als dem höchsten und mächtigsten Gott, dem Schöpfer aller Dinge, Meerschweinchen zu opfern, wäre einem Indianer als ein lächerliches Beginnen, fast als Verspottung dieses Gottes erschienen, denn ihm gebührte nach allgemeiner Ansicht ein grösseres und wertvolleres Opfer als den Huacas, zum mindesten die Darbietung eines braunen Lamas, eines Huanakos oder Vicuñas. Sollte das Opfer aber eine ungewöhnliche Wirkung haben oder die Gewährung der erbetenen Gnade eine besondere Kraftanstrengung des Huiracocha erfordern, so musste ihm ein weisses Lama oder ein Mensch als Opfer dargebracht werden und auch nicht nur ein einziges Exemplar, sondern mehrere. Untergeordnete Gottheiten mussten sich dagegen mit dem Opfer eines Meerschweinchens, eines Hundes, eines Aguti oder einiger eingefangener Vögel begnügen. Die kleinen Feldgottheiten, wie die Sara-Conopas oder Cocamamas, konnten sogar nur Anspruch auf einige Maiskolben, Kartoffeln, Cocablätter erheben.

Unerlässlich war, dass bei allen Tieropfern, den grossen wie den kleinen, die althergebrachten Vorschriften genau befolgt wurden. Ein Abweichen von der alten Verfahrungsweise beeinträchtigte unfehlbar die gewünschte Opferwirkung. So durften beispielweise die Opfer-priester vor der von ihnen vorgenommenen Tötung eines Opfertieres nicht gewisse Speisen genossen und in letzter Zeit keinen intimen Umgang mit Frauen gehabt haben. Ferner musste ein Lama bei der Opferung so gehalten werden, dass sein Blick die Richtung nach Osten hatte, der aufgehenden Sonne entgegen. Auch durften zu den verschiedenen Opferungen nur ganz bestimmte Opfergeräte verwandt werden.

Im Allgemeinen vollzog sich die Opferung eines Lamas in folgender Weise: Zuerst wurde vom Opferpriester das zum Opfern bestimmte Tier genau untersucht, ob es nicht irgendwelche körperlichen Fehler hatte. Dann nahmen die Gehilfen des Opferpriesters, die Naccacs (Schlächter, Halsabschneider) das Opfertier in Empfang und hielten es so, dass es nacht Osten blickte. Darauf wurde ihm nach einem Stich in die Kehle die Brust geöffnet, Lunge, Leber, Nieren und Eingeweide herausgeholt und von dem Opferpriester sorgfältig geprüft, um zu ermitteln, ob das Lama nicht doch vielleicht irgendeinen die Opferwirkung aufhebenden inneren Fehler habe und zweitens, um aus dem Eingeweide die nächste Zukunft zu erkennen.

War das geschehen, wurden die Götterfiguren und Mumien mit dem aufgefangenen Opferblut besprengt, oftmals auch den Statuen von einem Ohr zum andern über die Lippen hinweg mit dem Zeigefinger ein dicker Blutstrich gezogen. Die Huacas gelangten nach dem Glauben der Indianer dadurch schneller in Besitz der ihnen zugedachten frischen Blutnahrung, als durch blosses Bespritzen.

War die Opferung vorüber, wurden die Eingeweide des Tieres verbrannt. Das geniessbare Fleisch fiel den Priestern zu, doch hatten diese den Personen, die das Opfer gestiftet hatten, gewöhnlich einen Teil des Fleisches abzuliefern.

Ähnlich, wenn auch weniger umständlich, wurde bei der Opferung kleiner Tiere verfahren. Die den Huacas und Canopas als Opfer dargebrachten Pflanzen und Früchte wurden dagegen nur mit einigen kurzen Weiheworten auf den steinernen Gabentischen vor den Götterfiguren aufgestellt und nach einiger Zeit von den Priestern weggenommen, die meist das, was noch brauchbar war, zu ihrem Nutzen verwenden konnten.

Ausser den verschiedenen Opfern bestanden die Kulthandlungen in gemeinsam hergesagten Gebeten, meist derart vorgetragen, dass einer der Huillac-Umu (Sprech-Priester) die Gebettexte vorbetete und darauf die Gemeinde mit erhobener Stimme die einzelnen Sätze wiederholte. Ferner wurden oft hymnenartige Lobpreisungen abgesungen sowie Prozessionen und mimisch-religiöse Tänze abgehalten.

*Die Menschenopfer*

Viel ist darüber gestritten worden, ob die Inkaperuaner ihren Göttern auch Menschen geopfert haben. Die mütterlicherseits von Inkas abstammenden Mestizen Garcilasso de la Vega und Blas Valera haben das verneint. Wenn irgendwo in Peru Menschen geopfert worden seien, meinen sie, könne das nur in abgelegenen Gegenden geschehen sein, wo deren Bewohner erst kürzlich von den Inkas unterworfen worden seien, in die daher die Inkakultur noch nicht gedrungen sei. Gegenüber diesen beiden Lobrednern der Inkas erzählen fast alle anderen Chronisten, dass an gewissen Festen, und zwar gerade in Cuzco, von den Inkas selbst, den oberen Gottheiten Menschenopfer dargebracht worden seien. Vornehmlich wissen Christoval de Molina, Polo de Ondegardo, Bernabé Cobo, Cieza de Leon, Sarmiento de Gamboa, Fernando de Santillan Bartolomé de de Las Casas, Francisco de Xerez, A. de Zarate von blutigen Menschenopfern zu erzählen.

Wägt man die Angaben dieser verschiedenen Autoren gegeneinander ab unter Berücksichtigung ihrer Glaubwürdigkeit und ihrer Kenntnis der Landeseinrichtungen dann kann es meines Erachtens gar nicht zweifelhaft sein, dass an hohen Festtagen auch Menschen in Peru geopfert wurden, im Krieg Gefangene und von den Inkas als Tribut angeforderte Kinder. Das Zeugnis eines Mannes wie Christoval de Molina, der täglich mit den Einwohnern Cuzcos in ihrer Sprache verkehrte, ihre Sagen und religiösen Anschauungen genau kannte und in Cuzco die beste Gelegenheit zur Beobachtung des Lebens und Treibens der Inkas hatte, wiegt nach meiner Meinung zehmmal schwerer, als die leichtfertigen Behauptungen eines Garcilasso de la Vega, der es mit der Wahrheit selten genau nimmt. Tatsächlich waren noch zur Zeit der Ankunft der Spanier Menschenopfer in Peru recht häufig. Sie wurden in gleicher Weise vollzogen wie die Lamaopfer, nur wurden meist die Menschen, bevor ihnen die Eingeweide entrissen wurden, erdrosselt.

## Die Oberpriester

Wie gross die Zahl der Priester im Inkareich war und wieweit ihr Einfluss auf das soziale Leben der Bevölkerung reichte, lässt sich schwer ermitteln. Aus den Schilderungen der religiösen Feste ergibt sich lediglich, dass in manchen Orten die Zahl der Priester recht beträchtlich gewesen sein muss. Den höchsten Rang nahmen die „Oberhäupter der Nachkommenschaft" (die Oberpriester bestimmter Hauptgeschlechterverbände) ein, deren es nach einigen Berichten im ganzen Inkareich elf, nach anderen zehn gab.

Jeder von ihnen hatte seine besondere Diözese (seinen geistlichen Wirkungs- und Verwaltungsbezirk) unterstand aber, was seine Amtsführung anbetraf, der Aufsicht des in Cuzco sitzenden, eine bevorzugte Stellung einnehmenden Oberpriesters. In den Berichten der alten spanischen Chronisten werden diese Oberpriester meist Vilaoma oder Villauma genannt, doch ist diese Benennung, die in der Khetschuasprache keinen Sinn hat, zweifellos verstümmelt. Das haben auch manche der im sechzehnten Jahrhundert nach Peru gekommenen Verwaltungsbeamten und Mönche erkannt und daher versucht, die richtige Schreibweise und Bedeutung des Wortes zu ermitteln, bis Garcilasso de la Vega (Commentarios reales, III. Buch, Kap. XXII) als sachkundige Autorität auftrat und behauptete, das Wort hiesse Huillac-Umu (Villac Umu), der redende oder sprechende Priester.

Die meisten spanischen Autoren schlossen sich dieser Deutung an. Sie wurde aber, nachdem das altperuanische Ollanta-Drama endeckt worden war, wieder zweifelhaft; denn sowohl im aufgefundenen dominikanischen wie im bolivianischen Manuskript wurde der höchste der Oberpriester Huillca (sprich Whillka) — Uma, d.h. Haupt der Nachkommenschaft genannt. Trotzdem änderte J. J. von

Tschudi, der das Drama 1875 in Wien unter dem Titel „Ollanta', ein altperuanisches Drama in der Khetschuasprache" herausgab, das Wort Huillca Uma in Uillac Uma um, begann aber dann selbst daran zu zweifeln, ob dies die richtige Lesart sei und meinte in seinen 1891 in Wien erschienenen „Kulturhistorischen und sprachlichen Beiträgen zut Kenntnis des alten Peru" (Denkschriften der Kaiserlichen Akademie der Wissenschaften" XXXIV. Band, S. 171) vielleicht müsse das Wort doch Huillca Uma heissen. Ob das von Clements Robert Markham zur Herausgabe seines Ollanta-Dramas (Ollanta, an ancient Inca-Drama, London 1871) benutzte Justinianische Manuskript ebenfalls den höchsten Oberpriester mit Huillca Uma bezeichnet oder ob Markham daraus auf Garcilassos Autorität hin ebenfalls Huillac Uma gemacht hat, ist mir nicht bekannt. Entscheidend ist das in keinem Fall, denn das Justinianische Manuskript ist mehrmals abgeschrieben worden und die Abschreiber haben recht flüchtige Arbeit geleistet.

Nach meiner Ansicht ist die Benennung Huillca Uma (Haupt der Nachkommenschaft) die alleinrichtige. Huillac Uma kann das Wort schon deshalb nicht heissen, weil die Umucuna nur eine sehr untergeordnete Priestergruppe waren, die zur Vollziehung grosser Blutsopfer nicht berechtigt war und sich meist aufs Wahrsagen, Zeichendeuten und Geisterbefragen beschränkte. Es wäre höchst sonderbar, wenn der allerhöchste Priester des Reiches aus deren Reihen genommen worden wäre.

Dagegen waren die Villcacuna (Nachkommen), vielfach auch Huaca-Villcacuna (Nachkommen der Huacas) genannt, eine sehr hohe Priestergruppe. Man nannte so die Priester, in welchen man direkte Nachkommen in männlicher Linie und zugleich Repräsentanten der göttlichen Urahnen sah. So heisst es zum Beispiel in der anonymen „Relacion de las costumbres antiguas de los naturales del Piru", wahrscheinlich eine Abschrift einiger Kapitel eines von den älteren Chronisten vielerwähnten, aber verlorengegangenen Werkes des gelehrten Mestizen und Jesuitenpaters Blas Valera[1]) (Seite 163):

„Einige (der Indianer) sagen, dass es auch in den Distrikten der Canas und Canches, nicht weit von Cuzco, einen solchen Villca gab — so nennen sie diese Prälaten — und wenn dem so ist, dann sind es deren in Ganzen zehn, und alle erkannten den grossen Vilahoma (in Cuzco) an".

Und an anderer Stelle (S. 181) spricht der Verfasser dieses Berichts von den dem Vilahoma nachgeordneten Hatunvillcas (Gross-Nachkommen), die als nächsthöhere auf der hierarchischen Stufenleiter den Vilahoma in dessen Abwesenheit zu vertreten hatten.

## Machtstellung der Oberpriester

Als oberster aller Priester nahm der Huillca-Uma eine sehr hohe, mächtige Stellung ein. Bernabé Cobo und Fernando Santillon vergleichen ihn mit den katholischen Bischöfen und bezeichnen ihn als Sacerdote und Sacerdote mayer, während der anonyme Verfasser der Relacion de las costumbres antiguas ihn (S. 156) dem römischen Pontifex Maximus gleichstellt und von dem in Cuzco residierenden Huillca

---

[1]) Blas Valera wurde 1538 oder 1539 in Chachapoyas als Sohn eines spanischen Offiziers, namens Luis Valera (die Angabe des Garcilassos de la Vega der Vater de Blas Valera hätte Alonso de Valera gehiessen, ist unrichtig) geboren. Er besuchte die von den Jesuiten eingerichtete Lateinschule in Trujollo und trat dann in den Jesuitenorden ein. Da er die genaue Kenntnis der einheimischen Sprachen Perus und der Volksgebräuche für die erste Vorbedingung einer erfolgreichen Missionstätigkeit hielt, studierte er eifrigst die Khetschua- und Aymarasprache und schrieb darauf mehrere Berichte für seinen Orden, meist in lateinischer Sprache. Als die wichtigsten werden genannt eine „Historia de los Incas", ferner eine Schilderung der Volkssitten, benannt „Los Indios del Perú, sus costumbres y pacificación". Beide Schriften sind leider verloren gegangen, doch ist wahrscheinlich der anonyme Bericht „De las costumbres antiguas de los naturales del Perú", den Marcos Jiménez de la Espada im Jahre 1879 in die vom spanischen Unterrichtsministerium veröffentlichten „Tres Relaciones de Antigüedades Peruanes" aufgenommen hat, nur ein verkürzter Auszug aus einer der vorhin erwähnten Schriften des Blas Valera.

Uma sagt (S. 157), er sei der höchste Urteilsprecher und unumschränkter Schiedsrichter in allen religiösen Fragen und Tempelangelegenheiten gewesen, den auch die Könige (gemeint sind die Inkaregenten) als massgebend anerkannt hätten. Tatsächlich ist er im Laufe der Geschichte mehrmals als Schlichter aufgetreten, wenn die Inkas miteinander in Streit gerieten. Selbst in die Verwaltung und in die politischen Angelegenheiten griff der in Cuzco sitzende Huillca Uma ein, wenn es ihm nötig schien.

Deutlich ergibt sich das aus einer Handschrift der Madrider Nationalbibliothek, die unter dem Titel „Relacion del sitio del Cuzco y principio de las guerras civiles del Peru hasta la muerte de Diego de Almagro" 1879 in Madrid im Druck erschienen ist (Band 13 der Coleccion de libros españolas raros ó curiosos). Es wird darin erzählt, dass der Huillca Uma von Cuzco sich in den stürmischen Jahren 1535—1539 sich durchaus nicht auf Religionsangelegenheiten beschränkt hat, sondern selbst in militärische Anordnungen eingriff, so dass der unbekannte Aufzeichner der damaligen Vorgänge ihn bald mit dem Papst, bald mit einem spanischen Generalkapitän vergleicht. Nach dem obengenannten anonymen Verfasser der Relacion de las costumbres soll der Huillca Uma sogar in der ersten Inkazeit das Recht besessen haben, über den regierenden Inka zu Gericht zu sitzen.

*Die Priester niederen Ranges*

Die vorhin erwähnten Villca-Priester gehörten meistens zur Gruppe der Arpacuna, jener Priesterschaft, welche die Arpads, die grossen Blutsopfer, zu vollziehen hatte. In Cuzco und einigen anderen Tempelorten Mittelperus wurden diese hochangesehenen Priester meist dem Inkastamm und zwar der Tarpuntay-Ayllu, dem Aussaat-Geschlecht, entnommen. Wie und aus welchen Gründen gerade diese Ayllu zu der Ehre gekommen ist, die Opferpriester zu stellen, vermag ich nicht zu erklären. Tatsache ist aber, dass, wie im Reiche Juda der Levistamm sich des Privilegiums erfreute, dem jüdischen Volk die Priester zu liefern, so im Inkareich das Tarpuntay-Geschlecht dazu ausersehen war, dem Volk die hochangesehenen Opferpriester zu stellen, für die Angehörigen der Tarpuntay-Ayllu nicht nur eine ehrenvolle Auszeichnung, sondern zugleich ein gutes Geschäft, denn ein wesentlicher Teil der vom Volk den Göttern dargebrachten Opfergaben fiel den Opferpriestern zu, die ausserdem wie die übrigen Inkageschlechter in der Umgegend von Cuzco ihre eigenen Ländereien hatten.

Weit niedriger im Range standen die Umucuna, die zwar auch opfern konnten, aber nur kleine, minderwertige Tiere. Hauptsächlich fungierten sie als Sprechpriester (Vorbeter). Neben dieser Priesterschaft finden wir im Inkareich eine grosse Schicht von Wahrsagern, Geisterbeschwörern, Zauberern, Heilkünstlern, die nicht als eigentliche Priester galten, aber dennoch im religiösen Leben der Indianer eine grosse Rolle spielten. Zu diesen gehörten vor allem die Callparicucuna, die Inhaber besonderer Kräfte (Callpa, bedeutet in der Khetschuasprache Zauberkraft, Übergewalt), die aus den Eingeweiden der Tiere, insbesondere den Lungen, die Zukunft zu erkennen vermochten; ferner die Huirapiricuccuna, die aus dem Rauch verbrannter Eingeweide kommende Ereignisse voraussagten; die Camascacuna, die angeblich mit dem Donnergott in Verbindung standen und durch dessen Beschwörung mit ihm geweihten Kräutern verschiedene Krankheiten heilen konnten; weiter die Laycacuna, die Bereiter von Zaubergetränken, die durch diese Menschen und Tiere verzaubern konnten usw.

### Das grosse Sonnenfest in Cuzco

Am besten veranschaulichen die grossen in Cuzco gefeierten Religionsfeste den Kult der Inkas. Eines der wichtigsten ihrer

Feste war das im Mai gefeierte Intip Raymi, das Sonnenfest, das durch ein dreitägiges Fasten eingeleitet wurde.

War der erste Festtag herangekommen, so marschierten schon früh vor Sonnenaufgang die Inkas, nach Geschlechtern geordnet, nach der Huaca-Pata, dem grossen Tempelplatz in Cuzco, wo bereits die Opferpriester mit einer Anzahl Opfertieren, Lamas und Huanakos, ihrer harrten. Sobald die Sonne aufging, stimmten die Gekommenen ihre hymnenartigen langgezogenen Taquis (Lobgesänge) an. Nun ergriffen die bereit stehenden Opferpriester die zum Opfern bestimmten Tiere, töteten sie, rissen aus den toten Körpern Lungen, Leber, Nieren, Herz heraus und brachten dann diese nebst einem Teil des aufgefangenen Blutes dem Huiracocha, der Sonne und dem Chuqui-Illalyapa (dem Blitz- und Donnersender) als Brandopfer dar. Während dessen rupften die übrigen Anwesenden den weissen Lamas etwas Wolle aus und umschritten damit feierlich die Opferstätte, bestimmte Reimgebete wiederholend, in welchen sie den Schöpfer um Schutz und Vermehrung seines Volkes, den Sonnenherrn um Sonnenschein zum Gedeihen der Felder, den Donnergott um den nötigen Regen baten.

Am Mittag, wenn die Sonne am höchsten stand, fand dieselbe Zeremonie in gleicher Weise auf demselben Platz statt. Ebenso des Abends vor Sonnenuntergang auf dem im Westen vor der Stadt gelegenen Berge Achpiran; doch wurden nun der scheidenden Sonne nicht nur Lamas, sondern auch gerösteter Mais und etwas Koka als Dankopfer dargeboten.

An diese Opferfesttage schloss sich in den nächsten Tagen eine Art Freudenfest mit Musik, religiösen Tänzen, Lobpreisungen des Schöpfers und verschiedenen Schmausereien.

Ähnlich verlief das im Juli gefeierte Aussaatfest; nur bezogen sich die bei der Opferung hergesagten Gebete meist auf das Gedeihen der in der Erde ruhenden Saaten.

*Das Reinigungsfest*

Einen wesentlich anderen Charakter trug das gegen Ende August oder Anfang September abgehaltene Coya Raymi, in manchen Gegenden auch Capac Situe Raymi, das Weidenrutenfest genannt, weil an diesem Fest die bösen Geister durch Weidenrutenhiebe aus den Wohnungen vertrieben wurden. Man kann es daher dem Sinne nach als grosses Reinigungsfest der Inkas bezeichnen.

In dieser Zeit beginnt nämlich die Regenperiode, die Zeit die in vielen Gegenden Perus die meisten Krankheiten zur Folge hat. Deshalb sollten vorher Krankheit und Übel vertrieben und das Land von der Plage der bösen Geister gereinigt werden.

Nachdem alles vorbereitet war, marschierten wieder, die Inkas, nach Geschlechtern und Familiensippen geordnet, mit ihren Waffen nach der Huaca-Pata, wo sie bereits am vergoldeten Opferbecken den Huillca Uma mit den Opfertieren versammelt fanden. Dort nahmen die Ayllucamayoc (Geschlechtsvorsteher und Huasicamayoc (Hausvorsteher) in der Weise Aufstellung, dass ein Teil mit dem Gesicht nach Osten, ein anderer nach Süden, der dritte nach Westen, der vierte nach Norden sah. Darauf wurden in feierlicher Prozession unter Absingen von Lobeshymnen durch die Priester die Statuen des Schöpfers und der Haupthuacas aus den Tempeln herbeigeholt, auf die hergerichteten Altäre gestellt und um ihre Hilfe beim Austreiben der Übel gebeten.

Sobald das beendet war, begann das Aufscheuchen und Vertreiben der bösen Geister. Die gegen die vier Himmelsrichtungen aufgestellten Haufen marschierten unter Geschrei aus der Stadt, indem sie beständig laut wiederholten:

>Krankheit, Unglück, Ungemach
>Und Gefahren, die uns droh'n,
>Geht, verlasset unser Land,
>Geht, ihr Übel, gehet fort!

Die Haufen marschierten in den eingeschlagenen Richtungen vorwärts bis sie an bestimmte Uferstellen der Cuzco umgebenden Flüsse kamen. Dort badeten sie und spülten ihre mitgebrachten Waffen ab. Dadurch waren sie von den alten Übeln des vergangenen Jahres gereinigt. Sie kehrten nun mit Gesang nach Cuzco zurück, wo inzwischen aus gekochtem Mais und Maismehl das heilige Brotgebäck Sancu bereitet worden war. Von diesem Gebäck wurde ein Teil gegessen, ein anderer als Zeichen der herzlichen Gesinnung an Verwandte und Freunde geschickt. Auch auf die Türschwellen, in die Vorratskammern, Vorratskästen usw. wurden kleine Stücke dieses Gebäcks gelegt, um die bösen Geister aus ihrem Versteck zu vertreiben und Glück in das Haus einkehren zu lassen.

In der darauf folgenden Nacht nahmen die Priester wieder die Statuen des Schöpfers und der vier Hauptgeschlechtsgottheiten von ihren Standplätzen herab, wuschen sie sorgfältig mit warmem Wasser und trockneten sie mit dem eben erwähnten Sanku-Maisbrot ab. Dann wurden die Götterfiguren wieder auf ihre alten Plätze gebracht, denn sobald die Sonne aufging, drang die Menge von neuem in den Tempel und breitete vor den Standbildern ihre Opfergaben aus.

Nach einer kurzen Pause, ungefähr gegen neun Uhr, wurden die Götterfiguren wieder auf die Huaca-pata hinausgetragen und auf die Altäre gestellt. Bald fand sich auch der Inkaherrscher mit seiner legitimen Frau und den in Cuzco weilenden Grossen des Reiches ein, und nun zogen in langer Reihe alle Ayllus des Inkastammes an den Götterstandbildern vorüber, jedes Geschlecht mit den alten Mumien seiner Vorfahren. Vor den Statuen hielten sie an, bezeugten den Göttern ihre Verehrung und stellten sich dann wieder auf dem weiten Tempelplatz auf.

War dieser Aufzug beendet, trat der Inkaherrscher mit einem Becher Chicha, dem Lieblingsgetränk der Peruaner, heran, verneigte sich tief vor der Statue des Sonnegottes und bot diesem, seinem „erhabenen Urvater", das Getränk als Gabe an. Dann überreichte er den Becher dem Oberpriester, der das Trankopfer in das vergoldete Opferbecken goss und um das Wohlwollen des Gottes bat.

Wie meistens bei den Festen der Inkas schlossen sich auch an diese den Göttern dargebrachte Huldigung Tänze, Gesänge und grosse Schmausereien.

Der dritte Tag des Reinigungsfestes war der feierlichste, denn er diente der Erneuerung des Bundes mit den Göttern. Wieder wurden die Götterstatuen aus den Tempeln hervorgeholt und in feierlichem Aufzug auf die Huaca-pata getragen. Nachdem die Ayllus sich aufgestellt hatten, wählte ein Oberpriester aus der Schar der herbeigeholten Opfertiere vier der schönsten weissen Lamas aus, tötete sie und brachte aldann nacheinander dem Huiracocha, dem Sonnengott, dem Donnergott und dem Ahnenkriegsgott Huanacauri Blut, Lungen und Nieren als Brandopfer dar. Doch ward nicht alles Blut verbrannt. Ein Teil blieb zurück und wurde von dem Oberpriester auf die im Angesicht der Sonne aufgestellten Sancufladen gespritzt, die dadurch zum heiligen Yahuarsancu, zum Blutsbrot wurden.

Nun trat mit zeremoniellen Verneigungen der Oberpriester vor das Standbild der Sonne und hielt eine kurze Ansprache an das Volk, in der er sagte, dass nur dem das heilige Blutsbrot bekäme, der es mit reinem Herzen ohne böse Hintergedanken und ohne böse Absichten gegen seine Volksgenossen geniesse. Nur dem, der an den vergangenen Tagen die Übel wirklich abgelegt und weggejagt habe, würden die Götter günstig sein und ihm ein hohes Alter und eine grosse Nachkommenschaft gewähren.

Nachdem die Menge gelobt hatte, treu ihren Göttern zu dienen und den mit ihnen geschlossenen Bund zu halten, trat darauf der Oberpriester an die auf grossen Platten ausgestellten Blutsbrotfladen heran, er fasste mit Daumen, Mittel- und Zeigefinger ein Stück und steckte es als Zeichen der Bundeserneuerung in den Mund. Ihm folgten nach und nach die anderen Priester und alle übrigen Anwesenden. Dann schloss die Feier mit langen Lobgesängen auf Huiracocha.

## Das Totengedenkfest und das Schöpfungsfest

Andere wichtige Feste der Inkas waren das Ende Oktober abgehaltene Ayarmarca-Raymi, das „Fest der Totenmark", eine Art Allerseelenfest zu Bron der gestorbenen Geschlechts- und Markgenossen, und das ungefähr einen Monat später gefeierte Capac Raymi (d.h. „Erhabenes Fest" zu Ehren des Kriegsgottes der Inkas, des Huanacauri.

Alle überragte aber weit an Bedeutung das Capac Cocha-Raymi, das hohe Erschaffungs-oder Schöpfungsfest, das im April abgehalten wurde und manche Ähnlichkeit mit dem Reinigungsfest hatte. Es unterschied sich aber dadurch von diesem, dass dem Schöpfer und den vier Hauptgeschlechtsgottheiten der Inkas auch Kinder geopfert wurden, wenigstens in Cuzco. Wiederum holten die Priester die Statuen des Schöpfergottes und der vier Hauptgottheiten aus den Tempeln ab und trugen sie in feierlicher Prozession auf den Tempelplatz. Dann wurden die zur Opferung bestimmten Kinder, Knaben und Mädchen von ungefähr acht bis zehn Jahren, auf den Platz geleitet, gespeist, mit Blumen geschmückt und rund um die Götterfiguren herumgeführt, währenddessen ein Oberpriester laut die Götter um ihre Gunst anflehte. Plötzlich ergriffen einige Priester zwei, drei der Kinder erdrosselten sie vor den Augen der versammelten Menge, rissen aus der aufgeschlagenen Brust der Kleinen das warme Herz heraus und boten es als heiligste Opfergabe dem Huiracocha an.

Darauf wurde schnell in einem Gefäss das Blut der Kinder gesammelt und mit diesem die ganze untere Gesichtshälfte der Schöpferstatue von einem Ohr bis zum anderen bestrichen. Nachdem schnell die Leichen der Kleinen beiseite geschafft waren, wurden in derselben Weise die anderen Kinder dem

Sonnengott und dan den übrigen Hauptgottheiten geopfert.

Schon eine flüchtige Betrachtung dieser Festgebräuche lehrt, dass der Ahnenverehrung der Inkas bestimmte Elemente eines Naturdienstes aufgepropft worden waren. Die Anrufung der Sonne am grossen Sonnenfest und die Opferung von Lamas beim Sonnenaufgang, beim höchsten Mittagsstand und beim Sonnenuntergang erscheint fast als reiner Sonnendienst. Diesem aber widerspricht, dass die Sonne als Urahnherr eines bestimmten Hauptgeschlechtes der Inkas betrachtet und ihr in gleicher Weise wie den übrigen Geschlechtsgottheiten geopfert wurde. Auch die Besprengung des Sancu-Gebäcks mit Opferblut und die gemeinschaftliche Verzehrung dieses Blutsbrotes als Zeichen der Gemeinschaft und der Bundeserneuerung mit den Ahnengottheiten ist nichts als Ahnenkult. Ebenso auch die Beschmierung der unteren Gesichtshälfte des Huiracocha mit Opferblut.

**Ebenfalls im SEVERUS Verlag in der *Reihe ReligioSus* erhältlich:**

Thomas Achelis
**Die Religionen der Naturvölker – im Umriß**

Herausgegeben und mit einem Vorwort versehen
von Christiane Beetz

*Reihe ReligioSus, Band V*

SEVERUS 2011 / 176 S. / 29,50 Euro
ISBN 978-3-86347-049-4

„Der Glaube an Götter bildet die eigentliche Grundwurzel aller religiösen Anschauung."

So beginnt Thomas Achelis den ersten Teil seines Buches „Die Religionen der Naturvölker im Umriß". Er bringt damit die verschiedenen Religionen auf den seiner Meinung nach kleinsten gemeinsamen Nenner.
Die Abhandlung, 1909 das erste Mal veröffentlicht, war für damalige Verhältnisse ein Bestseller. 1919 neu gedruckt, gibt sie einen Überblick über die sogenannten Naturreligionen. Der heute nicht mehr gängige Ausdruck war Sammelbegriff für eine Vielzahl indigener Religionen wie beispielsweise Stammes- oder schriftlose Religionen.
Während im ersten Teil des Buches charakteristische Bestandteile der „niedrigsten wie [der] höchsten Stufen des religiösen Bewusstseins" untersucht werden, zeichnet der zweite Teil die Entwicklungsgeschichten verschiedener „Naturreligionen" in einem Stufenmodell nach.
Achelis geht es nach eigener Angabe nicht um Details in Kultur und Praxis der verschiedenen Weltanschauungen. Es ist das Wiederkehrende und Gesetzmäßige, das ihn interessiert, um über den Vergleich typische Ideen und Formen zu fassen. Das Buch eignet sich daher auch für den interessierten Leser ohne Vorwissen zur Einführung.

Professor Thomas Achelis (1850-1909) war Religionswissenschaftler und Gymnasialdirektor.

**Die Reihe „ReligioSus" erscheint neu im Severus-Verlag. Bisher sind fünf Bände erschienen, ein sechster befindet sich in Vorbereitung.**

www.severus-verlag.de

Ebenfalls im SEVERUS Verlag erhältlich:

Hermann Thiersch
**Ludwig I. von Bayern und die Georgia Augusta**
SEVERUS 2010 / 160 S./ 24,50 Euro
ISBN 978-3-942382-46-5

Mit der vorliegenden Abhandlung widmet sich Hermann Thiersch der Studienzeit Ludwigs I. und zeigt bedeutende Einflüsse auf, die den nachmaligen König von Bayern entscheidend geprägt haben, als er mit 17 Jahren an die Universität Göttingen wechselte, um seine Ausbildung zu vollenden.

Thiersch gewährt überdies bedeutende Einblicke in die Geschichte der Georgia Augusta und zeigt ihr außerordentliches Ansehen Ende des 18. und zu Beginn des 19. Jahrhunderts als wissenschaftlicher Mittelpunkt Deutschlands.

Hermann Thiersch (geboren 1874 in München; gestorben 1939 in Göttingen) war ein bedeutender klassischer Archäologe und in den Jahren 1925/1926 Rektor der Universität Göttingen.

www.severus-verlag.de

**Bisher im SEVERUS Verlag erschienen:**

**Achelis. Th.** Die Entwicklung der Ehe * **Andreas-Salomé, Lou** Rainer Maria Rilke * **Arenz, Karl** Die Entdeckungsreisen in Nord- und Mittelafrika von Richardson, Overweg, Barth und Vogel * **Aretz, Gertrude (Hrsg)** Napoleon I - Briefe an Frauen * **Ashburn, P.M** The ranks of death. A Medical History of the Conquest of America * **Avenarius, Richard** Kritik der reinen Erfahrung * Kritik der reinen Erfahrung, Zweiter Teil * **Bernstorff, Graf Johann Heinrich** Erinnerungen und Briefe * **Binder, Julius** Grundlegung zur Rechtsphilosophie. Mit einem Extratext zur Rechtsphilosophie Hegels * **Bliedner, Arno** Schiller. Eine pädagogische Studie * **Blümner, Hugo** Fahrendes Volk im Altertum * **Brahm, Otto** Das deutsche Ritterdrama des achtzehnten Jahrhunderts: Studien über Joseph August von Törring, seine Vorgänger und Nachfolger * **Braun, Lily** Lebenssucher * **Braun, Ferdinand** Drahtlose Telegraphie durch Wasser und Luft * **Brunnemann, Karl** Maximilian Robespierre - Ein Lebensbild nach zum Teil noch unbenutzten Quellen * **Büdinger, Max** Don Carlos Haft und Tod insbesondere nach den Auffassungen seiner Familie * **Burkamp, Wilhelm** Wirklichkeit und Sinn. Die objektive Gewordenheit des Sinns in der sinnfreien Wirklichkeit * **Caemmerer, Rudolf Karl Fritz** Die Entwicklung der strategischen Wissenschaft im 19. Jahrhundert * **Cronau, Rudolf** Drei Jahrhunderte deutschen Lebens in Amerika. Eine Geschichte der Deutschen in den Vereinigten Staaten * **Cushing, Harvey** The life of Sir William Osler, Volume 1 * The life of Sir William Osler, Volume 2 * **Dahlke, Paul** Buddhismus als Religion und Moral, Reihe ReligioSus Band IV * **Eckstein, Friedrich** Alte, unnennbare Tage. Erinnerungen aus siebzig Lehr- und Wanderjahren * Erinnerungen an Anton Bruckner * **Eiselsberg, Anton Freiherr von** Lebensweg eines Chirurgen * **Eloesser, Arthur** Thomas Mann - sein Leben und Werk * **Elsenhans, Theodor** Fries und Kant. Ein Beitrag zur Geschichte und zur systematischen Grundlegung der Erkenntnistheorie. * **Engel, Eduard** Shakespeare * Lord Byron. Eine Autobiographie nach Tagebüchern und Briefen. * **Ferenczi, Sandor** Hysterie und Pathoneurosen * **Fichte, Immanuel Hermann** Die Idee der Persönlichkeit und der individuellen Fortdauer * **Fourier, Jean Baptiste Joseph Baron** Die Auflösung der bestimmten Gleichungen * **Frimmel, Theodor von** Beethoven Studien I. Beethovens äußere Erscheinung * Beethoven Studien II. Bausteine zu einer Lebensgeschichte des Meisters * **Fülleborn, Friedrich** Über eine medizinische Studienreise nach Panama, Westindien und den Vereinigten Staaten * **Goette, Alexander** Holbeins Totentanz und seine Vorbilder * **Goldstein, Eugen** Canalstrahlen * **Graebner, Fritz** Das Weltbild der Primitiven: Eine Untersuchung der Urformen weltanschaulichen Denkens bei Naturvölkern * **Griesser, Luitpold** Nietzsche und Wagner - neue Beiträge zur Geschichte und Psychologie ihrer Freundschaft * **Hartmann, Franz** Die Medizin des Theophrastus Paracelsus von Hohenheim * **Heller, August** Geschichte der Physik von Aristoteles bis auf die neueste Zeit. Bd. 1: Von Aristoteles bis Galilei * **Helmholtz, Hermann von** Reden und Vorträge, Bd. 1 * Reden und Vorträge, Bd. 2 * **Henker, Otto** Einführung in die Brillenlehre * **Kalkoff, Paul** Ulrich von Hutten und die Reformation. Eine kritische Geschichte seiner wichtigsten Lebenszeit und der Entscheidungsjahre der Reformation (1517 - 1523), Reihe ReligioSus Band I * **Kautsky, Karl** Terrorismus und Kommunismus: Ein Beitrag zur Naturgeschichte der Revolution * **Kerschensteiner, Georg** Theorie der Bildung * **Klein, Wilhelm** Geschichte der Griechischen Kunst - Erster Band: Die Griechische Kunst bis Myron * **Krömeke, Franz** Friedrich Wilhelm Sertürner - Entdecker des Morphiums * **Külz, Ludwig** Tropenarzt im afrikanischen Busch * **Leimbach, Karl Alexander** Untersuchungen über die verschiedenen Moralsysteme * **Liliencron, Rochus von / Müllenhoff, Karl** Zur Runenlehre. Zwei Abhandlungen * **Mach, Ernst** Die Principien der Wärmelehre * **Mausbach, Joseph** Die Ethik des heiligen Augustinus. Erster Band: Die sittliche Ordnung und ihre Grundlagen * **Mauthner, Fritz** Die drei Bilder der Welt - ein sprachkritischer Versuch * **Müller, Conrad** Alexander von Humboldt und das Preußische Königshaus. Briefe aus den Jahren 1835-1857 * **Oettingen, Arthur von** Die Schule der Physik * **Ostwald, Wilhelm** Erfinder und Entdecker * **Peters, Carl** Die deutsche Emin-Pascha-Expedition * **Poetter, Friedrich**

www.severus-verlag.de

**Christoph** Logik * **Popken, Minna** Im Kampf um die Welt des Lichts. Lebenserinnerungen und Bekenntnisse einer Ärztin * **Prutz, Hans** Neue Studien zur Geschichte der Jungfrau von Orléans * **Rank, Otto** Psychoanalytische Beiträge zur Mythenforschung. Gesammelte Studien aus den Jahren 1912 bis 1914. * **Rohr, Moritz von** Joseph Fraunhofers Leben, Leistungen und Wirksamkeit * **Rubinstein, Susanna** Ein individualistischer Pessimist: Beitrag zur Würdigung Philipp Mainländers * Eine Trias von Willensmetaphysikern: Populär-philosophische Essays * **Sachs, Eva** Die fünf platonischen Körper: Zur Geschichte der Mathematik und der Elementenlehre Platons und der Pythagoreer * **Scheidemann, Philipp** Memoiren eines Sozialdemokraten, Erster Band * Memoiren eines Sozialdemokraten, Zweiter Band * **Schlösser, Rudolf** Rameaus Neffe - Studien und Untersuchungen zur Einführung in Goethes Übersetzung des Diderotschen Dialogs * **Schweitzer, Christoph** Reise nach Java und Ceylon (1675-1682). Reisebeschreibungen von deutschen Beamten und Kriegsleuten im Dienst der niederländischen West- und Ostindischen Kompagnien 1602 - 1797. * **Stein, Heinrich von** Giordano Bruno. Gedanken über seine Lehre und sein Leben * **Strache, Hans** Der Eklektizismus des Antiochus von Askalon * **Thiersch, Hermann** Ludwig I von Bayern und die Georgia Augusta * **Tyndall, John** Die Wärme betrachtet als eine Art der Bewegung, Bd. 1 * Die Wärme betrachtet als eine Art der Bewegung, Bd. 2 * **Virchow, Rudolf** Vier Reden über Leben und Kranksein * **Wecklein, Nikolaus** Textkritische Studien zu den griechischen Tragikern * **Weinhold, Karl** Die heidnische Totenbestattung in Deutschland * **Wellmann, Max** Die pneumatische Schule bis auf Archigenes - in ihrer Entwickelung dargestellt * **Wernher, Adolf** Die Bestattung der Toten in Bezug auf Hygiene, geschichtliche Entwicklung und gesetzliche Bestimmungen * **Weygandt, Wilhelm** Abnorme Charaktere in der dramatischen Literatur. Shakespeare - Goethe - Ibsen - Gerhart Hauptmann * **Wlassak, Moriz** Zum römischen Provinzialprozeß * **Wulffen, Erich** Kriminalpädagogik: Ein Erziehungsbuch * **Wundt, Wilhelm** Reden und Aufsätze * **Zoozmann, Richard** Hans Sachs und die Reformation - In Gedichten und Prosastücken, Reihe ReligioSus Band III

www.severus-verlag.de

www.ingramcontent.com/pod-product-compliance
Lightning Source LLC
Chambersburg PA
CBHW070747020526
44116CB00032B/2020